太史著史图

张荣辉 绘

张荣华 绘
太史著史图

闲话史记

◎冯增录 著

世界图书出版公司
西安 北京 上海 广州

图书在版编目(CIP)数据

闲话史记/冯增录著.—西安:世界图书出版西安有限公司, 2019.12
ISBN 978-7-5192-6119-1

Ⅰ.①闲… Ⅱ.①冯… Ⅲ.①中国历史—古代史—纪传体—通俗读物 Ⅳ.①K204.2-49

中国版本图书馆CIP数据核字(2019)第104269号

书　　名	闲话史记 XIANHUA SHIJI
著　　者	冯增录
策划编辑	薛春民
责任编辑	冀彩霞
责任校对	孙　蓉　王　哲　王　骞
出版发行	世界图书出版西安有限公司
地　　址	西安市锦业路1号都市之门C座
邮　　编	710065
电　　话	029-87214941　029-87233647(市场营销部) 029-87234767(总编室)
网　　址	http://www.wpcxa.com
邮　　箱	xast@wpcxa.com
经　　销	新华书店
印　　刷	西安华新彩印有限责任公司
开　　本	787mm×1092mm　1/16
印　　张	19.25
字　　数	320千字
版　　次	2019年12月第1版
印　　次	2019年12月第1次印刷
国际书号	ISBN 978-7-5192-6119-1
定　　价	48.00元

前言

在二十四史中，我最喜欢的是《史记》。这不仅仅因为《史记》是我的韩城同乡西汉太史司马迁写的中国历史上第一部纪传体通史，更因为《史记》还是一部优秀的文学著作，可读性非常强，它让枯燥的历史也变得是那么的可爱。

真正拿起笔写作《闲话史记》纯属心血来潮。2013 年，我偶然得到了山西作家韩石山的一本散文集，书名叫作《民国文人风骨》。人常说："三十而立，四十而不惑……"那一年我 43 岁了，在人前人后仍然只能蹴着。当时我就想，何不学习韩石山老师，也写上一个《史记》系列的东西，兴许还能沾沾我的同乡司马迁的光，真的就立起来了呢！于是乎，便开始东施效颦起来。

但是，一个系列的东西岂是那么好写的？又何况面对的是深不可测的《史记》呢！所以，直到 2014 年年底，总共才有了六七篇稿子，而且那些稿子使我越看越没有底气。说鲁人喜欢形式主义，季札是大贤人，汉文帝与汉景帝是明君，这些均没有跳出"太史公曰"划定的框架，照这样写下去，又有什么出路呢？所以到 2015 年的时候，只好另搭台子唱戏了。好在这一次没有白费工夫，断断续续，历时三年，总算有了后面的这些文字。

《闲话史记》共分为四辑，收录《史记》解读文章55篇，约30万字。历史事实，包括对话，尽可能按照《史记》文本进行叙述，并适当对其进行白话演绎。如果说，这部书还有什么独特之处的话，那只能说，它算是一位韩城人写作的一部解读《史记》方面的作品，它的视角是现代的、平民的、朴素的，语言是诙谐的、幽默的，而且独特而不失真实，具有一定的可读性，是来自司马迁故乡的声音。

按说，这部书在篇章结构上应该与《史记》一一对应，而且最初我也有这样的构想，但因为《史记》实在是太过高深了，只怕自己说不好，加之《史记》中的一些人物和事件目前已经有了更好的解读文章，所以写作本书时，我对相关人物及其相关内容做了一定取舍，如：本纪中《五帝本纪》只对黄帝做了比较详细的介绍，其他的如《夏本纪》《殷本纪》《周本纪》《秦始皇本纪》《孝景本纪》《孝武本纪》要么介绍比较简略，要么未将其中的帝王作为主要人物介绍；世家中缺少了《越王勾践世家》《陈涉世家》《外戚世家》《楚元王世家》《梁孝王世家》《五宗世家》《三王世家》；列传中缺少了《伯夷列传》《老子韩非列传》《伍子胥列传》《仲尼弟子列传》《商君列传》《穰侯列传》《孟子荀卿列传》《白起王翦列传》《乐毅列传》《酷吏列传》《游侠列传》等。

以上是对拙作写的说明书，算是前言吧。

2018年11月20日

目录

第一辑 | 王侯将相

第二辑 | 万千风情

第三辑 刨根问底

第四辑 | 别有洞天

第一辑

DIYIJI

王侯将相

黄帝这一家子

一

中国历史是从什么时候开始的?

关于这个问题，已经很难说得清楚。我们所能知道的是，在很早很早的时候，天地还没有形成，世界一片混沌，一个叫盘古的神开天辟地。盘古开拓的这个世界漆黑一团，什么也没有，他只好牺牲了自身，将他的身体化为日月星辰、四极五岳、江河湖泊，乃至道路、田土、清露和宝玉。后来，又出现了三皇和五氏。三皇帮助人类建立了社会秩序，五氏则分别教人们巢居、钻燧取火、结网捕鱼、种植作物、驯养动物、音乐、占卜和医药等方面的知识。然而，这些传说毕竟太过于缥缈了，黄帝有幸成为承载人们记忆最确切的那个人。

黄帝是少典部族人，姓公孙，名轩辕。据传，黄帝这个人很神异，他在出生后不久，就可以使用语言跟大人们交流。幼年时代，黄帝就表现得很聪敏，长大后见多识广，更加多谋善断。那时候，神农氏的统治衰微，诸侯相互攻伐，残害百姓，作为天下主宰的神农氏已经没有力量制止和征讨他们。黄帝挺身而出，频频对那些不来朝贡的部落用武，四方诸侯渐渐归顺臣服。

当时，黄帝的有熊部落和蚩尤的九黎部落都很强大，虽然说炎帝的神农部落[1]江河日下，但实力也不可小觑，天下形成三足鼎立的局面。蚩尤这个人凶狠残暴，满肚子委屈的炎帝不断攻伐周边的诸侯，各部落纷纷投靠轩辕黄帝，寻求支持和庇护。这三个人的关系也相当错综复杂。据说，炎帝与黄帝是同胞兄弟，而蚩尤则有可能是炎帝的臣子。关系虽亲，但火拼在所难免。三个部落，有熊部落和神农部落在河南一带活动，九黎部落在山西、河北一带活动[2]。有熊部落夹在神农部落和九黎部落之间，如果任由其他两个部落坐大，有熊部落极有可能面临两线作战的危险。于是，轩辕黄帝整顿军队，研究四时节气变化，种植五谷，使他的部落变得更加强大。随后，他主动出击，率部突入阪泉，与炎帝展开决战。骁勇善战的黄帝以熊、罴、貔、貅、貙、虎六个勇猛氏族的战士为先驱，经过三次战斗，打败了炎帝。接着，又挥师北上，擒杀了蚩尤。“五十二战而天下咸服”，黄帝的部落一枝独秀，诸侯们尊崇轩辕黄帝为天子，取代神农氏成为天下主宰。

在征服炎帝之后，轩辕黄帝整合了有熊部落和神农部落，建立了华夏部落联盟，他们成为中华民族的始祖。而九黎部落的残余势力则向南逃窜，进入蛮荒之地。

二

然而，黄帝统一天下的脚步并未就此停止。他四面出击，开疆拓土，使华夏部落联盟的版图变得更加辽阔。他往东抵达大海，登上了丸山和泰山。往西到达崆峒（今甘肃平凉），登上了鸡头山。往南到达长江流域，登上了熊山和湘山。在北边，驱逐了獯鬻[3]部落。天下重新归于一统，黄帝在釜山召集诸侯，合验符契，建都涿鹿。

东起大海，西到崆峒，北抵鲜卑山，南达长江，这个版图够大的了，它应该是黄帝所能做到的极限。一直到了舜帝手里，华夏部族的版图还是这个样

①炎帝与神农部落之间也有可能并无关系。
②参见柏杨《中国人史纲》。
③獯鬻：我国古代北方匈奴族的别称。

子，舜将全国划分为十二州。禹在治水过程中，将舜的天下重新打理了一遍，将原来的十二州划分为九州①：

冀州　两河之间

兖州　济水和黄河之间

青州　渤海到泰山之间

徐州　黄海、泰山到淮水之间

荆州　荆山到衡山的南面

豫州　荆州和黄河之间

梁州　华山南麓到黑水之间

扬州　淮河与东海之间

雍州　黑水与黄河西岸之间

在九州中，冀州为天下之中州，也是天子居住的地方。

禹同时下令，国都外五百里内为甸服，为天子服田役纳谷税。甸服外五百里为侯服，分别为卿大夫、任国和诸侯国的封地。侯服外五百里为绥服，中央政府对他们的控制力已经很弱，只要推行中央政令，在名义上顺从中央，就可以了。绥服外五百里为要服，只要懂得教化，接受节制，遵守王法，就谢天谢地了。要服外五百里则为荒服，那里纯属蛮荒之地，这里的人民根本不知道有中国，完全不受约束，它的首领只要肯来朝见天子就行了。从禹对五服的划分来看，舜王朝的统治力可能还比不上黄帝时期。

我们还是接着说黄帝本人吧。据说黄帝行踪不定，他带兵走到哪里，就在哪里安营扎寨。黄帝手下的官职都用云来命名，他的军队有一个很酷的名称，叫作云师。他设置了左右大监，督察各诸侯国。他遍封山川鬼神，铸造九鼎，观测太阳的运行，用蓍草推算历法，预知四时节气变化，并任用风后、力牧、常先、大鸿等治理民众。可是，黄帝并不满足于他所做的这一切。他顺应四时规律，亲自推演阴阳变化，向民众讲解生死的道理，论述存亡关系，教习他们按照季节播种百谷草木，驯养鸟兽蚕虫。他甚至还创造了阵法、音律、医学，

---

①见《史记·夏本纪》。

发明了舟车、弓矢、房屋等。

黄帝身边的人也都不同凡响。

黄帝的妻子嫘祖发明了丝绸，他的臣子仓颉发明了文字，隶首发明了算术，容成发明了历法，风后发明了指南车，力牧发明了车，常先发明了许多狩猎工具和战鼓，大鸿则著有《鬼容区兵法》。这些人放在今天，个个都可以拿国家技术发明奖。

在黄帝的精心治理下，华夏部族一片欣欣向荣，四方咸服，人民安居乐业。

三

黄帝的正妃嫘祖是西陵国女子，她为黄帝生下了玄嚣和昌意两个儿子。玄嚣被封在江水，昌意被封在若水。黄帝总共有二十五个儿子。其中，有十四个建立了自己的姓氏，但能够拥有天下的不外乎玄嚣和昌意的后人。

黄帝死后被安葬在桥山，由他的孙子、昌意的儿子高阳继位，他就是颛顼。

颛顼死后由他的侄子、玄嚣的孙子高辛继位，他就是帝喾。帝喾是黄帝的曾孙，他的父亲叫蟜极。

帝喾高辛有两个媳妇，陈锋氏生的儿子叫放勋，娵訾氏生的儿子叫挚。帝喾死后首先由老大挚继位，政治衰微，又将政权交给弟弟放勋，他就是帝尧。尧帝是黄帝的玄孙、玄嚣的曾孙。

在尧之后即位的是舜。舜看似来自民间，但是，他的身上却流着贵族的血液。舜名叫重华，他的父亲叫瞽叟，瞽叟的父亲叫桥牛，桥牛的父亲叫句望，句望的父亲叫敬康，敬康的父亲叫穷蝉，穷蝉的父亲叫颛顼。政权转了一圈又回到了昌意的后人手里。舜是黄帝的八世孙、昌意的七世孙。更何况，舜还是尧的女婿，他娶了尧的两个女儿。

综上所述，五帝均出自于同姓，只是国号不同罢了。

在舜之后继位的是禹。禹建立了我国历史上第一个奴隶制国家——夏。夏朝约始于公元前2070年，约灭亡于公元前1600年，延续了大约四百七十一年，大约传了十七王，它的最后一任帝王桀是黄帝的十七世孙。夏朝的历史波澜不惊。

夏禹名叫文命，他的父亲叫鲧，鲧的父亲叫颛顼，颛顼的父亲叫昌意。细算起来，禹是黄帝之玄孙、帝颛顼的孙子。这也就是说，到了夏代的时候，政权虽然还掌握在昌意后人的手里，却是由黄帝的四世孙禹接替了八世孙舜。

但是，这还不算是最离奇的，最离奇的是商与周的始祖契和弃。虽然他们贵为部落首领，然而他们的身世却一直是个谜。据传，殷契的母亲叫简狄，是帝喾高辛的次妃，他是母亲简狄吞食了玄鸟（大约是燕子）掉下来的蛋之后怀孕生下的。弃的母亲是帝喾高辛的元妃，即正妻有邰氏女子姜原。姜原因为看见巨人的足迹而心动，沿着那足迹行走了几步就怀上了身孕，生下了弃。

应该说，在帝喾时代，物质还比较匮乏，要不然，简狄也不可能去河川洗浴，更不可能对一枚玄鸟卵那么稀罕。我们是否可以做这样的猜想，挂在帝喾名下的这两个儿子契和弃并非帝喾的亲生子，他们分别是帝喾的元妃和次妃在偶遇巨人部落与玄鸟部落的人后，与之野合而生下的。

契和弃是玄嚣的三世孙、黄帝的四世孙。

契封在商地，他的后人成汤灭掉了夏。由契到成汤共经历了十四代。虽然成汤和夏桀一样，也是黄帝的十七世孙，但商却是玄嚣的后人在执政。商朝约始于公元前1600年，约灭亡于公元前1046年，延续了大约五百五十五年，传了十七世三十一王，它的最后一任帝王是纣。商朝的历史充满了艰难和曲折。

弃封在邰地，他的后人周武王姬发灭掉了商。由弃到周武王共经历了十五代。这也就是说，在时隔555年之后，黄帝的十九世孙、弃的十五世孙周武王姬发从黄帝的三十三世孙、契的二十九世孙纣手里夺取了政权。周仍然是玄嚣的后人在执政。

周又分为“西周”（约前1046—前771）与“东周”（前770—前256）两个时期。西周的都城在镐京（宗周），东周的都城在洛邑（成周）。

东周时期又称“春秋战国”，分为“春秋”和“战国”两个部分。两周大约延续了七百九十一年，共传了三十世三十七王。周的历史可谓是冰火两重天。

四

黄帝划野分疆，设置官职，建立了古国体制。

在唐尧、虞舜时代，似乎已经出现了分封制的雏形。尧的儿子丹朱、舜的儿子商均，以及舜的弟弟象均封有疆土。夏代开始有了封国，其主要封国有夏后、有扈、有男、斟寻、彤城、褒、费、杞、缯、辛、冥、斟戈等。商、周承袭了这种做法，并开始大规模分封诸侯。至于这中间究竟有过多少诸侯国，已经很难说得清了。我们所能知道的是，商朝至少分封了八百个诸侯国，因为当初周武王在盟津会盟，准备讨伐纣时，不约而至的诸侯就有八百个。但是，也许八百只是个虚数，因为武王真正讨伐纣王时才组织了戎车三百乘、虎贲三千人、甲士四万五千人。西周初年有七十一个①诸侯国，春秋时期有一百四十多个，战国初期尚有十四个。

周代诸侯国一般可分为同姓诸侯国与异姓诸侯国两个类别：王族子孙封国即同姓诸侯国，如吴、鲁、燕、管、蔡、曹、郕、霍、卫、晋等国；异姓诸侯国有功臣或功臣后代的封国，如齐、秦、楚、纪等国。也有古帝后裔的封国，如黄帝的后代封于祝，尧帝的后代封于蓟，舜帝的后代封于陈，大禹的后代封于杞，商朝的后裔微子启封于宋。很显然，虽然同为诸侯国，但是，与周王室的亲疏关系却是不一样的。

诸侯国是主权国家，在它的下面，还可以设立若干没有主权的附庸国，是谓国中有国。这么多的诸侯国，管理起来是个大问题。可是，周王朝有的是办法。周王朝在管理上推行极简主义。说白了，主要是管三点。一是管发审。不是谁都可以开公司。诸侯国能不能上市，完全由周王说了算。在册封的批文上会注明经营范围和活动地点。二是管薪酬。上市公司总裁即诸侯国国君的职级分为五级，即公、侯、伯、子、男，薪酬待遇因职级而有所不同。三是管运行。颁布了上市公司运行管理办法——《周礼》，并配备有五刑，周王通过礼乐征伐管理和维护秩序。

①见《荀子·儒效》：“兼制天下，立七十一国，姬姓独居五十三人焉。”

各上市公司的国君实行世袭制，即“父死及子，兄死及弟”，完全由各国自行决定，只需在周王朝备案即可。周王通过控制国君统领各国，对其运行则不过多干预。其中，也有过周王干预诸侯国继承人的案例。如公元前817年，鲁武公携长子括和少子戏西行朝见周宣王，周宣王因为喜爱戏，命鲁武公册立戏为太子。鲁武公在回国后就去世了，戏继位，史称鲁懿公。鲁懿公在位上的第九年，括的儿子伯御发动叛乱，攻杀了鲁懿公。周宣王出兵讨伐鲁国，杀死伯御，又立鲁懿公的弟弟为国君。周宣王不守规则，开了违礼的先例。自此之后，诸侯多有违抗周王命令的。

言归正传。只说到了春秋战国时代，周王朝仍然抱残守缺，希望一切仍能够由周王说了算，招来了各诸侯国的强烈不满与抵制。诸侯国与时俱进，创造出了许多新颖办法，周王朝被迫接受现实。

办法归纳起来主要有三种。一是对于一些经营不善的公司，由大公司予以兼并。例如，齐国吞并郯国、阳国、纪国等，楚国吞并息国、黄国、江国、六国、庸国等，秦国吞并虢国、梁国、芮国、滑国等。二是对不适应形势发展需要的大公司实行分拆上市。例如，韩、赵、魏分了晋国。三是借壳上市。比如，田常的曾孙田和将齐康公放逐到海滨一带，借助他的公司完成上市。

当然了，报告总还是要打的，这些国家在完成兼并、分拆与借壳后，会向周王说明情况，讨要一份批复。

五

上文说了这么多，其实说白了，中国的历史就是黄帝这一家子的事儿。在神农氏统治衰微时，轩辕黄帝抓住时机打败了炎帝与蚩尤，登上了天子之位。黄帝有两个嫡子玄嚣和昌意，其后，领有天下的均是这两个嫡子的后人。黄帝死后传位给昌意的儿子高阳，昌意的儿子传位给玄嚣的孙子高辛，高辛传位给他的儿子放勋，放勋传位给他的女婿、昌意的后人舜，舜传位给同是昌意后人的禹。禹或者禹的儿子启建立了夏朝，启废除了禅让制。大约四百七十一年后，玄嚣的后人成汤灭掉了夏，建立商朝。又过了大约五百五十五年，周武王从纣手里夺取政权，建立周朝。夏、商、周朝均分封了许多诸侯。到了周朝后期，这些诸侯国相互兼并、混战，将历史推进到春秋战国时代。因而说，春秋战国的争斗，说到底还是统治集团的内斗。

明白了这些，我们就知道，周公旦为什么要制定《周礼》了。说得通俗易懂点儿，《周礼》实质上是企图通过亲情关系上的和谐，以德育道，以道载德，达到官制上的有序，即不僭越。事实上，周公旦确实做到了。这种制度维系了周王室将近八百年，这在中国历史上是绝无仅有的。然而，随着社会的发展，原始的血亲关系已经越来越敌不过诱惑。“王侯将相，宁有种乎?”即便是一家子，也避免不了争斗。

在这种情形下就必须要有一种新的东西来维护国家的秩序和统治。于是，在经历了数百年的混乱和失序后，原本四分五裂的国家在秦王政手里重新实现了大一统。虽然秦王朝的寿命很短暂，但是它却像是一道火光划破黑暗的夜空，为人们照亮了前进的方向。长城、法治、郡县制，再加上统一的货币、度量衡和文字，华夏文明由此开始薪火相传，生生不息。也正是由于黄帝这一家子在历史发展过程中的不断追求、探索、超越与扬弃，中华民族才能永远屹立于世界民族之林!

悲情英雄项羽

一

项羽是名人，这个地球人都知道。

百度词条项羽简介说："项羽（前232—前202），名籍，字羽，秦末著名军事家、中国军事思想'勇战派'代表人物。"但是，项羽又绝非一个勇战派代表人物那么简单，这个中国第一猛人其实是个老粗和老细的混合体。

项羽智勇双全，他在打仗时的智商简直能达到一百四，就像是服用了兴奋剂。可是对于战略问题，项羽似乎从不上心。他对政治的理解也很成问题，经常在大是大非问题上打感情牌。而且项羽有个最大的短板——性情暴躁。鉴于此，他从来不注意团结同志，不注意争取中间力量，在反秦义军中的名声很差。一些人为了对抗他，甚至不惜联手将"好酒及色"的刘邦包装成"长者"。

可是，项羽的身后名却出奇的好。这是为什么呢？因为在他的身上有着许多男人没有的优点！

二

项羽很酷派。

说项羽"气压万夫"，那是一点儿不假。公元前207年，赵国告急，楚怀王命宋义为上将，项羽为副将，率兵救援。当时，前来救援的诸侯军队不在少数，但大家都作壁上观。用《史记·项羽本纪》的话说就是："诸侯军救巨鹿下者十余壁，莫敢纵兵。”宋义率军到达安阳后，更是畏缩不前，屯兵四十六天。

时值阴雨连绵，楚军缺衣少粮，处境非常艰难。项羽当机立断，杀死宋义，挥师北上救赵。在渡过漳河后，他命令军士凿沉渡船，打破铁锅，身上只带三天干粮，破釜沉舟，背水一战，大破秦军。

巨鹿之战后，项羽召见各国将领，那些将领都被吓破了胆，进入辕门时，“无不膝行而前，莫敢仰视”。彭城大战，项羽亲率三万精兵，长途奔袭，绕道彭城后方，将刘邦的五十六万大军打得落花流水，毫无还手之力。

此两战前无古人。你能说项羽不酷派？那是酷极了！

三

项羽很男人。

与投降派相比，主战派已经很男人了，而勇战派则无疑是男人中的男人。

不仅项羽的军事思想体现了勇战，他本人更是以一当十，永远冲锋在前。从巨鹿之战到彭城大战，项羽带领着他的铁骑一路高奏凯歌。垓下之战，在四面楚歌的情形下，仍然为我们表演了东城快战。项羽把战争看成了艺术，追求的是过程与男人式的痛快，享受着战争带来的乐趣。一旦离开了战争这个舞台，他的表现便大为逊色。

而刘邦则不然。刘邦将战争看成了夺取政权的手段，更看重结果，目的性更强。面对勇往直前、神勇无敌的项羽，刘邦只有封王、许愿、分钱物。封王是将大地母亲的躯体许诺给韩信、彭越、黥布等手下人。而分钱物，分的是大地母亲的身躯与乳汁。这是女人式的阴柔。

刘邦当然也想勇。可是，在强大的项羽面前，他又怎么能够勇得起来呢？

四

项羽很大气。

项羽生性豪爽，即便是土地，他也毫不吝啬。公元前 206 年二月，项羽实施大分封，册封了十八路诸侯，自立为西楚霸王。这十八人中有自己的部将两人。应该说，项羽分封得还算比较公平。他自己得到九郡，是比其他人多了点儿，但是，他在反秦战争中建立的功勋，又有谁能比肩？

项羽不计前嫌，出手阔绰，那是真送。反观项羽一生，他将能够送人的、想送人的、可以送人的都送人了，弄到最后连人头也送给了敌人。而刘邦就有点儿让人看不懂了。土地、钱物舍得吧，刘邦先分给了大伙儿，最后又一点点地拿回去了。刘邦爱兄弟吧，在他当上皇帝后搞得韩信、张良、萧何、陈平等人人自危。刘邦是先予后取，假仁假义，绝顶吝啬，册封只是他玩弄兄弟们的一个手段。在骨子深处，刘邦其实什么都想往自己口袋里面塞。

五

项羽很率性。

项羽快意情仇，明人不做暗事，生气了就发怒；担心秦兵不老实，就坑杀了降卒；憎恨秦王朝，就一把火烧掉了阿房宫；喜欢珍宝美人，遂尽携秦室的珠宝、宫女而去。他一点儿不藏着掖着，就像是个透明人，这一点儿也不像刘邦。

刘邦这个人说到底很虚伪，他在当皇帝之前，不显山、不露水。他明明喜欢女色，却硬要待在霸上活受罪。想要项羽人头时，他急着将函谷关以东的土地送人。项羽被灭了，他又急着将送出去的土地往回收。

刘邦玩得很高明，连韩信、黥布、彭越这样的绝世高手都被他糊弄了。喜欢钱，就让你使劲儿地贪污。要做假齐王，竟然给了个真齐王当。说这样宽厚、善良的长者会黑人，谁相信？他们哪能想到，刘大哥也会玩阴的！

六

项羽很宽厚。

项羽是容易上头，但是，他还有个菩萨心肠。楚怀王熊心，项羽忍了。楚怀王这厮是项羽的伯父项梁立的，但是，他对老项家却一点儿感恩之情也没有，不但削了项羽的兵权，还时时处处给项羽小鞋穿。楚怀王做得无所顾忌，就像他生来真的就是龙种似的，尽管此前他所做的工作不过是放放羊而已。

韩信、张良、陈平，项羽忍了。项羽绝世聪明，应该不会不知道这伙人是人才，只是他太高傲、太自负了，有点儿看不上他们的水平。其实，项羽还可以有一种选择，就是像某些国君那样，悄无声息地灭了他们。知道孙膑、管仲是怎么分别从魏国与鲁国来到齐国，改革家商鞅是怎么从魏国来到秦国的吗？韩信等人能够平稳过渡到刘邦阵营，应该算作是奇迹。田荣是个坏小子，项梁救了他。可是，当秦军打过来的时候，田荣却给项梁提条件。项羽在分封前没有乘机灭了他，实在是遗憾。

还有这个目无领导，一心想做老大的刘邦，他抢先入关分明是占了小便宜，却想入非非要做关中王。鸿门宴上，项羽大可以“做了”刘邦。可是，他没有。项羽知道刘邦被册封后心怀不满，但还是没有原则地分给了刘邦汉中之地。项羽对刘邦那可真叫仁慈，恰像是一千六百多年后燕王朱棣的那个侄子。而刘邦就很下作了，下作到专门颁发红头文件（诏书），让大家伙儿称项羽为项籍，人死了还不忘踩上一脚。

七

项羽很守约。

楚怀王决定让宋义和项羽出兵救赵，刘邦西进秦都。救赵面对的是秦军的主力长城军团和章邯军团，这显然是个重活、体力活，也是棘手活，弄不好还会赔上身家性命。西进秦都看似凶险，实则并没有想象中的那样困难，而且项羽这边打得越激烈，刘邦那边的压力就会越轻。反之，刘邦那边打得越激烈，项羽这边的压力也会越轻。可事实是，刘邦打得并不激烈。从分工上来看，刘邦捡了个轻活。

从行进的路线上看，项羽走的是曲线。他首先得挥师北上灭掉王离、章邯兵团，然后再掉头向长安进发。而刘邦走的是直线，只要情况许可，他可以直接向着秦都进发。很显然，“先入关中者王之”是一个伪命题，它考虑的不是功绩，而是速度，甚至是不在同一起跑线上的速度。想必楚怀王是学过厚黑学的。不然，这么不平等的条约，怎么能够让他说得滴水不漏、理直气壮呢！

还有一种情况是，楚怀王可能从未想过秦朝会这么快灭亡，而他也从未想过让项羽或者刘邦称王关中，这只是他随口开出的一张空头支票。真想的话，他就应该让宋义去攻赵，项羽、刘邦各带领一支军队去击秦；再要么让项羽替代宋义做统帅，说救赵与西进是楚国面临的两项重大的战略任务，谁先完成谁当王。

可就是这样不平等的条约，项羽还十分地认可，不然的话，他就不可能让刘邦所谓的“十罪项王”说得云里雾里，默不作声了。项羽已经很吃亏了，可是刘邦仍然死死地咬住他不放。即便是在刘项鸿沟议和之后，项羽前脚刚放走刘邦的父亲，刘邦后脚紧跟着就追来了。刘邦向来是将条约当作手纸看待的，他对秦军是，对昔日的战友项羽也是。

八

项羽斗不过刘邦，那是自然。因为他在战略选择上缺乏深思熟虑，一错再错。诸如选择了被秦始皇抛弃的分封制，开历史的倒车；坑了秦卒，焚了秦宫，搞得天怒人怨，却仍旧不知安抚天下；舍弃经济中心长安建都彭城，并且将关中这么重要的地方分别封给了章邯、司马欣和董翳。缺乏战略眼光与长远谋划，一生只为打仗而打仗，甚或在刘邦将战火燃烧到自己家门口时，也没有想办法分化瓦解敌人的阵营，或是搞乱敌人的后方。

除此而外，年轻气盛和贵族身份也是他失败的一个重要原因。年轻气盛决定了项羽做事缺乏深谋远虑，不断地为轻率买单。项羽是楚国贵族，他的身上流淌的是贵族血液，贵族式玩法让他低不下头，拉不下脸，磨不开面子，该下手“做了”的不做，该分封的不分封，该求人时不求人，一再错失良机。譬如：项羽分明想拉拢韩信，但是又磨不开面子耐心做他的思想工作；分明舍不得黥布走，却又不愿意安抚，而选择杀了黥布全家；刘邦都打过来了，天下已成乱局，他却还是舍不得那点儿土地。

正是由于项羽在战略上的失误，刚愎自用，又拙于应变，才给了刘邦咸鱼翻身的机会。可以说，像刘邦这种老谋深算之人，在任何时候都不愁没有饭吃。而贵族则不然，贵族一旦丧失了特权，就只能饿死。我常想，如果项羽不是贵族，那事情又会是什么样子呢？

大汉天子刘邦的双面人生

一

我自始至终认为，刘邦是一个很率性的人。

但是，简单的同时也可能意味着复杂，复杂的同时也可能意味着简单。即便是对这位昔日叱咤风云的大汉天子，我们也习惯于站立在常人的角度去审视他。于是我们看到，在他性格的字典里面，赫然写着两个大字：流氓。

流氓者，正本清源，原本指无业游民，后来指不务正业、为非作歹之人。大家知道，刘邦本是农民出身。可是，这个农民不但“不事家人生产作业”，并且“好酒及色”，活脱脱一个流氓的形象。但是这个流氓又与别个流氓不同，他“仁而爱人，喜施，意豁如也”。说得再直白点儿，就是这个流氓大手大脚，不想当职业农民，具有干大事的风度。说刘邦有仁爱之心，我不敢有什么怀疑。说他有干大事的风度，我只能也只有相信。可是说他乐善好施，总觉得有些别扭。史书上并没有说，刘老汉和刘老妈为刘邦积攒下了多少产业，就是刘父认为较会治产业的刘仲也不怎么富裕。刘邦又拿什么去施舍？而且他还喜施。我们是否可以做这样的猜想，刘邦施与别人的，要么是刘老汉的血汗钱，要么就是他拉的赞助，这可不是一般的败家。

光是不务正业，当然不行。不务正业，充其量只能说是二流子，与传说中的流氓明显隔着一个档次。当流氓还需要有足够的定力，不说是杀人放火，至少也得具备相当的专业实力。刘邦在这方面的修炼可谓是炉火纯青。众所周知，成年之后的刘邦当上了泗水亭长。可是，这个派出所所长兼邮政所长不但傲慢无礼，看不起属下，动不动就侮弄他们，而且生活作风也很成问题。地球人都知道，刘亭长和曹氏的关系不一般，他们睡也睡了，孩子也有了。可是，刘亭长就是不愿给人家转正，坚持将情人关系进行到底。若不是骨灰级选手，焉能将感情问题处理得如此得心应手？

刘邦找女人的能力也相当强。吕雉是刘邦谎称“贺万钱”骗的，戚姬是他在逃难途中收编的，管夫人、赵子儿是他的手下帮忙抢的，薄姬是他在织室中发现的，淮南王刘长的母亲是他在东垣县下乡的路上“笑纳”的，万石君石奋的姐姐是他在洗脚时无意中挖掘的。如果再加上王媪、武负，他的女人干啥营生的都有。他的这些成就，即便是放在国君们都很活跃的春秋战国时代，也同样令人难以望其项背。如果不是时时留心，处处留意，怎么会走到哪里都有斩获呢？

更让我佩服的是，刘皇帝能够将妇女工作作为一条主线，贯穿革命生涯的始末。他在加入反秦战争之前是这样，在反秦的路上是这样，在楚汉战争期间是这样，乃至当了皇帝之后还是这样。无论是在行军途中，比如说高阳，在战斗的间隙，比如说秦宫，还是在大战前夕，比如说彭城前线——刘邦都能够排除干扰，始终如一保持自己的兴趣和爱好。可以说，他活出了特色，活出了个性，活出了精彩。

刘邦在危急时刻使用的也均是下作手段。刘邦在荥阳被项军围困，他让将军纪信乘坐着自己的车驾，假扮成汉王，趁着夜色率领两千多名身披铠甲的女子，由东门出城，楚军从四面围击，俘获纪信。楚军士兵以为俘虏了刘邦，激动得高呼万岁，都到城东去观看，刘邦这才得以由西门逃脱。让纪信假扮自己，这个倒是很有谋略；可是，让一群女子代替士兵们去送死，就很下作了。我们且不论这两千多名女兵是刘邦的战地歌舞团成员，还是劫掠、动员老百姓家的女子，这与他宽厚长者的风范可是格格不入！

刘邦再次杀回来后，在成皋陷入楚军重围，只带着车夫滕公一人逃出来。他们一直向北渡过黄河，驱车跑到夜晚，留宿在修武。

第二天清晨，刘邦自称使者，闯入张耳、韩信军营，夺了他们的军权。随即派卢绾、刘贾率领两万人渡过白马津，进入楚地，与彭越一起收复了梁地的十多座城池。我相信刘邦要是有项羽的本领，定会单枪匹马，连车夫也不带就逃跑的。冒充使者冲进军营夺韩信军权，更是只有流氓才干得出来的事儿。

好在刘邦很快就派出了卢绾、刘贾，用勤勉弥补了他的无赖形象。但霸占人家魏豹的老婆，宠幸晚辈赵王的妃嫔；逃命时为了让马车跑得快一些，三番五次将亲骨肉推下车子；垓下大战之后，天下大定，又一次驰入韩信军营夺其军权；当了皇帝后，在新落成的未央大殿上仍旧不忘旧恨，当着群臣的面，揶揄刘老头："你当初总抱怨我是个无赖，不能治产业。现在，我和刘仲比，谁的家业更大？"这些则已经不是用一般的词语可以形容得了的。

可是，说一千道一万，你又不得不承认，刘邦这个流氓其实很不一般，这个人的悟性非常高。公元前203年，项羽击退侵犯东河的彭越部归来，在广武战场与刘邦相持不下，士兵们多有厌战，彭越又屡次返回梁地，往来袭扰，断绝楚军粮道。无奈之下，项羽在广武涧这边架起高俎，将刘邦的父亲放置在上面说："你若是再不投降，我就烹了你父亲！"项羽满以为刘邦会向他求饶让步，谁知刘邦回答得更绝："吾与汝俱北面受命怀王，曰：'约为兄弟。'吾翁即若翁，必欲烹尔翁，则幸分我一杯羹！"这句话翻译过来大意是：我和你是拜把子兄弟，我父亲就是你父亲，假如你一定要烹你父亲的话，请分一杯肉汤给我喝。刘邦到底弄明白了家与国之间的关系。可是，他说出的这句话太具流氓气息，以至于成了千古名言，更是让贵族出身的项羽目瞪口呆，愤怒得想要真的烹了刘邦的父亲。自己的父亲又何以会成为别人的父亲？最后还是那个后来被赐姓刘，分不清内外的项伯站出来说了一句"且为天下者不顾家"，让刘邦的父亲逃过一劫。

刘邦同时又是个很有心气儿的流氓。刘邦有着其他人不可比拟的优势。有四个人对刘邦的成长起到了决定性的作用：一个是秦始皇，一个是老父，另外两个人是项梁和楚怀王熊心。

秦始皇给了刘邦决心（"大丈夫当如此也"），老父给了刘邦信心（"君相贵不可言""自疑"有天子气），项梁和楚怀王熊心给了刘邦做大事的基础

（兵权）。虽然后两个人的目的截然不同，但是刘邦却是最直接的受益者。楚怀王熊心更是赋予了刘邦一个宽厚长者的好人标签。

这四个人在刘邦的生命中举足轻重，尤其是秦始皇，他对刘邦的思想产生了巨大震动。

刘邦在咸阳服徭役时，有一次，赶巧碰上始皇帝出巡。我们可以想到，当人到中年仍然一事无成，整日为生计奔波的刘邦眼睁睁地看着一队队的仪仗、一面面黑色的旌旗，以及数不清的精锐铁骑与皇家卫兵簇拥着一辆辆富丽堂皇的辇车浩浩荡荡地从眼前经过时，他该是何等的激动、羡慕和震惊，以至于一改往日的流氓无赖形象，发自内心地感慨道："唉，大丈夫就应当像始皇帝这样啊！"我不知道刘邦当时看到秦始皇没有，但是他说的这句话已经很够分量。这应该是成年刘邦说过的最靠谱、最正经、最豪气的一句话，虽然它与项羽的那句名言"彼可取而代也"相比，仍然相差十万八千里。

可以这样说，刘邦最终能够战胜易于冲动的楚国贵族项羽，与上述这四个人不无关系，与他骨子里的流氓气息更是密不可分。而刘邦能够玩弄超一流的谋略家韩信、彭越、黥布等人于股掌之间，则再一次说明，在流氓面前，一切的智慧和谋略都是扯淡。

其实，被许多人看扁了的刘邦，并非真正意义上的流氓。虽然刘邦见了女人腿发软，一副我是流氓我怕谁的痞子形象；但是说真的，他做得并不算很出格。他的这些玩法，全是春秋战国时代那些国君们玩儿剩下的。更何况，他比较看重兄弟情、战友情，没有失信纪录，也没有夺取臣妻的纪录。即便是找女人，也都是在大家比较能接受的场合，他的修养其实是在骨子里面。酒色对于刘邦来说，只不过是一个消解人生的手段而已，那些世俗的条条框框反被他一一忽略了。"大行不拘小节！"这该是一种怎样的境界啊？

二

除过内心让人看不透，刘邦在策划包装上也有一手，他的拿手好戏是演绎附会。公元前256年冬月（农历十一月），刘邦生于楚国泗水郡，即汉沛郡。父亲刘太公，母亲刘媪，有两个哥哥、一个姐姐和一个弟弟。大哥刘伯，二哥刘仲，刘邦排行老三（注：刘交为异母弟）。从上述记载看，刘邦与其他人应该没有什么两样，他出身微贱，以伯、仲、季作为兄弟排行。换句话说，刘老三就是刘邦，刘邦就是刘老三。然而，人家刘邦可不这么认为，刘邦在担任了大汉皇帝后，通过朝廷向外发布的履历，除了上述这些之外，还多出了后面几句："其先刘媪尝息大泽之陂，梦与神遇。是时雷电晦暝，太公往视，则见蛟龙于其上。已而有身，遂产高祖。高祖为人，隆准而龙颜，美须髯，左股有七十二黑子。"这段话翻译过来大意是：刘老妈曾经在池塘边休息，梦中与神相遇，并产生了爱情。那时候，电闪雷鸣，风雨交加，刘老头很担心刘老妈的安全，四处寻找。刘老头找到老婆时，看见一条蛟龙（实事求是讲应该是黑影）正趴在她的身上。不久刘老妈就有了身孕，产下了高祖。高祖生得很有帝王相，额头高高隆起，鬓角和胡须很漂亮，左腿上有七十二颗黑痣。

如果这些都是真的，那么会有三种可能：第一种可能，刘老头视力不好，没有看清趴在刘老妈身上的人是谁；第二种可能，刘老头视力超好，但是气候环境对他大为不利，不能断定看到的黑影就是人；第三种可能，刘老妈子机敏过人，很好地利用了雷电和蛟龙这些"转基因"的东西来打掩护。

我们可以设想，当司马迁在写作《史记》时，面对着这样的史料，自然不好说什么。因为大人物的出生有一种特别的方式，叫作"感生"。黄帝是，尧、舜、禹是，其后的颛顼帝也是。作为臣子的司马迁断然是不能胡思乱想，随意推敲的。也许他推敲过了，却没有敢像我一样照实写。至于那七十二颗黑痣，司马迁纵使吃了豹子胆，也不敢去扒刘邦同志的底验证真伪。不过，司马迁也没有这个机会，因为在他出生之前，我们敬爱的刘邦同志就撒手人寰了。能将一档家族丑闻炒作成传奇，怕是只有刘邦了。当然了，刘邦炒作老妈的生活作风问题并非是要揭短，而是为了强化皇族血统的正统性。

刘邦善于移花接木。翻阅汉高祖刘邦年表，我们不难发现，在他四十七岁之前，似乎没有干过什么正经事情。除过娶了个叫吕雉的妻子外，刘邦把大把的时间都浪费在了斗鸡走狗、惹是生非与喝酒泡妞上。话说刘邦在当皇帝之前，常常到王媪、武负那里去赊酒喝，喝醉了躺倒就睡，武负、王媪看到他身上经常有龙出现，觉得这个人很奇怪。而且刘邦每次去买酒，留在店中畅饮，买酒的人就会增加，售出去酒的数量达到平常的几倍，直到看见了有龙出现的怪现象。到了年终，这两家就把记账的简札折断，将旧账一笔勾销。

看见龙，当然是不可能的。可能的是王媪、武负是刘邦的情妇。《史记·高祖本纪》上说得很明白："（高祖）好酒及色。"注意了，是酒及色，不是酒色。我们应该将它与接下来的"喝酒传奇"连贯起来理解，而不应该割裂开来看。

到别人那里赊酒喝，而且喝醉了躺倒就睡，当然不会是一般关系。退一步说，即便是一般关系，相信经刘邦这么一闹腾，很快也会不一般的。同时，楚地民风开放，野合一类的事较为常见，长子刘肥就是刘邦与一位曹姓情妇的结晶。或许刘邦是王媪、武负的托儿。刘邦豪侠仗义、喜欢施舍，朋友众多，走哪哪火。他能帮凶神恶煞的樊哙将狗肉生意做火，将不知名的吹鼓手周勃捧红，帮助王媪、武负拉点儿生意，当然不在话下。再要么，刘邦是二人的保护伞。刘邦是亭长，亭长再小也是官，是官总比老百姓强。更何况刘邦善歌舞，酒喝到兴头儿上，难免不即兴表演，那些来买酒的人，不但喝了酒，还可以免费观赏真人秀节目，何乐而不为呢？

最为关键的一点是，吕公与吕雉也都希望这是一笔糊涂账。因为无论如何，吕公都不希望别人说他的女婿有生活作风问题，吕雉也不希望别人说她嫁了个问题青年。刘邦被人说三道四，不符合所有人的利益。

"斩蛇起义"应该也是这样的杰作。与商、周以来的那些献鼎、献祥瑞者相比，刘邦这回可谓是费尽了心机。因为在那个时候，从河床中挖出石头、在鱼腹中发现锦书、于月饼中发现字条等这些方法远未普及，是刘邦开了先河。所幸刘邦不仅成功地斩了蛇，而且让随行的人相信了自己是赤帝的儿子。策划这一切当然不会太难，有萧何、曹参与樊哙参与就够了。

刘邦重视粉饰渲染。在端正了血统之后，剩下的事情就好办得多了。刘邦秘而不宣，成立了一个“炒作”班子。能够进入班子工作的自然都是刘邦的心腹，这个班子的成员，除了上面提到的王媪、武负、萧何、曹参、樊哙外，应该还有吕公和吕雉。在这个班子里，萧何、曹参是具体谋划者，樊哙是幕后英雄，其他人均是执行委员。

关于这一点，我们从刘邦娶吕雉的事情上就能看出个大概。沛县县令在家中请客，刘邦不但一个子儿没有带，还谎称“贺钱万”，这让主事的属吏萧何情何以堪。想想大庭广众之下忽然间闯进来了个流氓，吕公当然要大吃一惊了。在动不动就打打杀杀的过去，一个流氓足以将人家的美事儿给搅黄。吕老汉是聪明人，他总不能眼睁睁看着刘邦将场子砸了，总得想办法安抚一下他吧。

说吕公喜好相面，这怎么可能？既然吕公有如此能耐，刘邦为何还要对过路的老父感恩戴德？你想，吕雉是吕公的爱女，吕老头怎会将亲生女儿轻易许人？除非另有隐情。说萧何提醒吕公不大可信，萧何是刘邦的死党，屡次帮助刘邦摆平官司，他不帮着刘邦欺骗吕老汉就积阴德了。至于“沛令善公，求之不与”等，这些与今天某些人嘴边时常挂的“某某人和我是朋友”无异，无非是为了抬高自己的身价而已。

还有，吕公是商人，有人“贺钱万”，而且这钱是一个官吏贺的。官府里面有人，这对吕公来说，脸上相当有光，他才不在乎你刘邦带了多少钱呢！除了贪图几两狗肉，吕公更重虚名，这样的安排，实在是求之不得。

应该说，吕公对这门亲事还是很满意的。我们可以设想，既然吕公能够把小女儿吕须嫁给卖狗肉的樊哙，将吕雉嫁给人品、相貌均属一流的沛郡知名人士刘邦，自然也在情理之中。至于嫁人的形式嘛，当然可以商量。于是乎，这桩婚姻就被导演成了现在我们所知道的这个样子。

在这个“炒作”班子中，最卖力的人是刘邦的妻子吕雉。因为吕雉是刘邦最亲近的人，也是事成后得到实惠和好处最多的那个人，她的积极性自然也最高。她不但帮助刘邦炮制了“云气”说，还帮助刘邦确立了“尊相”说。凡此种种，极尽能事。

“十罪项王”就更不必说了，那是实实在在的宣传攻势。十项罪名除过坑杀士卒、焚烧秦宫，其他的没有一条是证据确凿的。但就是这样莫须有的罪名，硬是把不善言辞的项羽说得云里雾里、一愣一愣的，足见其说教功夫之深厚。

当然了，光靠神化是不够的，刘邦还注重从自身形象抓起。

众所周知，刘邦是贪酒好色之徒，在进入秦都咸阳之后，他曾一度想住进秦王的宫室中休息。还有一种说法是，刘邦已经搬进秦宫逍遥了好些时日，幸亏张良、樊哙及时劝阻，才封了秦国的“重宝财物府库”，与关中父老约法三章。至于哭吊义帝、招降纳叛、释放奴婢、封王封地这些对强化和巩固正义之师的地位，分化瓦解敌方阵营，塑造仁主明君形象都很有帮助。

总之，凡是项羽不愿意做的，刘邦就不遗余力地去做；凡是项羽反对的，刘邦就坚决支持。通过这一系列的措施，刘邦挖空了项羽的墙根，扩充了自己的实力，使汉军在楚汉相争中处在了极为有利的位置。再加上汉初实行的轻徭薄赋等一系列休养生息政策，这些均很好地起到了收买人心的作用。

《大风歌》是刘邦对自身形象的进一步深化。

公元前 195 年，刘邦平定黥布叛乱归来，途经家乡沛县，邀集故人饮酒。酒酣时，刘邦击筑，演唱了他即兴创作的《大风歌》，歌曰：“大风起兮云飞扬，威加海内兮归故乡，安得猛士兮守四方。”这样慷慨悲壮、荡气回肠的气势和风度实在非平常人所能为。“刘项原来不读书”，不读书的刘邦却硬是创作出了这样宏伟的诗作，让他的英雄形象跃然纸上。

可以说，刘邦在宣传造势方面做足了文章，他是一个好皇帝，但是在骨子里，却是个出色的宣传部长。

三

不管是流氓也好，还是造势高手也好，这些都不是刘邦的全部。当我们揭开刘邦“宽厚长者”与“赤帝儿子”的外衣后，看到的是一位智者。

首先，刘邦善于用脑，粗中有细，不一味蛮干。

公元前 209 年秋，陈胜、吴广在蕲县起兵，沛县县令想率领沛县百姓响应，曹参、萧何建议召回刘邦。县令应允，派樊哙去召刘邦。然而，当刘邦一行人风风火火地赶到沛县城下时，县令却变了卦，关闭城门，据守不出。此时，刘邦身边不过区区百人，强攻几乎无可能。但是，刘邦并没有放弃，他将一封帛书射到城上，向沛县百姓晓以利害。父老们认为刘邦说得在理，杀了县令，迎接刘邦进城，拥立他为沛公。

大家且看刘邦的帛书："天下苦秦久矣。今父老虽为沛令守，诸侯并起，今屠沛。沛今共诛令，择子弟可立者立之，以应诸侯，则家室完。不然，父子俱屠，无为也。"虽则寥寥数语，但句句切中要害，软硬兼施，掷地有声。

其中，"天下苦秦久矣"，既表明了反秦立场，又暗示了施行仁政的理想。"诸侯并起，今屠沛"与"不然，父子俱屠，无为也"，既言明了天下大势，同时，又是明目张胆的威胁和恫吓。诛令"以应诸侯，则家室完"，则直截了当地向众人指明了出路。

相较之下，沛县县令要平庸得多。县令想率领沛县百姓起事，却又明显缺乏信心，寄希望于他人，结果犯了引狼入室的大忌。中途想退出合作，对方只有百十来号人，他竟然不敢出城迎战。想杀掉萧何、曹参，却又迟疑不决，结果让二人逃出城去依附刘邦。最可笑的是，作为一县之令，竟然不知道如何做好群众工作，连反秦的立场都没有来得及表明，就稀里糊涂地做了沛县父老的刀下鬼。萧何、刘邦这伙人之所以钻了空子，与县令优柔寡断的性格不无关系。县令是个俗人，在他的眼里，刘邦、萧何、曹参是朋友。但是，刘邦、萧何、曹参却不这么看，在他们三人眼里只有大义。

其次，刘邦知人善用，用人不疑，不求全责备。

当初，张良打算前去投奔代楚王景驹，在半道上遇见了刘邦。二人合兵一处，攻打下邳。其间，张良多次根据《太公兵法》向沛公献计献策，刘邦很赏识他，经常采用他的计谋。而张良对其他人讲这些，竟无人能领悟。张良感慨地说："沛公真是天授之才！"打定主意跟随刘邦，放弃去见景驹。

说真的，世间并不缺少谋臣，所谓"世有伯乐，然后有千里马"，说得一点儿不差。张良为啥死心塌地跟随刘邦？因为刘邦懂他。我们可以设想一下，当张良对其他人讲计谋却不能被领悟时，他的心情会是什么样子？他会不会像谋臣范增一样郁闷呢？我想会的！范增也有谋，可是，他的计谋却很少能够为项羽所用。

在陈平问题的处理上，足见刘邦的胸怀。魏无知的话很具有代表性：“我所说的是才能，大王所问的是品行。假如一个人像尾生、孝已那样品行高尚，可是，对于打仗却没有丝毫帮助，大王还有心情去搭理他吗？楚汉相争，我举荐谋臣，只关心他的计谋是否有用。至于私通嫂嫂、喜好钱财，这些又有什么数说的必要呢？”

对人才的重视，缘于刘邦对争霸形势的清醒认识。他不止一次向臣子坦诚，自己实力不如项羽。在荥阳前线，在张良连珠炮似的追问下，刘邦曾一连回答了七个“未能也”。对于这样谦虚可爱的主子，你还有什么理由不跟从呢？韩信就是被他的“迷魂汤”灌晕了。天下大定，刘邦在洛阳南宫摆设酒宴，询问大臣自己为什么能够夺取天下，项羽为什么会失去天下。高起、王陵认为，这是因为刘邦能跟天下人同享利益，而项羽妒贤嫉能，夺得了土地不给人家好处。但是，刘邦并没有将功劳全部揽到自己头上，而是一针见血地指出是因为自己拥有张良、萧何、韩信这三个人中俊杰。

再次，刘邦大智若愚，善于问计，从谏如流。

刘邦西进途经高阳时，守门小吏郦食其劝其袭击陈留。刘邦依计而行，获得了秦军积存的粮食，给汉军补充了给养。

刘邦由荥阳逃回关中，准备整军再战，一个姓袁的书生劝导他避其锋芒，出兵安抚赵地，平定燕、齐，迫使项羽分军，让主力军队得到充分休整。然后，再以逸待劳，集中力量去打击项羽的疲惫之师。

刘邦依计出兵宛、叶一带，项羽果然率军南下，汉军坚守不战。这时，彭越渡过濉水，在下邳大败项声、薛公，项羽只好回军去攻打彭越。等到他打跑了彭越，听说刘邦已经进驻成皋，就又率军向西攻下荥阳，包围了成皋。项羽虽勇猛，却只能疲于奔命。这一计谋使得刘邦在战略上处于主动地位。

这是听外人计。

刘邦求胜心切，想绕过宛城（今河南南阳宛城）西进。张良进谏说：“你虽然急着入关，但是，秦兵尚众，又凭险拒守。如果不先攻下宛城，到时恐怕会遭到秦军的前后夹击，你走的是一着险棋啊。”刘邦觉得张良说得在理，虚晃一枪，连夜率兵从另一条道上返回，更换旗帜，在黎明时分将宛城团团围住。

宛城郡守误以为同时遭遇了几支军队围攻，想要自杀。门客陈恢劝他说：“现在自杀为时尚早！宛城是个大郡，相连的城池有几十座，想要攻下来并不容易。刘邦如果停下来攻城，伤亡必定会很大，纵使攻下来，也会错过进入咸阳的先机；率军离去，又担心宛城军队尾随袭击，成为后患。”在陈明利害、稳住主要领导后，陈恢越过城墙来见刘邦，说服他约降南阳太守。

刘邦答应了陈恢的请求，封宛城郡守为殷侯，陈恢为千户侯。招降纳叛收到了出其不意的效果，刘邦大军所到之处无不降服。到达丹水，高武侯戚鳃和襄阳侯王陵也在西陵归降。刘邦回军攻打胡阳，遇到番君的别将梅鋗，遂跟他合军一处，降服了析县和郦县。同时，派遣宁昌去秦廷劝降。

这是听敌将计。

刘邦向西进入武关，见驻守峣关的是秦朝的下军，就想用两万兵力去攻打他们。张良劝告说：“秦军还很强大，不可轻视。我听说，峣关守将是屠户的儿子，对市侩之人可以以利相诱。请沛公暂且留守军营，先派一部分人马出去，准备五万人的粮饷，在四周山头多挂旗帜作为疑兵，然后再派郦食其带着珍宝财物去诱降秦将。”

秦军将领果然叛变，想联合刘邦一道进击咸阳。刘邦想答应他。张良又说：“这只是峣关的守将想反叛罢了，恐怕他手下的士兵们不一定跟他一条心。士兵们若是不听从的话，就会很危险，不如趁敌人懈怠攻击他们。”

刘邦于是率军向峣关守军发起攻击。秦军大败，弃关退守蓝田，刘邦领兵一直追至蓝田。两军再次交战，秦兵终于彻底崩溃。刘邦随即到达咸阳，秦王子婴向刘邦投降。

楚汉相争，汉军由彭城大败而归，行至下邑，刘邦下马，倚着马鞍问道：“我打算舍弃函谷关以东等地作为封赏，谁能同我一起建立霸业呢？”张良进言说：“九江王黥布是楚国的猛将，同项王有隔阂；彭越和齐王田荣在梁地反楚，此二人立马可用。而汉王的将领中唯有韩信能够独当一面，可堪重用。如果要舍弃这些地方，就送给这三个人吧，这样就可以打败楚国了。”

刘邦于是派萧何去游说九江王黥布，又派人去联络彭越。等到魏王豹反汉，汉王派韩信率兵征讨他，乘势攻占了燕、代、齐、赵等国。刘邦正是凭借这三个人的力量，最终击败了楚国。

鸿沟议和后，项羽放回刘邦的父母、妻子，向东退兵，刘邦采用张良、陈平的计策，进兵追击项羽。韩信、彭越未能如约前来，刘邦被项羽打得大败。刘邦又用张良计，封韩信为齐王、彭越为梁王、黥布为淮南王，又策反了楚大司马周殷，这才促成各路诸侯会师垓下，彻底打败项羽。

天下初定，刘敬劝谏刘邦定都关中。左右大臣都是关东人，不愿离开洛阳。刘邦举棋不定，询问张良。

张良回答说：“洛阳虽然险固，但境域狭小，方圆不过几百里，且土地贫瘠，四面受敌，这里不是用武之地。关中东有崤山、函谷关，西有陇山、岷山，沃野千里，南有富饶的巴、蜀两郡，北有利于放牧的胡苑，依靠三面的险阻而固守，只用东方一面控制诸侯。天下安定，黄河、渭河可以用来转运粮食，西上供给京都；战时可以顺流而下，运送粮草物资。正所谓‘金城千里，天府之国’，刘敬说的是对的。”于是，刘邦当天就起驾西行，定都关中。与匈奴和亲之策也是刘敬进献的。

这些均是听臣下计。

我想，刘邦之所以能够夺取天下，正是因为他具备了这些我们常人所不具备的优点，流氓只是其表象，睿智才是其根本。

汉文帝的手腕

一

中国古代历史上有过许多明君，诸如秦始皇赵政①、唐太宗李世民、汉武帝刘彻、隋文帝杨坚等。然而，人无完人，即便是明君，也会存在这样那样的毛病。

要问人们心目中理想的明君圣主是谁？

相信许多人会异口同声地回答说：汉文帝刘恒。这是为什么呢？因为汉文帝仁厚、谦让、周详、俭朴，身上有许多不可多得的优点。

汉文帝从一出场就很低调。

群臣在诛灭诸吕后，暗中派使者去迎接代王，也就是后来的汉文帝。代王派人入京辞谢。使者再次前去迎请，代王这才带着宋昌、张武等六七个人乘坐传车②进京。一行人走走停停，于九月末到达长安，就住在代王京城的官邸里。大臣们前去拜见，奉上天子的玉玺，尊立代王为天子。代王一再推辞，最后在群臣的再三请求下，才答应继承皇位。天上掉下来这么个大馅饼，汉文帝竟然还能沉得住气，这足见他的沉稳。

①秦始皇（前259—前210），嬴姓，赵氏，名政。在先秦时代，男子称氏不称姓。秦代废除分封制度，实行郡县制，氏逐渐失去了意义，与姓合用。

②驿车。

光凭他这一点，就比一百多年后同样是以诸侯王身份入承大统的刘邦四世孙昌邑王刘贺强多了。刘贺这家伙一得到诏书，就恨不能插上翅膀飞往京城，立刻带领手下人等轰轰烈烈地杀往长安，途中竟累死了不少马匹。这样贪图权力，自然不会有什么好下场。刘贺最终只做了几十天皇帝，就被霍光废掉了。

汉文帝从来不讲求排场。

登基在位二十三年，汉文帝宫室、园林、狗马、服饰、车驾等一点儿也没有增加。汉文帝曾经打算建造一座露台，召来工匠预算，造价需要上百金，相当于十户中等水准人家的产业。汉文帝觉得太铺张了，就取消了这个计划。

汉文帝平常穿的是普通官吏穿的粗布衣服。他对宠妃慎夫人也要求甚严，不准许她穿拖地裙，也不准其使用绣花帷帐。就是汉文帝自己陵寝的随葬品也全部采用瓦器，不使用金、银、铜、锡等做装饰，不修建高大的墓冢。汉文帝在临终前还留下遗诏，要求治丧从简，不禁止民间娶妻嫁女、祭祀鬼神和饮酒食肉，不发动民众到宫中哭祭；宫中应当哭祭的人，早晚各哭十五声就可以了，礼毕即停止，其他时间不再哭丧，同时，缩减服丧日期；霸陵周围的山水也都保持原样，不大动干戈；后宫夫人以下直至少使，全都遣散回家。

汉文帝大行德政。

南越王尉佗自立为武帝，汉文帝却召来尉佗的兄弟，赐给其高官厚禄，让他们显贵，报之以德。尉佗深受感动，取消帝号，向汉称臣。汉与匈奴和亲，匈奴人却背约入侵，大肆劫掠，而汉文帝只是下令加强边塞地区的戒备防守，并不发兵深入匈奴境内，以免烦扰和劳苦百姓。

吴王刘濞谎称有病不来朝见，汉文帝不仅不治罪，反而赐给他用来孝敬老者的几杖，以示关怀。袁盎等人进言说事，不无尖刻，汉文帝不但不予怪罪，还能经常采纳他们的意见。张武等人收受贿赂，事情败露，汉文帝也不深究，而是直接从御府中取出金钱赐给他们，给他们悔过自新的机会。

汉文帝待人宽厚。

公元前 158 年，匈奴大举入侵，汉文帝屈尊下顾去劳军。到了霸上和棘门军营，直接奔驰而入，将军以下军官皆骑马迎进送出。不久，汉文帝抵达细柳军营，但见官兵披坚执锐，天子的前导也不能进入。

前导说："天子就要到了！"

军门都尉回答说："将军有令，'军中只听将军的命令，不听天子诏令'！"

汉文帝来到军门前，还是不能进入，遂派使者手持符节诏告将军："皇帝要进去劳军。"

周亚夫这才传令打开营门。营门守卫对汉文帝的车马随从交代说："将军有令，军营里不准驱马奔驰。"

汉文帝于是拉紧马缰绳，慢慢行进。进入营中，将军周亚夫手持武器向汉文帝拱手行礼并说："穿戴盔甲的将士不能行跪拜礼，请允许我以军礼相见。"

汉文帝深受感动，面容庄重地靠在车前的横木上向官兵们致意。劳军完毕，汉文帝一出营门就对周亚夫赞不绝口："你们看啊，这才是真正的将军呀！我前面去过的霸上和棘门军营，简直就像是儿戏，他们这些人一旦遇袭，极有可能沦为俘虏。至于周亚夫，敌人怎么可能得手呢？"

在对待淮南王刘长等人的谋反事件上，汉文帝也是一再忍让，为他捞足了人气。

汉文帝还带头到籍田耕作，下令取消连坐法和诽谤罪，废除肉刑，减免徭役赋税，免除农田的租税。甚至于在大旱之年，诏令诸侯不必向朝廷进贡，解除开发山林湖泽的禁令，减省宫中各种服饰、车驾和狗马，裁减担任护卫和陪从的郎官，允许平民出粮买爵。他的这些做法深得人心。

二

但是，你有可能不知道，真正的汉文帝还具有表演范儿。

众所周知，周勃为人刚直忠厚，不善文辞。汉文帝登基后不久，已经熟悉国事，一次在上朝时问右丞相周勃："全国一年中判决的诉讼案件有多少？"

周勃谢罪说："不知道。"

汉文帝又问："全国一年钱粮的收支有多少？"

周勃又谢罪说不知道，直急得他汗流浃背，内心惶恐不已。

汉文帝又问左丞相陈平。陈平回答说："有主管之人。"

汉文帝追问："主管之人是谁？"

陈平说："陛下若问判决案件的情况，可询问廷尉；问钱粮收支的情况，可询问治粟内史。"

汉文帝又问："如果各自有主管的人，那么，你所主管的是些什么事呢？"言下之意，那还要你干什么？

陈平谢罪说："为臣惶恐得很！陛下不知我才智低劣，让我勉强担任宰相之职。宰相一职，上辅天子调理阴阳，顺应四时；下抚万物，使之各得其所；外镇四夷和诸侯，内亲百姓，使公卿大夫各自都能胜任他们的职责。我这个丞相说白了，就是个协调上下内外关系的二传手！"

陈平分明是强词夺理，但是，汉文帝还是称赞他回答得好。

周勃大为惭愧，退朝后埋怨陈平："你平时怎么不肯把这些对答的话教给我呢？"

陈平笑着挖苦他说："你身居其位，难道不知其责吗？再说，陛下若问起长安城中有多少盗贼，你也要勉强凑数来回答吗？"

绛侯周勃自知才能远不及陈平，不久便称病引退，由陈平独自担任丞相职务。

我们且不去理论陈平的刻薄，只说一代明君汉文帝，不至于连知人善任的道理也不懂吧？绛侯周勃是什么样的人，他内心应该比我们清楚。

汉文帝之所以这么做，多半因为他对这些诛杀诸吕的大臣们心存忌惮。他的这一举动绵里藏针，不仅给自己捞足了圣主明君的积分，还让周勃让出了相位，看似漫不经心，实则有可能是精心策划，其效果绝不亚于宋太祖赵匡胤杯酒释兵权的杰作。

而此时，周勃的霉运才刚刚开始。

过了一年多，丞相陈平去世，汉文帝又重新起用绛侯周勃。周勃出任丞相十个多月后，汉文帝便再次免去他的相职，让他带头回封地去。回到封地的周勃如惊弓之鸟，每逢河东郡守和郡尉巡视各县到达绛县时，周勃便担心被杀，经常披挂铠甲，命令家人手持武器和郡守、郡尉会见。

后来，有人上书告发周勃谋反，汉文帝下令查办。周勃被捕后整个人都崩溃了。他在接受问讯时，竟然不知道如何答辩。狱吏欺负周勃老实，有意侮辱他。周勃拿出千金贿赂狱吏，狱吏这才在简牍的背面写字提示他，让汉文帝的女儿，即周勃长子周胜之的妻子出来做证。周勃把平日得到的赏赐全部送给了薄太后的弟弟薄昭，让他去疏通打点。

等案子到了紧要关头，薄昭在薄太后面前为周勃求情，太后也认为周勃不会谋反。汉文帝去朝见太后，太后顺手抓起头巾向他掷过去，说："绛侯当年曾身挂皇帝印玺，在北军领兵，他不在那时反叛，如今身居小县，反倒要谋反吗?"

汉文帝看过周勃的供词，借坡下驴向太后谢罪说："狱吏刚刚查证清楚，正要放他出去呢。"于是赦免周勃，恢复了他的爵位和食邑。

令人大跌眼镜的是，一向以仁爱著称，连张武等人的受贿案子都不忍心查办的汉文帝，怎么会突然小题大做，对一个退居二线老臣的谋反案子感兴趣呢?他到底想表演给谁看呢?

我想的结果是，汉文帝其实并没有准备把绛侯周勃怎么样，他只是需要这么一个倒霉的"猴子"来震慑朝臣，稳固自己的统治。

三

汉文帝还是个心机男。

齐国共有七十多座城池，是汉初封地最大的一个诸侯国。吕后当政时，曾经将齐国一分为四。汉文帝即位后，又把城阳、琅琊和济南三郡全部归还给齐国，改封琅琊王为燕王，朱虚侯、东牟侯各加封领地两千户。

恢复齐国原貌，这是汉文帝必须要走的一步棋，他别无选择。当然了，如果他不想推行德政的话，也可以不这样做。然而在内心深处，汉文帝其实也不愿意看到齐国坐大。因而齐哀王刘襄一死，便迫不及待地将城阳郡分封给朱虚侯刘章，立其为城阳王；把济北郡分封给东牟侯刘兴居，立其为济北王。

在这个问题上，汉文帝玩了个心眼。当初，在诛杀诸吕时，朱虚侯刘章的功劳很大，大臣们曾经答应把赵地分封给他，把梁地分封给他的弟弟刘兴居。等到汉文帝即位后，听说朱虚侯刘章、东牟侯刘兴居起初想拥立齐王刘襄，就取消了这个承诺。

到了第二年分封诸子时，才勉强封了刘章和刘兴居。汉文帝能容得下南越王尉佗称王，却不容许这二人有拥立齐王的想法，足见他是外宽内忌，放心不下他们；这两个人当然也很有想法。而现在，汉文帝却趁着分封刘氏王的机会，出其不意地分封了他们，俨然一副不计前嫌的样子。汉文帝不动声色就抢先占领了道德高地，而朱虚侯刘章与东牟侯刘兴居非但没有捞到多少好处，齐国还被削弱了。如果说，先前他们还只是有想法，那么，现在则只剩下愤怒了。或者说，汉文帝是有意激怒他们。不久，朱虚侯刘章死了。仅仅隔了一年时间，心怀怨恨的济北王刘兴居就起兵反叛，朝廷派兵诛杀了他，将他的封地划归汉廷。

又过了两年，汉文帝把齐悼惠王的儿子罢军等七人全部封为列侯。一年后，又把齐国的土地分封给他们各自为王。其中，刘志为济北王，刘辟光为济南王，刘贤为淄川王，刘卬为胶西王，刘雄渠为胶东王，再加上城阳王和齐王，总共是七个王。封地最大的齐国最终没能逃脱被肢解的命运。

这件事为后来的七王之乱埋下了伏笔。

公元前 157 年，汉文帝驾崩。三年之后（前 154），吴王刘濞、楚王刘戊谋反，联手起兵西进，遍告诸侯说："诛杀贼臣晁错，安定汉室社稷。"胶西王、胶东王、淄川王、济南王也都发兵响应。汉景帝任用周亚夫为将军，仅仅用了不到三个月就平息了叛乱，七王皆死，六国被废除。

汉室前后用了二十五年时间就解决了齐国。

不甘寂寞的陈君

一

几度兴亡的陈国虽然在打仗方面弱爆了，但是在玩乐方面却很有心得。

陈国的第一任君主胡公满是舜的后代。早在夏朝时，舜后人的封国就时失时续，朝不保夕。周武王在灭掉殷纣后，为了供奉帝舜的祭祀，从民间寻找到了妫满，把他封在陈国，他就是陈胡公。

正是由于古帝后裔这个特殊身份，所以，多少代以来，陈国一直本本分分，其事迹虽然乏善可陈，却也相安无事。

历史到了陈废公这里，总算有了一丝波澜。

陈桓公的弟弟陈佗的母亲是蔡国人，外公家在国内很有势力。公元前707年正月，陈桓公死了，陈佗在蔡国人的帮助下杀死太子免，窃取了陈国国君之位。

陈佗这个人没有什么抱负，他当这个国君纯粹就是为了玩儿。上台没多久，陈佗就弄出了一系列花边新闻：陈佗娶了一位蔡国女子为妻，这个蔡女很风流，经常跑回蔡国与人幽会。似乎为了补偿，陈佗也经常偷偷跑到蔡国的地盘上去找女人。太子免的三个弟弟跃、林和杵臼当然不会放过这么好的机会，他们在公元前706年八月的一天，将陈佗色诱到蔡国杀死。陈佗在国君任上只干了六个月，连周王的任命状都没有拿到手，世人遂送了他个陈废公[①]的谥号。

陈废公死后，跃登上国君宝座。陈厉公跃在国君位置上干了六年死了，他的二弟林接替了他。陈庄公林总算稳定住了陈国的混乱局面。谁承想，七年之后，也就是公元前693年，林也死了，小弟杵臼继位，这就是陈宣公。

陈宣公给人的总体印象是脑子不大好使。他在位四十五年，陈国江河日下。公元前672年，陈宣公为了讨好宠姬，竟然杀掉太子御寇，立宠姬的儿子款为太子。却说与太子御寇情同手足的陈完在陈国本来就不受待见，一看太子御寇死了，担心受到牵连，就投奔了齐国。

有意思的是，陈完竟然因祸得福，在齐国担任了管理百工的工正[②]。他的后人非常善于笼络人心，并在齐国逐渐兴起，最终取代了姜姓齐国，成为战国历史上不可或缺的角色之一。

二

一波才平，一波又起。七十二年之后，陈宣公的后人陈灵公平国又搞出了大动静。

注意了，这里的“灵”字千万不可作机灵解。《说文》曰：“灵，灵巫也。”灵巫即巫，是指那些以舞降神的人。古时楚人干脆称跳舞降神的巫为灵。

凡是那些谥号中带有“灵”字的人都不咋的，而陈灵公也的确很对得起这个“灵”字。陈灵公为人轻佻，耽于酒色，没有一点儿正形。

陈国司马夏御叔的妻子夏姬是公认的大美人。夏御叔死得早，不甘寂寞的夏姬与孔宁、仪行父暧昧不清。

公元前600年，孔宁因为不满夏姬老是爱他爱得少，又将这个尤物介绍给了陈灵公。陈灵公一生最怕的就是女人，很快就被夏姬迷得神魂颠倒，分不清

---

①《史记·陈杞世家》记载有误，“数如蔡姪”的是陈佗，而非陈厉公跃。

②官名。春秋时齐、宋、鲁等国设置，为掌百工之官。

东南西北。君臣三人不但共享情妇，还时常交流心得体会。每每说到动情处，还会情不自禁地解开衣襟，亮出夏姬赠送的贴身内衣在朝堂上炫耀嬉戏。

“你看这个汗衫，我是用一个 LV 包换的！”

“你瞧这个肚兜，我是用一幢别墅换的！”

“不错不错，哪天我也向她讨要一个！”三个人口无遮拦，说得群臣一愣一愣的。

大凡占了便宜的人，不外乎两种心态：严加保密，千方百计防止别人知道，这是占了小便宜；若是占了大便宜，相信在梦里都会笑醒。这几个人到处炫耀，恨不得让地球人都知道，应该属于第二种。

有个叫泄冶的臣子实在看不下去了，私下劝谏陈灵公说：“国君和大臣一同淫乱，这让民众们该如何是好呢？你一定要改掉这个臭毛病！”

难得泄冶这样给国君面子，可是陈灵公却是狗肉不上席，他非但不听，还嫌恶泄冶多嘴，将这事添油加醋地告诉了孔宁与仪行父。

二人恼羞成怒，请求杀掉泄冶。陈灵公打马虎眼：“私人恩怨不归国君管！”这两个人本来就不是什么好鸟，立即动手杀了泄冶。

三

转眼到了公元前 599 年，夏姬出道已经十五年了。为了表示庆祝，春秋影视公司专门为她制作了一部专题宣传片。专题片的主题曲就叫作《株林》：

“胡为乎株林①？从夏南②兮。匪适株林，从夏南兮！驾我乘马，说于株野。乘我乘驹，朝食于株。”夏姬很高兴，出席完发行典礼后，特意在微博中晒出一组美照，并称：“祝我快乐，晚安！”

哪能让你一个人晚安呢？陈灵公当即约上孔宁、仪行父到夏姬家召开音乐

①株林：夏氏封邑，在今河南西华西南。

②夏南：即夏徵舒，字子南。

Party。席间，陈灵公喝多了，拿夏姬的儿子夏徵舒开涮，话说得很恶毒。占了人家母亲的便宜不说，还恶言恶语侮辱人家，你瞧这三个家伙有多么可恶！夏徵舒是大司马，手里好歹还有点儿兵权，他实在咽不下这口恶气，就埋伏下弓弩手，待陈灵公喝完酒出来时，在马厩门口射杀了他。孔宁、仪行父跑得快，没有被射死，逃亡到了楚国，陈灵公的太子午则投奔到了晋国。

要说陈灵公这个人真是垃圾至极。夏姬是陈宣公的孙子夏御叔的妻子，而陈灵公是宣公的曾孙。他侮辱婶娘不说，还要侮辱人家的儿子，活该被杀。

陈灵公死后，夏姬被楚庄王掳掠到楚国，下嫁给连尹襄老。后来又几经辗转与申公巫臣结合。夏姬一生“七次嫁人，前后共有九个与他有染的男人死于非命，号称‘杀三夫一君一子，亡一国两卿。’”

燕王哙的理想王国

一

生性浪漫的人不适合玩政治，一心向贤的燕王哙从一开始就落入了众多政客为他精心设计的圈套。

话说在东周的众多诸侯国中，燕国是个不起眼的小国。国小力弱不说，燕国地理位置又不是很好，北受蛮夷压迫，南受齐、晋欺凌，生存环境极其恶劣，有好几次差点儿亡国。燕王哙即位后，奋发图强，推行变革，试图改变燕国的这种糟糕状况。燕王哙手下有个叫子之的臣子，办事干练果敢，而且善于监督考核官员，任相国。

要说子之这个人论才干谋略还凑合，但就是野心太大，他当上丞相之后私欲膨胀，又觊觎王位。你想，才干这东西是专给旁人看的，有或没有的人都会装出一副才高八斗的样子。但野心就不一样了，都是藏着掖着，害怕被人发现。因而对于善良重义、兴国心切的燕王哙来说，他只看到了子之的才干。他总是把子之的独断专行往好处想，往阳光里想，没有丝毫戒备之心。

二

一次，苏代由齐国来到燕国。燕王哙直戳戳地问他：“你觉得齐王能够称霸吗?”苏代回答说：“就冲齐王那傻样，肯定称不了霸!”燕王又问：“何以见得呢?”苏代说:“齐王连自己的大臣都不信任，又怎么能够称霸呢?”燕王哙不知道，苏代跟子之私下交往密切，两人穿一条裤子。苏代借机激将燕王哙，燕王哙果然对子之更加信任。作为答谢，子之送给苏代百金①。

苏代何许人也?苏代乃战国著名纵横家、外交家、谋略家苏秦的族弟，属于二流忽悠家。苏代的族哥苏秦就不是什么好鸟。苏秦在穷困潦倒之际，得到燕文公的赏识，燕文公资助他车马金帛，让他前去游说赵国。苏秦在赵国提出合纵六国共同抗秦的主张，得到赵王支持。之后，他又游说其他四国，成功地组建合纵联盟，出任从约长，兼佩六国相印，使秦国十五年不敢出函谷关。可是，发达之后的苏秦却恩将仇报，勾搭上了燕文公的夫人，硬是给他的恩人扣上了一顶大大的“绿帽子”。

燕文公的夫人是燕王哙的奶奶，单凭这一点，燕王哙就可以打苏代的板子了。但是，让人大跌眼镜的是，燕王哙非但没有怪罪苏代，还以国事相问。按说自己的哥哥揩了人家奶奶的油，人家对自己又这么信任，苏代应该良心发现，实话实说才是。可事实恰恰相反，苏代铁了心帮子之糊弄燕王哙。所以说，人臣看重的是信义，在忽悠家眼里却只有利益。燕王哙向苏代请教，还不如去占卜，占卜凑巧还能选对，相信忽悠家却只有上当的份儿。对苏代这种人，最好的办法是棍棒加身，让他现出原形。

三

看到燕王哙如此好忽悠，其他人当然不会放过这个千载难逢的好机会了。有个叫鹿毛寿的，公然站出来对燕王哙说:“你不如把君位让给丞相子之。人们之所以称赞尧为圣君，是因为他把天下禅让给了许由。最终，许由没有接受，尧不仅未失去天下，还享有了礼让天下的美名。现在，燕王如果把国家让给子之，相信子之一定也不敢接受。这样，燕王就具备了与尧相同的品行。”

各位请注意，鹿毛寿的话中有两点最能打动人:一是“许由不受”与“子之必不敢受”;二是“人之谓尧贤者，以其让天下于许由”与“是王与尧同行

①燕国一金大致相当于250克。

也”。他说的这两点，恐怕连三岁小孩都不会相信。谁规定了，你禅让别人就非得要拒绝？“许由不受”与“子之必不敢受”之间，又有何必然联系？不知道鹿毛寿的自信到底来自于哪里？再退一步说，尧的圣名难道真的像鹿毛寿说的那样，仅仅是来自于禅让吗？这其实是诡辩！这么点儿哄骗小孩子的把戏，燕王哙能看不出来？只能有一个解释，那就是燕王哙书生意气，真心实意想禅让。如果他只是想作作秀，子之又焉敢接受？他就不怕招来杀身之祸吗？鹿毛寿正是猜准了燕王哙的心思，不然，就算借给他一千个胆子，也不敢提出让国之事。燕王哙不将其满门抄斩，至少也得活活剐了这小子！

燕王哙在将国家托付给子之之后，又有人以禹假意传位伯益之事，劝说燕王哙珍惜禅让美名，将官吏任用大权交给丞相子之。燕王哙就把俸禄三百石以上官吏的印信全部收上来，交由子之重新任命。子之南面称王，燕王哙因为年老不再处理政务，反而成了臣子，国家大事一概由子之裁决。与其说，这些人是为了燕王哙的声名担心，还不如说是为了讨好子之更确切。于是乎，在一片叽叽喳喳声中，天真烂漫的燕王哙终于被一伙政客合伙给耍弄了。

燕王哙的悲哀还在于不识人。他不但不识大臣，连自己的亲骨肉也不认。子之执政三年，就把国家搞得大乱，违背了燕王哙禅让的初衷。而正是被他剥夺了权力的太子平，在几近灭亡的边缘挽救了燕国，开创了燕国中兴的局面。

公元前284年，在燕昭王死的前五年，燕军攻入齐国都城临淄，报了破国之仇。放眼齐国，只有聊城、莒城和即墨三处还在齐军手里，其余均被燕军占领①。如果沿着这条道路走下去，燕国称霸指日可待。可惜的是，其后继位的燕惠王因私废公，用骑劫取代乐毅为将，让田单不费吹灰之力收复了全部失地，将燕昭王毕生为之奋斗的事业轻而易举地葬送了。

每每读《史记·燕召公世家》，无不为燕王哙扼腕叹息。我常想，要是将燕王哙与燕惠王这爷孙俩调换一下，历史又将会是什么样子呢？那昏庸无能的燕惠王，实在是该让人夺了君王之位的！

---

①见《史记·燕召公世家》：“齐城不下者，独唯聊、莒、即墨，其余皆属燕，六岁。”

你知道这些齐君有多奇葩

一

春秋战国时期最不应该灭亡的国家是哪一个？

相信对于这个问题，不同的人会有不同的回答。但是，我执拗地认为，它不是到了战国末期，仍旧可以与强秦掰手腕的楚国，也不是时不时可以打秦国两下的赵国，而是昏君迭出，最终被田氏取代的姜姓齐国！

姜姓齐国几乎具备了一个优秀跨国公司的所有条件：为政简而不苛，平易近人；民众胸怀阔达，藏锋敛锐。从它的第一任国君吕尚开始起就注意修明政治，简化礼仪，深受当地民众拥戴。吕尚还开放工商，发展渔盐，使齐国国力得到迅速提升。更为难得的是，周成王在即位之初，就赋予了齐国征讨各国的特权，齐国因此成为大国。到了齐桓公手里，不计前嫌，起用失意的政治经济学大师管仲①为相，推行五家连兵制，运用经济学手段调节流通，控制物价，发展生产，尊王攘夷，终成一方霸业。

然而，令人匪夷所思的是，一代明君竟然处理不好家务事，最终随着齐桓公的离世，由他一手缔造的帝国神话也随之破灭了。姜姓齐国的历史读来真是令人五味杂陈，这其中，除了对太公之谋和桓公之义的羡慕嫉妒恨外，最大的

①管仲（？—前645）：名夷吾，字仲，颍上（今安徽境）人，春秋初期齐国政治家。

感慨则可以凝结成一句话，这就是：傻得可爱与蠢得可怜。

二

齐国的这种傻是由国君至臣民的群体性傻。

话说姜太公吕尚死后，齐国又传了四代，君位传到了齐哀公不辰手里。齐哀公是个尖尖屁子，坐不住，他不喜欢干业务，喜好打猎游乐，时常带领手下一帮人到野外围猎，连他的史官都作诗讽刺他。

齐国的东面是另外一个大国——纪国。它的疆域丝毫不亚于齐国，但是，由于姜太公吕尚的缘故，齐国从建国起就是公国，而纪国却只是个侯国。纪君打心眼里不服气齐国，两国关系搞得很僵，彼此在脚底下不停地给对方使绊子。齐哀公工作不在状态，当然不关纪炀侯什么事，但纪炀侯有的是办法。他跑到周夷王那里添油加醋，告黑状。纪炀侯都说了些什么并不重要，重要的是，周夷王信了。也难怪，那时周室疲态尽显，有的诸侯开始耍大牌，高兴了就上京城来朝贡，不高兴了连周王理都不理。周夷王早就想抓一抓思想作风建设了，于是小题大做，烹杀了齐哀公，封齐哀公的异母弟静为齐君。

齐胡公静听话是听话，但是性格文弱，根本就不是当国君的料。他觉得，与其整日待在纪国眼皮底下担惊受怕，还不如躲得远远的，于是就将都城由营丘（今山东淄博）迁到了薄姑（今山东博兴县附近），齐人对此很不满。齐哀公的同母弟山瞅准时机，率领营丘人袭杀了齐胡公，自立为君，是为齐献公。

齐献公山即位后，就将齐胡公的儿子全部驱逐出境，又将首都由薄姑迁回到营丘，改名临淄。此举很提士气，民众的怨气立马平息。齐献公死后传位给齐武公，齐武公又传位给齐厉公。齐厉公暴虐无道，所以，齐胡公的儿子又返回齐国。起初，齐人想拥立齐胡公的儿子为君，就伙同他们一起攻杀了齐厉公。可是，齐胡公的儿子在战斗中阵亡，齐人看看无人可立，遂改变初衷，拥立齐厉公的儿子赤为齐君。齐文公赤在即位后，立即诛杀了参与攻打齐厉公的七十九个臣子。

这些齐人真是太可爱了，可爱到能够忽略齐胡公与齐献公之间的恩怨，忽略齐文公与齐厉公之间的血亲关系，真以为哥几个诛杀暴君，为民除害，齐文公一定会从大义出发，对他们感激涕零。于是乎便因为胡公子战死，立先前敌人的儿子赤为君。他们用血淋淋的事实向我们阐明了一个再简单不过的道理：不讲政治是要吃大亏的！与诛杀诸吕的西汉大臣们相比，这些齐人是不是缺心眼呢？

三

然而，对于齐人来说，没有最傻，只有更傻。因为齐襄公、公孙无知这些人傻得冒泡，他们已经不仅仅是讲不讲政治的问题，而是连政治的门槛都没有摸着。不懂政治，又何以有能力和资格去讲政治呢？

事情还得从齐僖公[①]时说起。齐僖公同弟弟夷仲年的感情非常好，很喜欢弟弟的儿子公孙无知。公元前699年，夷仲年死了，齐僖公心里很悲伤，给予这个孤子和太子相同的秩服奉养。当时，还是太子的齐襄公对此很不满意，他与公孙无知明争暗斗。公元前698年，齐僖公过世，齐襄公接了父亲的班，他上台后立马降低了公孙无知的车服礼制，公孙无知怀恨在心。

公元前694年，鲁桓公和夫人来到齐国。鲁夫人文姜是个尤物，是齐襄公的异母妹。但是，这个绝世美人的爱情之路却并非一帆风顺。

公元前706年，北戎攻伐齐国。郑国派太子忽援救齐国，齐僖公看到太子忽长得一表人才，想把文姜许配给他。可是，太子忽却谢绝了，说道：“郑国是小国，齐国是大国，我配不上公主。”经受了打击的文姜在悲愤之余选择了自暴自弃，与哥哥齐襄公私通。此次出访，两个人又旧情复燃。鲁桓公知道后非常生气，怒斥鲁夫人，鲁夫人又告诉了齐襄公。齐襄公虽然是个情种，但是智商却为零。他恼羞成怒，借宴请的机会将鲁桓公灌醉，派大力士彭生将鲁恒

---

①《史记·齐太公世家》为齐釐公，“釐”古同“僖”，用作谥号。

公抱上车，并借机击杀了他。到了国宾馆，侍从扶鲁恒公下车时才发现他早就咽了气。鲁国人请齐国就此事做出解释，齐襄公又杀死彭生向鲁人谢罪。

一波未平，一波又起。公元前686年，齐襄公派连称、管至父驻守葵丘，约定瓜熟时节前往，次年瓜熟时节换防。可是，两位将军驻守够了一年，瓜熟期早过了，齐襄公却仿佛忘记了这茬事。两人打报告请求换防，齐襄公不准；托人向齐襄公求情，齐襄公死活不答应。二人气愤不过，通过公孙无知策划叛乱。连称有个堂妹是齐襄公的妃妾，怨恨齐襄公不宠幸自己，二人遂托她侦伺齐襄公，许诺事成后让她做国君夫人。

十二月，齐襄公来到姑棼游玩，在沛丘（在今山东博兴县东南）打猎时见到一只长得怪模怪样的野猪，侍从说，看这样子像是彭生。齐襄公大怒，拔箭射去，只见那野猪却突然像人一样直立起来，朝他大喊大叫。齐襄公吓尿了，跳下辇车就跑，慌忙中跌伤了脚腕，连鞋子也跑丢了。齐襄公不自责，反而责怪鞋子不合脚，回去后将鞋官茀痛打了三百大鞭。

公孙无知、连称、管至父等人闻知齐襄公受了伤，立刻带领徒众前来攻袭王宫。这伙人在宫门口与茀不期而遇。茀说："暂且不要惊动宫里面的人，一旦惊动他们就不容易进去了。"公孙无知不信，茀就让他查看自己的鞭伤，公孙无知遂偃旗息鼓，在宫门外等候，派茀进去刺探消息。

茀进宫后把齐襄公隐藏在屋门后面。公孙无知左等右等不见消息，害怕事情有变，就带人攻入宫中。茀果然和宫中卫士及齐襄公的亲信之臣攻打公孙无知。公孙无知杀进宫，四处都找遍了，就是找不到齐襄公的影子。幸亏有人发现屋门下面露出一只脚，拉开门一看，果然是齐襄公，就将他杀了。

可以说，在上述这一连串事件中，齐襄公至少有N种选择，或是改正的机会，可是他却选择了最为脑残的一种。一是在关于公孙无知的秩服奉养上，处理得太过于草率，是有意给自己找不痛快；二是乱了人伦不说，在妹妹文姜嫁给鲁桓公后本应收手，即使后来让鲁桓公发觉了，也有痛改前非的机会，可是他却一错再错，杀死了妹妹的夫婿；三是私行不好也就罢了，在兵家大事上竟也是稀里糊涂，连最基本的诚信都没有。试想一个出尔反尔只知道要小聪明愚弄属下的君主，又怎么能够领导好一个国家？其属下又怎么可能都像茀一样忠于他呢？最不可思议的是，在大难临头之际，齐襄公竟然不思抵抗，听从鞋官茀的安排，躲到了门后面，他这是将大门当成了防空洞啊！

反观公孙无知，他也高明不到哪里去，单凭鞭伤就轻信了茀。要不是齐襄公是个蠢材，只怕他们早就死无葬身之地了。出来混，总归是要还的。公孙无知在国君位置上屁股还没有坐热，就跑到仇人的地界上去潇洒，被雍林人袭杀。

四

关键时候，拎不清的还有齐桓公。

齐桓公这个人在其一生的大部分时间里均表现得英明神武，他九合诸侯，一匡天下，无愧于春秋首霸的称号，可惜的是晚节不保，重用易牙、开方和竖刀。易牙是当世名厨，每每都能够推陈出新，在他的床上、地上和墙上都堆满和挂满了菜谱，他甚至专门为齐桓公推出了一道镇国菜器婴儿汤。

开方是卫国公子，死心塌地追随齐桓公，在他办公桌的玻璃板下面压着自己的人生信条："国君的爱好就是我的爱好！"据说，开方擅长管理宫廷内务，有他负责后勤，齐桓公的生活那叫个刺激。

竖刀貌美如花，对齐桓公言听计从，马屁拍得杠杠的。管仲病重时，齐桓公以国事相问。管仲告诉他，易牙不惜烹了亲生儿子讨好国君，这个人冷血无情，不可以出任相职。开方十五年不回家，抛弃双亲迎合国君，他的行为有悖天理人情，不可以亲近。竖刀这个人阉割自己向国君邀宠，他连自己的身体都不爱惜，怎么可能忠君爱国？管仲死后，齐桓公听从他的遗言，将三人驱逐出宫。可是，齐桓公离开这三个人后，立马觉得生活失去了意义，整日寝不安席，食不知味，不到三年，又将三人召回宫中，齐国大权很快就落到了这三人手中。

齐桓公有王、徐、蔡三位夫人。俗话说："有心栽花花不开，无心插柳柳成荫！"齐桓公有心，众夫人无力，但是，他的姬妾却很能生，她们为他生了不少儿子。其中，长卫姬生有无诡，少卫姬生有齐惠公元，郑姬生有齐孝公昭，葛嬴生有齐昭公潘，密姬生有齐懿公商人，宋华子生有公子雍。

齐桓公心里很昏乱，早早就将太子昭托付给宋襄公。可是，由于用人不善，齐国局面很快失控。易牙因为受到长卫姬的宠爱，通过宦官竖刀给齐桓公送去厚礼，因而也受到齐桓公的重用，齐桓公让他专门负责自己的饮食。受到重用的易牙当然没有忘记报答长卫姬，他主动帮助长卫姬做齐桓公的工作，齐桓公答应立长卫姬的儿子无诡为太子。齐桓公病重时，五位公子培植的党羽已各自形成气候，公子们手里有了人，腰杆子也硬了，争相请求齐桓公立自己为太子，齐桓公一筹莫展。公元前 643 年十月七日，齐桓公病逝。易牙随即入宫，与竖刀沆瀣一气，借助姬妾的支持杀死诸位主政大臣，拥立公子无诡为国君，太子昭逃亡到了宋国。五位公子互相攻打，以致宫中无人，更没人敢进宫去装殓齐桓公。齐桓公的遗体被丢在床上达六十七天之久，尸虫爬到了屋门外，直到无诡即位，这才向外发布讣告。辛巳日夜，总算将齐桓公入殓。

齐桓公有十多个儿子，前后做过国君的就有五个：无诡即位三个月被杀，没有谥号；接下来是齐孝公；再下来是齐昭公；再下来是齐懿公；最后是齐惠公。几乎每次政权更替都伴随着杀戮。齐桓公聪明一世，糊涂一时，关键时刻将国家大事让位于一己私利。他一生也许就做了这么一两件错事，但它却是致命的，不但让自己的霸业毁于一旦，还在死后尸虫出户，实在令人唏嘘不已。

五

在齐桓公之后即位的齐国国君，鲜有头脑清醒的。

齐桓公死后，国君之位几经易手，才落到了他的儿子齐懿公手里。齐懿公还是公子时，与丙戎的父亲一同打猎，没有争到猎物，他在即位后公报私仇，砍了丙戎父亲的双脚。这时是公元前 613 年，齐桓公过世整整三十年了，可是齐懿公对做公子时的一点儿陈年旧账依旧念念不忘。更奇葩的还在后面，齐懿公不知出于何种考虑，让丙戎做自己的车夫。这个丙戎巧言令色，深得齐懿公信任。当然了，光有这些怎么能够称得上是昏君？齐懿公看到臣子阎职的妻子长得很漂亮，就将她收编进内宫，并照顾阎职做了他的参乘。

将两个仇人放在身边，不知道齐懿公夜里是否睡得踏实？

公元前609年五月，齐懿公到申池去游玩。丙戎和阎职在一块儿洗澡，相互取笑对方。阎职说丙戎是“刖刑犯的儿子”，丙戎回敬阎职是“被人夺了妻子的丈夫”。这伤疤揭得够损，两人深以为耻，遂以游玩为名，合伙将齐懿公骗进竹林中杀死，弃尸而逃。

齐懿公做得已经够出格的了，可笑的是竟然还有人步他的后尘。齐庄公是齐懿公弟弟齐惠公的三世孙，他曾经鞭打过宦官贾举，后来又让他服侍自己。齐棠公的妻子东郭姜长得很漂亮。齐棠公死后，大夫崔杼不顾同姓不能结婚的规定娶了东郭姜，齐庄公非但不批评他，自己也让这个女人给迷住了。

搞笑的是齐庄公与东郭姜的关系更亲，“人熟不好下手”。迎娶不行，走亲戚总该可以吧？于是齐庄公多次借崔杼“5+2”“白+黑”的机会，去他家串门子，完事后还向臣下炫耀，把崔杼的帽子赏赐给他们戴。侍从劝告他说：“太过分了，千万不可以这么做！”齐庄公满不在乎：“没有崔杼，难道就没有帽子了吗？”言下之意，齐国愿意戴“绿帽子”的人很多。崔杼十分恼怒，借齐晋交战之机，联合晋人袭杀齐庄公，没有得手，便找到贾举，让他暗中监视齐庄公。

公元前548年五月，莒君前来朝见齐君。甲戌日，齐庄公设宴款待莒君，崔杼谎称有病不能上朝。乙亥日，耐不住寂寞的齐庄公以探病为由，前往崔府找东郭姜幽会。东郭姜躲进内屋并关上屋门不出来。

齐庄公非但不知趣，还恬不知耻地抱着堂前的柱子唱起了自编的情歌：“彼崔妇兮，一日不见，如三月兮！彼姜女兮，一日不见，如三秋兮！彼宠妃兮，一日不见，如三岁兮！”齐庄公哪里知道，自己的“亲信”贾举在这个时候反水了，将他带来的侍从悉数拦在了大门外面，并适时关上了院门。

崔杼的家臣随即手执兵器一拥而上，捉拿齐庄公。齐庄公爬上高台请求和解，众人不答应；请求订立盟约，众人不答应；请求到祖庙里去自杀，众人还是不答应。众人说："你的臣子崔杼病重，不能亲自听你吩咐。这里离宫廷很近，我们只管捉拿淫乱之徒，没有接到其他命令。"

齐庄公想越墙逃跑，不料大腿被箭射中，摔下墙来被众人杀死。

类似于齐庄公这样的姜姓齐君，我们还可以列举很多。诸如齐灵公、齐景公、齐晏孺子等。总之，你很难相信，这些人就是姜太公吕尚的后代。俗语云："天作孽，犹可违；自作孽，不可活！"齐君是这样的混账，齐国要是不被新兴的贵族集团田氏取而代之，简直是天理难容了。

《史记》中的那些雷人领导

一

春秋霸主齐桓公不仅工作干得很出色，撩妹也撩得相当好，可谓是：“上得了战场，睡得了床笫。”姜霸主最终毁在了好色上，司马迁不无痛惜地说：“桓公好色，有很多宠爱的姬妾。其中，地位和夫人相当的就有六个之多。”“桓公有十多个儿子，前后立为国君的就有五人……”

光儿子就有十多个，相信许多人会情不自禁地对齐桓公竖起大拇指：真牛，不愧是春秋第一霸主！呔，不要总跟没见过世面似的好不好？我这样跟你说吧，在齐桓公他们生活的那个时代，随便拉出几个国君都比他厉害。我们的祖先黄帝有二十五个儿子，是齐桓公儿子数量的两倍多。与黄帝他老人家相比，齐桓公简直差得太远啦，他即便是播种机，也是小号的，因为黄帝才是大号播种机。

二十五个孩子对现在的人来说，已经是天文数字了。那么，黄帝能排得上第一吗？回答是门儿都没有。齐傻子田常知道吗？就是唆使鲍息杀死齐悼公，后来又发动政变干掉齐简公的那个。这家伙在控制了齐国之后，挑选身高七尺以上的女子充实到后宫。他的姬妾多达百余人，并且宾客侍从可以随意出入。田常本人也很勤勉，一天到晚躬耕不止，到他死的时候，姬妾们总共为他生下了七十多个儿子。

按说，“绿帽子”满天飞的田常可以稳坐第一。但是，他犯了个致命错误：只注重数量，不重视质量。秦昭王的第二个儿子安国君虽然只有二十多个儿子，但是安国君的孙子却统一了六国。

二

出身蛮夷的楚庄王也是一位工作、撩妹两不误的高手。他的工作能力和撩妹水平在春秋战国不说是空前绝后，也是数一数二。

楚庄王即位三年，日夜寻欢作乐，从未发布过任何政令。不仅如此，他还下了道命令：“有敢进谏者杀无赦!”伍举入宫进谏，只见楚庄王左手抱着郑姬，右手抱着越女，旁若无人地坐在宫廷乐队中间观看表演。

伍举说：“我想为大王进献一个隐语。”楚庄王不置可否。

伍举说：“有一只鸟落在土山上，三年了，既不见它飞，也不见它鸣叫，这是只什么鸟?”

楚庄王没好气地说：“三年不飞，一飞冲天；三年不鸣，一鸣惊人。你快滚，我知道了!”

几个月过去了，楚庄王不但没有收敛，反而变本加厉，更加淫逸放纵。楚庄王是昏君吗？NO！楚庄王是揣着明白装糊涂，他是在等一个人。

大夫苏从总算来了。楚庄王说：“你没有看到我的诏令吗?”

苏从说：“杀身诫警国君是臣下的夙愿。”楚庄王一听乐了，即刻叫停淫乐，上朝处理国政。一口气诛杀了几百号奸佞小人，擢升了几百名忠义之士，任用伍举、苏从管理政务，举国上下无不欢欣鼓舞。当年，楚庄王就灭掉了庸国。他在位的第六年（前 608），大举讨伐宋国，缴获战车达五百乘之多。

“站起来了”的楚庄王，不再像他的前辈那样专挑软柿子捏，而是将目光瞄准了天下共主。公元前 606 年，楚庄王领兵讨伐陆浑戎，行军路过周都洛邑，索性在京畿举行阅兵仪式，向周王问鼎示威。公元前 601 年，楚国灭掉了舒国。公元前598年，讨伐陈国，杀了夏徵舒。公元前597年春，楚庄王攻破郑国。同年夏天，在黄河畔大败来援的晋军，一直打到衡雍①才撤军。公元前594年，又包围了宋都。

成为大咖的楚庄王依旧花心不改，他曾一度想收了夏姬，甚至想以大夫之礼安葬自己的一匹爱马。然而同样是不安分守己，许多国君得到的是骂名，楚庄王却享有如潮的好评，他们迥然不同的命运足以让卫宣公之流哭晕在厕所。

三

齐威王“师从”于楚庄王，他们二人的故事大同小异。

齐威王在即位后将国事托付给卿大夫，带领文武百官彻夜宴饮，放纵淫乐。许多国家都借着这个机会前来进犯。

公元前378年②，齐威王刚即位，三晋便趁着齐国举行国丧之机进攻灵丘。公元前373年，鲁国进攻齐国，攻入阳关。晋国进攻齐国，打到博陵。翌年，卫国进攻齐国，夺取薛陵。公元前370年，赵国进攻齐国，占领甄城。

国家危亡，齐威王的近臣没有一个人敢进谏。

齐国的一个入赘女婿淳于髡用隐语讽谏齐威王说：“有只大鸟落在了大王的庭院里，三年不飞也不叫，大王知道这只鸟到底怎么了呀？”

齐威王说：“此鸟不飞则已，一飞冲天；不鸣则已，一鸣惊人。”

齐威王随即召见即墨大夫，说：“自从你到了即墨，毁谤的言论就从未间断过。可是，我派人到即墨视察，却发现那里田野都开垦了，并无荒芜，百姓生活富足，官府运转有序，公事并未积压，齐国的东方因而十分安宁。你之所以受到诽谤，是因为不屑于曲意逢迎我左右的人来图取功名！”遂封即墨大夫万户食邑。

齐威王又召见阿城大夫，说：“自从你到了阿城之后，每天赞扬你的话不

①古地名。春秋时属郑地。

②齐威王纪年采用《六国年表》纪年。

绝于耳。可是，我派人到阿城视察，却发现那里田野荒废，百姓贫苦。从前赵军进攻甄城，你没有及时给予援救。卫国夺取薛陵，你事前竟然连一点儿消息都没有得到。打仗和干工作是靠眼神吗？你个坏东西，到底给我身边的人送了多少钱财？”齐威王一声令下，烹杀了阿城大夫，并把左右那些吹捧过阿城大夫的人来了个一锅烩。

接着齐威王发兵西进，攻打赵国、卫国。在浊泽（今山西运城境内）打败魏军，包围了魏惠王。魏惠王献出观城与齐国讲和，赵国人也归还了占领齐国的长城。于是乎，举国震惊，再也没有人敢文过饰非，大家都竭尽所能，履行己责，齐国得到大治，诸侯震动，二十多年不敢对齐用兵。

齐威王的“雷人”之处还在于，他对人才有着过人的认识。公元前355年，齐威王与魏惠王在郊外一起狩猎。魏惠王向齐威王显摆他有十颗能照亮前后十二辆车子的夜明珠。齐威王说：“寡人的宝物与大王不同。我的臣子檀子，镇守南城，楚人不敢向东侵犯，泗水之滨的十二个诸侯国都来朝拜。我的臣子盼子，镇守高唐，赵人畏怯，以至于不敢到东边的黄河里去捕鱼。至于黔夫，那就更厉害了，派他去镇守徐州，燕国的人都跑到北门去祭祀，赵国的人跑到西门去祭祀，祈求神灵保佑他们不受攻伐，背井离乡追随他的人有七千多家。我的大臣种首，派他打击盗窃，结果齐国道不拾遗。这些人都将光照千里，十二乘车又算得了什么呢！”

齐威王一席话，说得魏惠王无地自容，败兴而去。

四

大汉朝的曹相国则是另外一副风景。

曹参本是武将，却担任了齐国丞相。当时，天下刚刚平定，齐悼惠王年纪很轻，曹参把齐国的长老和读书人召集到一起，询问治国之策。那些读书人数以百计，七嘴八舌，说得曹参云里雾里。

曹参听说胶西有个叫盖公的，精通黄老学说，就派人以厚礼相请。盖公告诉曹参，治国贵在为政清简，无为而治①，让百姓们自行安定。曹参采用他教的这套办法，在齐国获得了巨大成功，人们都称赞他是贤相。

公元前193年，萧何去世，曹参接替了他的相国之位。

曹参在发迹之前，跟萧何关系非常好，但等到各自做了将军与相国之后却有了隔阂。然而，英雄惺惺相惜，萧何临终前向孝惠皇帝刘盈推荐了曹参。曹参在出任相国之后，一概遵循萧何既定的法度，没有做任何的变更。

曹参从各郡和诸侯国中挑选了一些质朴、厚重、不善文辞的人为属官，并将那些言辞深奥难懂，一味哗众取宠，追求声名的人驱逐出官员队伍。

曹参自己则日夜痛饮。那些卿大夫，以至于下级官吏和宾客见曹参不理政事，都上门来规劝他。可是客人一到，曹参就立马拿出美酒让他们喝。常常是来客刚想张口说话，曹参就用酒将他们的嘴巴堵住，直至将他们一个个灌得烂醉，酒气熏天而去。

相府的后花园靠近官府的办公场所。官员们无所事事，整天在里面饮酒作乐，高声歌唱。曹参的随从对之深恶痛绝，却又无可奈何。

随从们索性请曹参到后园中游玩，为的是想让曹相国亲耳听到那些官员们的醉酒高歌与狂呼乱叫声，出面加以制止。可是，曹参不但无动于衷，反而叫人取酒设宴，开怀痛饮，引吭高歌，与之应和。

官员们有了细小的过失，曹参也总是隐瞒遮盖，或是佯装不知。曹参的儿子曹窋也在朝中任职，汉惠帝委托他私下问下父亲，是不是看不起自己？曹窋借休假的机会将汉惠帝的质疑告诉曹参。曹参大怒，打了曹窋两百大板，说：“你个小兔崽子，只管进宫去侍奉皇上，国家大事不是你所能懂的。”

到了上朝的时候，汉惠帝责备曹参说：“你为什么要打曹窋？是我让他去劝你的！”曹参脱帽谢罪说：“请陛下想想，与高帝比，谁更英明？”汉惠帝说：“我怎么能跟先帝相比呢！”曹参说：“依陛下看，我和萧何谁更贤能？”汉惠

①老子说：“我无为，而民自化；我好静，而民自正；我无事，而民自富；我无欲，而民自朴。”通过无为而实现无不为，因而无为而治并不是什么也不做，而是不过多干预，给民众创造一个发挥才智的良好空间与社会秩序。

帝说："你好像也不如萧何！"曹参说："陛下说得对极了！高帝与萧何平定天下，法令业已很严明。现在，陛下垂衣拱手，我等各自谨守职责，遵循原有的法度，无有闪失，不就行了吗？"汉惠帝说："那好啊，那你继续玩乐去吧！"

曹参虽然只做了三年时间的相国，但却深得百姓爱戴，大家都称颂他说："萧何制定的法令，简洁明了；曹参接替萧何为相，遵守成法不变，看似清静无为，实则使百姓得到了休养生息。"

曹参更看重民众的自觉、自为与自化，他看似醉着，实际上却一直醒着。

五

最惨的是齐康公贷。

早在贷即位之前，齐国大权已经旁落。齐康公眼见回天无力，只有死心塌地向楚庄王学习。他即位十四年，沉湎于酒色，不问国政。

齐康公已经够低调的了，但丞相田和还是觉着他碍眼，于是他选择了在一个风和日丽的日子里将齐康公放逐到了临海的一个岛上。后来，就是这一城的食邑也被田和收回，齐康公只好在斜坡上挖洞为灶。

这时是公元前 391 年。齐康公和着泪水，在树叶上写下了一首张爱玲式的小诗：

生命在你的手里，像一条迸跳的鱼。
我想伸手捉住它，怎奈它那么腥臊。

一阵风由斜坡上刮过，刮得树叶到处乱窜。但是，齐康公已无心整理树叶，他必须先解决生计问题：生火做饭！齐康公从未像现在这样迫切希望过齐国政府开设自然常识课，他太需要学习了。

公元前 379 年，齐康公在凄风苦雨中死去。也许对他来说，睡着远比醒着好，死了远比活着好。揣着明白装糊涂，那是齐康公无论如何也学不来的，因而齐康公能入得了学，却永远也毕不了业。

燕王刘泽的发迹史

一

汉初的几位大人物都比较有特点。

比如，汉朝的开国皇帝刘邦，打仗水平实在不敢恭维，他跟项羽较量过很多次，每次都被打得落花流水、抱头鼠窜，唯一的一次胜仗还不是他指挥的。但是，正是这一次胜利将他送上了皇帝的宝座。

韩信则正好相反，韩信打了一辈子胜仗，最后却败在了最不起眼的宫斗上面。正是这一次失败就弄丢了他的性命。

又比如，张良喜好阳谋，陈平擅长于阴谋，萧何则提倡中庸。

燕王刘泽也很有特点，他特别喜欢投机。刘泽早年跟随刘邦起兵造反，他最大的功劳是在平息陈豨叛乱时俘获了陈豨的部将王黄。他能够挖掉穷根，完全得益于他有个当皇帝的兄弟刘邦。

事情是这样的：刘邦在黑完淮阴侯韩信后，忽然发觉他昔日的这帮弟兄没有几个人是靠得住的，还是封同族人比较靠谱。但是，刘邦满打满算只有八个儿子，靠他们镇抚天下远远不够。

于是刘邦下诏说：“我堂兄刘贾干得不错，应当封王。你们就照这个标准，从皇族里面给朕再推选几个出来。”

群臣顺水推舟，推举他的异母弟刘交。刘邦封刘贾为荆王，封刘交为楚王，封儿子刘肥为齐王。

那时候，刘泽已经是郎中了。无奈，群臣就是视而不见。群臣不推荐，刘邦也只好装作没有看见。

舞阳侯樊哙心领神会，在平定陈豨之乱中，由他率领的东路军势如破竹，在横谷一带横扫代国和匈奴联军，斩杀敌将赵既，俘虏冯梁、解福、孙奋、王黄等代国主要官员十人。刘泽俘虏了敌将王黄，立下了军功，又是皇亲，自然够分封的条件了，刘邦封他为营陵侯。

事实终将证明，刘邦走的是一招臭棋。

因为帮手越多，同时也意味着分红的人越多，他们最终会由帮手转换成对手。当然了，这些都是后话。现在的情况是，刘泽终于被刘邦派发的大红包砸中了，迅速地蹿红。

二

幸福来得太突然，刘泽双手捧着任命状，浑身发抖，眼泪直流，心里充满了对老爹老妈的无限感激。他发现，当初落到刘家炕头上算是落对了，一条粗腿对小屌丝来说，实在是太重要了。因而在刘邦去世后，刘泽最想搭的人就是吕后。然而，吕后是无论如何也攀不上的，因为吕后最烦他这一族人，凡是姓刘的，她都烦。刘泽没有办法，只好先搭了个书生，让他给自己想办法。

当然了，这事儿不能明说，得靠意会，说得过于赤裸了，有损个人形象。刘泽是这么做的，他花两百金资助了一个流落民间的贫困大学生田生。

在刘泽生活的那个年代，管活跃在民间的大学生叫策士，就是四处游说，专门给人出谋划策的那种人。一个穷小子一下子得到这么一大笔钱财，顿时乱了方寸，干脆放弃游学，回齐国过他的小日子去了。

刘泽很生气，派人责备田生说："今后不要再来烦老子了！"

田生这才意识到，这笔钱是不能白拿的，他得报答人家。于是，田生驱车来到长安，租了一座大宅院住下来，让他的儿子去接近吕后身边的红人——负责后勤工作的大谒者张卿。

仅仅几个月时间，田生的儿子就将张卿搞定。田生选了个黄道吉日，邀请张卿来家里做客。田生郑重地挂上豪华帷帐，摆出只有诸侯王才会使用的酒食器具，并亲自下厨调酒备菜。张卿是见过大世面的人，但还是为其精美、奢华的宴会安排大吃一惊，不由得对田生刮目相看。两个人推杯换盏，很快就进入了状态。

酒酣耳热，田生喝退左右，向张卿进言说："我仔细查看了京城的高宅大院，他们的主人都是高祖时代的功臣。吕氏的功劳与他们不相上下，也应当封王。这事儿让太后提出来吧，自然不是太好，大臣们也未必会同意。你是太后宠臣，和大臣们的关系不错，何不劝说大臣提议封诸吕为王？诸吕封了王，你也会跟着显贵。弄清了太后的心思却装聋作哑，太后迟早会降罪于你。"

张卿一拍大腿："你小子说得太对了，我怎么就没有想到这一茬呢！"

酒席散后，张卿就挨个儿跑去做大臣们的工作，并放出风说，吕后想封诸吕为王，识相的就赶快向太后禀告。

几乎就在同时，还有一个人也敏锐地捕捉到了吕太后的心思。这个人就是左丞相陈平。一向沉迷酒色、不理朝政的陈平听从留侯张良的儿子张辟疆的建议，从酒杯和女人中间抽开身子，上疏请求吕太后分封吕氏为王。吕太后就封王一事询问大臣，大臣们一致奏请封吕产为吕王。

吕太后很高兴，赏给张卿千金。张卿分出一半给田生，田生此行当然不是来捞金的。

他还有最重要的事情没有办，推辞说："事情还没有办圆满，吕产被封为王，大臣们并非心服口服，特别是营陵侯刘泽，他是诸刘中的长者，至今还只是个大将军，对此非常不满。你不如去禀告太后，划出十几个县封他为王。刘泽得到王位后，定会高高兴兴地到封地去，刘氏的嘴一旦被堵上，吕氏宗族的王位也就牢固了。"

张卿虽然在皇宫里混得如鱼得水，却是个缺心眼，他屁颠屁颠地进宫去做吕太后的工作。吕太后觉得他说得有道理，加封营陵侯刘泽为琅琊王。王位一骗到手，田生劝刘泽立刻离开京城，马不停蹄地前往封地。

果然不出所料，刘泽前脚刚走，吕太后后脚就派人来追。可是，刘泽一行已经出了函谷关，追赶的人只好回去复命。

三

抱粗腿、骗人，这些对刘泽来说都不算什么事，他最擅长的还是表演。

吕太后在世时，琅琊王刘泽连个大屁都不敢放。吕太后一死，刘泽态度立马来了个一百八十度大转弯，急着跟吕氏撇清关系。在得知朱虚侯刘章等人准备诛杀诸吕的消息后，刘泽当机立断，举旗造反。

他义愤填膺地说："皇帝年少，诸吕把持朝政，刘氏被削弱孤立，大汉江山快要变颜色了。"

嘴里不喊刘氏有好多年了，忽然间将刘氏从故纸堆里拉出来，刘泽竟然没有弄闪舌头，也真算是个奇迹。

刘泽带领军队与齐王刘襄合兵西进，打算进京诛杀诸吕。部队到达梁地，听说朝廷派将军灌婴屯兵荥阳，阻挡齐兵。事情扑朔迷离，刘泽也不高喊着进京了，连忙回师加强对封国的守备。一切安排妥当，他又急匆匆地赶往长安。恰好代王从代地赶到，琅琊王就与将相大臣一起拥立代王为天子。

当然了，在拥立代王这件事上，刘泽也是有功的。他眼睛贼亮，哪能抢不到功劳呢？一开始，大臣们想拥立齐王，琅琊王对齐王很有看法。原本是齐王通知他起兵的，可是齐王却一度扣留了他。

心怀不满的刘泽趁机黑了齐王一把。他伙同其他几个人说："齐王的母舅驷钧并非善类，如果立了齐王，吕氏当国的事就会再次出现。代王的母家薄氏为人忠厚，拥立善良人家，大臣们也都会放心。"

这句话算是说到了大家的心坎上，于是代王得以脱颖而出。刘泽不但没有被治罪，反而被封为燕王，倒是鼓动齐王起兵的齐相魏勃差点儿人头落地。第二年，刘泽就死了，谥号敬王。

这里有必要解释一下，对谥号而言，诸如文、武、明、睿、康、景、庄、宣、懿、成、忠、敬、靖、穆、昭、恪、恭、襄等，这些都是好字眼。所以，对于刘泽得到的“敬王”这个谥号，我们只能呵呵了！

四

看完燕王刘泽的发迹史，让我更加坚信了一个真理：对屌丝的改造绝非一朝一夕之功。刘泽虽然贵为王侯，但是，他身上散发的土气却一点儿也没有改变。在内心深处，他仍然是一个屌丝。

屌丝是成不了贵族的，即便突然有一天发迹了，也只能算作是个暴发户。既然是暴发户，就终究要干偷鸡摸狗的勾当。即便他没有干，他的子孙后代也会帮着他干。燕王刘泽就是这样，他只是搞搞投机，而他的后代却现出了原形。想让这种人不干坏事，无异于痴人说梦。

燕国的第三任王是刘泽的孙子刘定国。这家伙不负众望，终于来了个大暴发——他与老爹康王的姬妾淫乱，生下了一个男孩。

这还不算，他又霸占了弟弟的妻子，将其纳为姬妾。淫庶母、霸弟妻，这在一般人看来已经够恶劣的了，但是在刘定国这里根本算不上什么看点。刘某人用实际行动证明：对人渣来说，没有最坏，只有更坏。刘定国这个禽兽，发誓将坏人做到底，他竟然与自己的三个女儿通奸。

公元前 127 年，刘定国的丑事败露。朝廷决定处死刘定国，刘定国畏罪自杀，封国被废除，改设为郡。

朝堂上走来一群乌合之众

一

今天，我们来扒下西汉王朝大臣们的裤子看看。

你可不要想歪了，我说扒裤子，并不是真要扒人家裤子，而是查下他们的出身。

你还别说，真是不查不知道，一查吓一跳。

想知道我都看到了些啥吗？进士？举人？秀才？错！大错特错！那时候，科举考试还没有创立，距离历史上第一次开科取士尚有八百年之久。我的目光所及处，尽是些术士、车夫、水手、劫匪、盗墓贼、花匠之类。如果不是穿着朝服，你一定会以为，这群人是来赶庙会的。千奇百怪，无奇不有，这就是扒下裤子后汉朝大臣们的风景。真不知道刘皇帝、刘小皇帝、刘小小皇帝们，平日里是怎么面对这些人的，反正我是被他们给镇住了。

好了，现在就请他们逐一登场亮相。

二

第一个出场的是薛县人叔孙通。

叔孙通是大秦王朝文学博士。光听头衔，是不是很唬人？搞文学的，又是个大知识分子，在各个方面一定都很优秀了吧。恰恰相反，叔大人的学识与人品是成反比的，他的所作所为很给儒生们丢脸。知识分子最看重的是什么？是名节！作为儒生，最恨的自然是贰臣了。可是，叔孙通变节比小孩子变脸还快。

陈胜在山东起兵，秦二世询问各位博士与儒生的看法。大家都说聚众造反是死罪，希望朝廷即刻发兵剿灭他们。但是，叔孙通却讨好秦二世说，天子贤明，四方安定，哪敢有人造反！充其量，只是一伙偷鸡摸狗之徒在闹事而已。

说了假话，当然不能再在秦二世身边待了。

叔孙通从都城逃出来，径直前往薛地投靠了项梁。项梁战死后，叔孙通跟随了楚怀王熊心。楚怀王被迁往长沙，叔孙通又留下来侍奉项羽。汉军攻破彭城之后，叔孙通遂又投降了刘邦。叔孙通身后一千八百年，明朝兵部侍郎钱谦益曾经想投水自杀，只因为水太凉没有死成，最后投降了清。而叔孙通连试一试水温的想法都没有。

不要气节，保留个装束总可以吧？

可是，叔孙通连儒生的行头也不要了。刘邦最看不起儒人，经常把他们的帽子摘下来，往里边撒尿，而且动不动就爆粗口。叔孙通刚来时不知道这些，总是穿着一身儒装在刘邦面前显摆。你瞧，我是知识分子，而且是个大知识分子，秦朝博士。叔孙通得意扬扬，可是刘邦非但不买他的账，而且很讨厌他。

终于有一天，叔孙通弄清楚是衣服穿错了，他心里那个后悔劲啊就甭提了。叔孙通赶忙跑到大街上，按照楚地习俗加急定做了一套衣服。裁缝师傅很奇怪："你要楚服做什么？"孙叔通不耐烦地催促着："哪个啥……哎呀，叫你裁，你就裁，你怎么恁多的废话！"叔孙通换上短衣，刘邦见了果然很高兴。你瞧，叔博士是不是很聪明？

然而，见风使舵的人不见得就全干坏事，叔孙通就为大汉朝做了件大好事。大汉开国初期，百官不懂礼仪，每每在朝廷上饮酒争功，狂呼乱叫，拔剑砍击屋柱，弄得刘皇帝很头疼。

叔孙通是见过大世面的，他向刘邦建议，应结合古礼和秦仪制定朝廷仪礼。他带领从鲁地征召来的三十名儒生和皇上身边有学问的人，以及他的弟子共百余人在郊外拉起绳子反复演习，用一个多月的时间制定完成了朝仪制度。

公元前200年，长乐宫落成，西汉政府在此举行声势浩大的岁首大典。上至诸侯王，下至文武百官，无不唯唯诺诺，俯首帖耳，再也没有人敢耍酒疯了。刘邦大喜过望，典礼结束后，他毫不掩饰地说："我今天才知道当皇帝的尊贵啊!"随即授给叔孙通太常官职，赏五百金。

三

第二个出场的是看管虎圈的啬夫，他是一个下层官吏。

一次，汉文帝带领张释之一行人到上林苑视察。登临虎圈，汉文帝忽然心血来潮，想考一考上林尉。大家猜，汉文帝是怎么考的？背皇族历史、"六禁"[①] 要求、上林职责？都不是！汉文帝问的是登记在档案里的各种禽兽的情况，很专业的问题。汉文帝一连问了十几个问题，上林尉只能东瞧西看，到处找答案。

上林苑的官职设置是一正一副，主官为上林令，次官为上林尉。上林尉答不上来，我猜上林令也回答不出。啬夫从旁代替上林尉一一回答了汉文帝的提问，答得极为周全，想借此显示自己专业能力出众，无法问倒。

"官员不都应当像啬夫这样尽职尽责吗？上林尉无能!"汉文帝边说边指着上林尉等骂道："朕还想着将农田水利、造船、铸钱的大事交给你们呢，你们可倒好，一个个不思进取，整天只知道投机钻营、蝇营狗苟，连个皇家花园都管不好。朕现在命令你们将《论语》《春秋》抄写五十遍!"

汉文帝说罢，诏令张释之让啬夫做上林令。

上林令负责皇家公园狗马玩物、花草树木的采购和管理工作，是个重要差事。未经察举，就提拔一个没有领导经验的啬夫到如此重要的岗位工作，未免也太草率了吧。

---

①六禁：战国初期魏国李悝在《法经·杂法》提出的关于"盗贼"以外的其他犯罪与刑法的规定，即淫禁、狡禁、城禁、嬉禁、徙禁、金禁。

张释之答应一声，这就回头干活去了。但是他并没有真的动手起草诏书。过了好一会儿，张释之估摸着时间拖延得差不多了，汉文帝的气消了，这才走上前去，一本正经地对汉文帝说："陛下认为，绛侯周勃是怎样一个人呢？"

汉文帝说："是长者啊！"

张释之又问："那么，东阳侯张相如是怎样的人呢？"

汉文帝说："也是个长者。"

张释之说："绛侯与东阳侯均被称为长者，可是，这两个人又都不善言谈，在议事时经常语无伦次，更不要说是面对随机提问了①。陛下现在这样做，是希望全天下人都效仿这个喋喋不休、伶牙俐齿的啬夫吗？秦王朝就是由于重用刀笔之吏，结果助长了片面追求办事迅急、苛刻督责的风气，最终致使国势日衰，土崩瓦解。现在越级提拔啬夫，只能促使官员争相施展口舌之能而不求实际，陛下不可不审慎行事啊！"

汉文帝听罢，遂收回成命。

"那个啥还抄吗？"

"现在是法治社会，再贫嘴我削你，走起！"

"哈哈哈……"

汉文帝乘坐着龙辇走了，留下目瞪口呆的啬夫。

碰上张释之，只能说啬夫运气有点儿背，因为在啬夫身前与身后，靠口舌之功飞黄腾达的大有人在。

我后面说的姓石的这几位，在事业上就没有建树，但是在耍弄权术上，却各有千秋。

四

第三个出场的是万石君石奋。

石奋是靠行贿上位的。

想知道石奋送的是什么吗？是女人，自己的亲姐姐。

---

①见《史记·陈丞相世家》汉文帝询问周勃司法案件和钱粮收支情况。

石奋的父亲是赵国人，赵国灭亡后迁居到温县。

温县在郑地，也就是现在的河南。赵、郑两国的女子很风骚。她们经常把自己打扮得光鲜艳丽，弹着琴瑟，舞着长袖，穿着尖俏的迷你舞鞋，不远千里地去招徕权贵富豪，而且只认钱财，不分老少。①

刘邦东进攻打项羽，途经河内郡。

十五岁的小石奋服侍刘邦，乘机对他说："行军路上无以为乐。我有个姐姐，弹得一手琴，想进献给主公，不知主公意下如何？"

"快请，快请！"刘邦从床上一跃而起。

刘邦说完，大概觉得在小年轻面前有点儿失态，遂又打哈哈："你家里都有些什么人？"

小石奋回答说："我家有三口人，母亲、姐姐和我，家里很穷，母亲的眼睛又不好。"

刘邦摸着小石奋的头说："小子，好好干，你想要的都会有！"

于是，石奋的姐姐被召进宫做了美人，他本人出任中涓，负责传达之事，并将他的家迁到长安中戚里。

啥？我说的有出入！这个我知道，我说的是送、问、娶、迁，《史记·万石张叔列传》记的是问、送、娶、迁。结果都一样啊！

司马迁之所以这样写，是给万石君留面子，给万石君面子就是给大汉皇帝面子。这个司马迁能不懂？

万石君没有啥本事，他的撒手锏就是恭敬谨慎。汉文帝时，石奋做了太子太傅。到汉景帝即位时，石奋已经官居九卿。可是，他还是像先前那样孝敬汉景帝。汉景帝忌惮他，调他去诸侯国做丞相。

石奋的四个儿子石建、石甲、石乙、石庆也都因为性情驯顺、孝敬长辈、谨小慎微，官至二千石。汉景帝戏称石奋为万石君。

汉景帝末年，万石君告老回家。然而，退休后的万石君仍旧不甘寂寞，每逢朝廷举行大典，他都铁定要前来参加。万石君闲来无事，喜欢做些小诗在报

①见《史记·货殖列传》。

纸上发表。我们且看他都做了些什么诗？

谒天子

今日过皇门，弃坐趋向前。
天子驾在上，扶轼表敬心。

告子孙

子孙归来谒，我着朝服见。
虽说在家中，亦不呼其名。

子孙有过失，不可大声责。
侧坐饭桌旁，对案不须吃。

诸子齐声讨，长辈再求情。
肉袒固谢罪，改之乃许之。

子孙在身侧，燕居也应冠。
上赐食到家，稽首伏而食。

帝在我面前，礼在吾心中。
子孙遵我教，如我这般做。

我呸！这哪儿是诗呀？连家训都够不上。可是，万石君每每陶醉其中，如醉如痴。他们家也因此而闻名各郡和诸侯国，即便是齐鲁之地那些以品行端庄而著称的儒生们也都自认为比不上他们。

五

第四个出场的是以石建为首的万石君的几个儿子。

石建这个人未老先衰，头发花白，比退了休的万石君身体还差。

石建继承了父亲的迂腐之风，他在做郎中令时，每个周末都要回家拜见父亲。每次回家，他总是先进入侍者的小屋，悄悄询问父亲的情况，问完后就拿着父亲的内裤和溺器到门外的水沟里去冲洗，洗涤干净后再交给侍者，从不让父亲知道。但是，石建又多了一层虚伪，遇到需要向皇帝谏说的事，他总是背着他人，想到哪里就说到哪里。可是，到了朝廷上，却装作不善言谈的样子。他给人的感觉就是神神道道的。

有一次，石建向皇帝上书言事。奏章批复下来，石建再读时却发现有一个字写错了，惊呼道："写错了！'马'字中间是五点，而我只写了四点，把马尾巴写没了，皇上一定会责怪我的，真是该死！"

石建为此惴惴不安好几日。石建不担心马没有了尾巴会成为怪物，而只是担心皇上不满意，这很让朝臣们看不惯。

万石君的小儿子石庆做太仆时，为皇帝驾车外出，皇帝故意逗他，问驾车的有几匹马。石庆像小学生一样，用马鞭指着马一一数完后举手示意说："六匹！"他的这种"敬业"的精神深深打动了皇帝。

公元前 122 年，石庆由沛太守升任太子太傅，七年后又升任御史大夫。

公元前 112 年秋，丞相赵周因罪罢官，石庆担任了丞相，封牧丘侯。

当此时，汉朝南讨南越、东越，东攻朝鲜，北逐匈奴，西征大宛。正值多事之秋，国家财政捉襟见肘。但是，石庆却干瞪眼，什么也做不了。汉武帝体贴他，任用桑弘羊、王温舒、儿宽等交替升迁主政，朝中大事完全不取决于丞相，石庆只不过是个摆设。

石庆在丞相位九年，竟然没有任何匡正时弊的言论。非但如此，石庆曾经想治皇帝的近臣所忠、九卿咸宣的罪，不仅未能使他们服罪，反而差点儿将自己搭进去，还是用钱粮赎的罪。

连年的战争，再加上水、旱、虫灾接连发生，终于带来了严重后果。

公元前107年，仅关东就有两万人流离失所，没有户籍的人有四十万之多，公卿大臣提请皇帝将流民迁徙到边疆去，以此来惩罚他们。

在这个节骨眼儿上，身为丞相的石庆，不仅没有积极想办法化解危机，反而跟汉武帝玩儿起了心眼儿，想直接撂挑子走人。

汉武帝斥责他说："国家粮库空虚，老百姓生活难以为继，你想不下啥高招也就罢了，竟然跟着起哄，要求迁徙他们，你是想把责任归咎到我身上吗?"

汉武帝一表明态度，石庆立马来了个一百八十度大转弯，跟其他官员划清了界线。连一向文质彬彬的司马迁写到这里都沉不住气了，大爆粗口曰："然无他大略，为百姓言！挺直腰板说句话，你能死?"

公元前103年，碌碌无为的石庆去世，朝廷赐谥号恬侯。

六

第五个出场的是建陵侯卫绾。

卫绾是代郡大陵人，这家伙是个偏才。

大家猜，卫绾的拿手好戏是什么?

算卦、跳舞、做红烧肉？都不是，卫绾的绝活是秀车技。

卫绾是国家一级车夫，车开得那是相当不错。

卫绾经常一边开车，一边表演杂技，看得汉文帝眼珠子都快要掉下来了。末了，他就被提拔为郎官。后来，卫绾几经升迁出任中郎将。

卫绾除了车技别无所长。但是，追星族汉文帝很器重这个杂耍演员，临死也放心不下他，嘱咐汉景帝说："卫绾是个长者，你一定要善待他。"

可是，卫绾有一样是石建所没有的，那就是忠厚。

一次，汉景帝驾临上林苑，命令中郎将卫绾做自己的陪乘。回来后，他问卫绾："知道你为什么能做我的陪乘吗?"

卫绾老老实实回答说："我不知道。"

汉景帝又问："我在做太子时，有一次召你，你为何称病不来?"

卫绾答说："臣该死，那时我真的病了！"

汉景帝说："朕相信你说的是真话！"遂赐给他一把宝剑作为奖赏。

卫绾推辞不要说道：“先帝已经赐给我六把剑了，我不敢再接受陛下的赏赐。”

汉景帝不大相信，说：“剑是人们喜欢用来送人或交换的物品，难道你能保存到现在？”

卫绾说：“全都在。”

汉景帝派人取来那六把宝剑，竟然连包装都没有打开过。汉景帝又询问其他人：“卫绾平时表现怎么样？”

答曰：“卫大人品行端正，常代下属的郎官受过；有了功劳，也总是谦让别人。”

“真老实人耶，朕喜欢你！”汉景帝一高兴就任命卫绾做了河间王刘德的太傅。

吴楚七国之乱时，卫绾做了将军，因为军功，被任命为中尉。

公元前 151 年，卫绾受封为建陵侯。

公元前 150 年，卫绾做了太子太傅。

多年后又升任御史大夫，再后来，就取代桃侯刘舍做了丞相。做了丞相的卫绾仍旧着迷于收藏，从宝剑、车马到奏折，皇上赐什么，他就收藏什么。对于政事，他只是照章行事。卫绾从最初做官起，一直到位列丞相，始终都没有提出过什么好的主张。

汉武帝建元年间（前 140—前 135），因为在汉景帝卧病期间，官署羁押了许多无辜的人，卫绾身为丞相，不能督察百官，使百姓免于蒙受冤屈，被汉武帝免去丞相职务。卫绾死后，儿子卫信承袭了建陵侯的爵位。

七

第六个出场的是邓通。

邓通是蜀郡南安人，他没有什么才能，只不过因为善于划船，才做了黄头郎①，十足的水手出身。

①黄头郎：掌管行船的官，相当于船队长。

有一次，汉文帝梦见有个黄头郎从背后推着他上了天。梦醒后，汉文帝就来到渐台①，寻找推他升天的黄头郎，随即找到了邓通。当时的邓通身着横腰短衫，衣带在背后打了个结，正如汉文帝梦中所见。

邓通这个名字起得好，读着蛮吉祥、顺溜的。汉文帝很喜欢他，收他做了男宠。汉文帝仁义，邓通也很够意思，他从不与外人交往，就连节假日也不肯休息。汉文帝深受感动，前后共赏赐邓通十余次，给了他上亿的钱财，并让他做到了上大夫。不仅如此，汉文帝还经常到邓通家玩儿，与邓通形影不离。

一次，汉文帝请相面大师给邓通相面。

大师说："邓通当贫饿而死。"

汉文帝说："能使邓通富有的人是我呀，他怎么会贫困呢？"

于是，把蜀郡严道的铜山赏赐给邓通，并特许他自行铸钱，"邓氏钱"由此遍布天下。

汉文帝得了痈疽病，邓通心急如焚，替他吮吸脓血。汉文帝被疾病折磨得闷闷不乐，问邓通："你觉得全天下谁最爱我？"

邓通回答说："应该没有人能够比得上太子了。"

太子入宫探望病情，汉文帝让他吮吸脓血。太子虽然吸了，但是脸部的表情很不自然。过后太子听说邓通经常为皇上吮吸脓血，不由得又羞又恼，对他怀恨在心。

汉文帝驾崩，昔日的太子即位，此即汉景帝。汉景帝报复邓通，将他免职。不久，有人告发邓通私自到境外铸钱。汉景帝遂将邓通家里所有的钱财全部没收充公，还让邓通背了好几亿钱的债务。

长乐公主可怜邓通，赏赐给他一些钱财。但是每次都被汉景帝的狗仔队没收抵债，他们连一根簪子都不让他戴。长乐公主只好派人送给他一些衣食用品。邓通身上连一个子儿也没有，他就这样靠人接济生活，直至饿死在别人家里。

---

①渐台：在建章宫太液池，高二十余丈，因台址在水中，故名。

八

第七个是联袂出场的袁盎与晁错。

袁盎、晁错这两个人，无论拉出哪个单个儿来看，都是一条龙。但是，加在一起却是一条虫，净搞内耗。

袁盎是楚地人，吕后执政时曾做过吕禄的家臣。汉文帝时，由哥哥袁哙保举做了中郎官。这个人总体上来说是个怪才。

绛侯周勃得志时，袁盎当面向汉文帝诋毁他。绛侯埋怨他，他也不向绛侯道歉。等到绛侯获罪入狱，王公大臣中没有一个人敢说句公道话，袁盎却声明说绛侯无罪，为解救他奔走呼告。

袁盎深受儒家思想影响，强调等级名分，不僭越礼仪。汉文帝从霸陵上山，打算从西边的陡坡飞驰而下。袁盎策马紧挨着汉文帝的车子，拉住马缰绳不走，劝汉文帝不要玩刺激，汉文帝作罢。

慎夫人受汉文帝宠幸，在内宫常与窦皇后同席而坐。汉文帝带着窦皇后、慎夫人到上林苑游玩，郎署长布置好座席，袁盎特意把慎夫人的座位向后拉了拉，以示尊卑有别。慎夫人生气，不肯就座，汉文帝很扫兴，起身回宫。

袁盎因为多次直言劝谏而触犯汉文帝，被调任陇西都尉。之后，又被提升为齐相，又由齐相调任吴相。

晁错是颍川人，为人严峻刚正，甚或有些苛刻严酷。汉文帝时，晁错曾多次上书，进言削弱诸侯及修改法令之事，但接连几十次上书，都石沉大海。

汉景帝在做太子时，就欣赏晁错的谋略，视他为“智囊”。即位后提拔晁错为内史。晁错多次单独晋见汉景帝，谈论国家大事。汉景帝对他言听计从，宠信程度超过九卿，以致许多法令都被他修改。

晁错升任御史大夫后，请求削减诸侯封地，收回他们的旁郡。奏章呈上去，汉景帝命令公卿、列侯和皇族议决。众人畏惧晁错的权势，没有一个人敢公开发表反对意见，唯独窦婴跟他争辩、较劲，两人由此有了隔阂。

削藩令有三十多章，在诸侯中间引起了轩然大波，大家都对晁错恨之入骨。

晁错的父亲听到这个消息，特地从颍川赶来对晁错说："疏不间亲，你这样做，风险太大了。"

晁错此时已经抱定了必死的决心，他说："不这样做，天子不尊崇，国家不安宁。"

晁父说："你这样做，刘家的天下是安宁了，但我们晁家却危险了。我去了，你小子好好折腾吧！"

晁父离开晁错后就服毒自杀，死前留下话说："我不忍心看到祸患落到自己的身上。"

晁父死后十多天，吴楚七国果然发动叛乱。

袁盎向来不喜欢晁错，但凡有晁错在座的场合，袁盎就会拂袖离去；只要有袁盎在的地方，晁错也会转身离开。他们两个人从来没有在一起交谈过，更不要说是合作共事。晁错担任御史大夫后，自认为机会来了，派官吏侦查袁盎接收吴王刘濞财物的事，想借机论罪惩处他。汉景帝赦免了袁盎，只将他废为平民。

吴楚七国叛乱的消息传到京城，晁错对丞史说："袁盎接收了吴王很多钱，专门为他遮掩，说他不会反叛。现在吴王反叛了，我打算再次请求处治袁盎，他必定知道吴王叛乱的内情。"

丞史说："在事情没有败露之前，惩治袁盎会中断叛乱阴谋。叛军业已西进，惩办袁盎也没有什么益处。再说了，袁盎未必有什么阴谋。当务之急是如何平叛，不可再追究此事。"

晁错听后犹豫不决。

有人将这件事告知了袁盎，袁盎很害怕，连夜去见窦婴，向他说明吴王反叛的原因，希望能到汉景帝面前亲口对质。窦婴在汉景帝面前极力吹捧袁盎。窦婴是汉景帝的表兄弟。打虎亲兄弟，上阵父子兵。关键时候，汉景帝还是听他的，召袁盎进宫。袁盎详细向汉景帝述说了吴王谋反的情况，并说这全是因为晁错的缘故，只有赶快杀掉晁错向吴王妥协，吴军才有可能罢兵。

汉景帝沉默了好一阵子说道：“还是你这个办法好，省时省心又省力。朕不会因为爱惜一个人而失去天下！”

袁盎还是不放心，便怯声问：“你看我这个办法可行吗？”汉景帝由嘴角挤出一个字：“杀！”十多天以后，汉景帝派中尉骗晁错到东市巡行，连官服都没有脱，就将晁错匆匆杀掉。可怜晁错临死时还怀揣着连夜起草的《关于为大汉平叛军队筹集钱粮的报告》。可是汉景帝早就没有心思看了，他相信晁错的人头一到，吴王立马就会退兵。然而事与愿违，吴王非但没有退兵，反而将汉景帝派去通报消息的袁盎扣留，袁盎费了好大的劲儿才逃脱。

后来，仆射邓公由前线回来报告军情，汉景帝仍旧不愿意承认吴楚未退兵的事实，问他：“你从军中来，有没有听到过晁错死后吴楚退兵的消息呢？”

邓公说：“吴王蓄谋反叛已经几十年了，清君侧只不过是个借口罢了。我担心天下人见你杀了晁错，再也不敢进言了。”

汉景帝问：“为什么呢？”

邓公说：“晁错担心诸侯国强大了不能控制，所以请求削减他们的封地，加强中央集权。他做的是对的。这是关乎千秋万代的好事啊！可是，计划刚刚施行，全家就遭到杀戮，这实在是令亲者痛、仇者快啊！”

汉景帝沉默了好长时间，怅然道：“你说得很对，我也后悔杀了晁错。”

看到此，想必诸君会问：袁盎真的是坚定的儒家信徒吗？

我看未必。所谓先下手为强，后下手遭殃，不然他也不会为保一己之身置晁错于死地。而善于谋国，不善于谋身的晁错，也不致死于袁盎之手，袁盎不过是喜好虚名罢了。

权贵们的风流韵事

一

汉朝的开国皇帝刘邦是个出了名的大色鬼。

虽然《史记》并非官方史，然而，作为朝廷命官，司马迁理应为尊者讳，多做正面宣传报道。

但是，司马迁在翻阅了刘皇帝的相关史料后还是忍俊不禁，公然在《史记·高祖本纪》中写道："嘿嘿，高祖刘邦这个人，吃喝嫖赌样样在行，一见了女人就迈不动脚步。刘邦在做亭长时，动不动就跑到人家江南名模王媪、武负开的酒吧里混酒吃，喝醉了躺倒就睡。"

做亭长时是这样，打仗期间的刘邦也没有闲着。

公元前207年的一天，刘邦西进经过高阳，守门小吏郦食其求见。当时，刘邦正坐在床上，让两个女子为他洗脚。郦食其见了刘邦也不叩拜，只略微作了个长揖，说："如果您想诛灭暴秦，就不应该坐着接见长者。"刘邦听了，这才起身穿好衣服，向他道歉，把他请至上座。

很显然，郦食其搅黄了刘邦的好事。可是，郦食其这个狂生非但没有丝毫歉疚，反而得意忘形，还添油加醋地向同僚们夸耀说："我进去时，看见沛公正欲宠幸两个洗脚女子，云云。"

"臭读书的，敢背地里讲我的坏话，有你好看的。"

机会终于来了。公元前204年，韩信受命东进攻击齐国，还没有渡过平原津，刘邦又暗中派郦食其前去齐国游说。齐王田广受郦食其鼓动，反叛楚国，与汉订立和约，答应共同攻打项羽。眼看就要大功告成，韩信将计就计，采用蒯通的计策攻破齐军。刘邦打发郦食其去游说，却又不给韩信一点儿指示，这不是要郦食其的命吗？他不被齐王田广给烹了，实在对不起刘邦的一番苦心。齐王一气之下烹杀了郦食其，郦食其就这样被刘邦和韩信联手给坑了。

开个玩笑儿。后面这些事情是我附会上去的，千万可别当真。真料当然有：汾阳侯周昌知道吧？就是那个为人倔强耿直、敢于直言的老头。

话说周昌曾经在高帝休息时进宫奏事。当时，刘邦正搂抱着戚姬亲热，周昌见状便走。撞见了哪儿能就这么走呢？

刘邦一把推开戚姬，追出门来抓住周昌，骑在他脖子上问道："你都看见什么了？"

周昌照实说："陛下和戚姬正在敦伦。"

刘邦说："错，我们在行周公之礼！"

周昌嘴却还硬："不都是一回事吗？"

刘邦说："你知道个啥！依你看，朕是什么样的君王？"

周昌仰起脖子说："陛下是桀纣一样的帝王。"

刘邦听了哈哈大笑："好你个周昌，竟敢这样污蔑朕！"

骂归骂，刘某人还是很器重这个倔老头的。因为担心自己千古之后有人加害赵工，刘邦特意将周昌降级使用，让他出任赵王如意的相国。可就是这样，仍然没能保住刘如意的性命，真是人算不如天算。

如果这个还不够重口味，那我再给你爆点儿猛料。

公元前199年，刘邦由东垣县进入赵国。刘皇帝此行是去攻打韩王信的，虽然只是路过，但作为赵地长官，一国之主来了，好歹也得安排洗个脚什么的。

为了节省经费开支，赵王张敖就地取材，把他的一个美人献给刘邦。事情明显超出了张敖的掌控，刘皇帝不但假装不知道这回事情，睡了女婿的女人，还和她生下了孩子，这个孩子就是后来的淮南王刘长。不愧是军人出身，睡觉比打靶还准，上次生下了代王，这次又开花结果了。自己的女人被当朝皇帝兼岳父宠幸了，张敖自然不敢再视她为女人，为她另建外宫居住。

二

刘邦在色界的名气已经很高了，但是比起一代色鬼卫宣公，怕是他提鞋都赶不上。

卫宣公是个老司机，他在年轻时就跟庶母夷姜私通，并且生下了两个孩子，十足的一个问题少年。

这样的人本来连国君的门也摸不着，怎奈人家命好：他哥哥卫庄公女人不少，但不是不能生育，就是生了儿子又夭折，只留下了完和州吁两个宝贝蛋。

州吁喜好兵事，完即位十六年就被他给干掉了。后来，州吁又被大臣石碏杀了。两个宝贝蛋都死了，石碏只好从邢地迎回卫晋立为国君，此即卫宣公。

卫宣公恶习不改。卫宣公的太子叫卫伋，长大后求取齐女宣姜为妻。使者从齐国回来后，在卫宣公面前不停地夸赞宣姜长得有多么美，多么勾人魂魄，听得好色成性的卫宣公一愣一愣的。

末了，就命人在迎亲的必经之路——淇水河畔建造了一座高大豪华的宫殿，取名新台。到了迎亲的日子，卫宣公随便找了个理由，打发太子伋去出使宋国，自己跑到新台去和宣姜成婚。

那宣姜欢天喜地来到卫国，一路上都在做着琴瑟和鸣的美梦呢，没有想到，好好的夫婿居然被人调包，换成了一个糟老头子，其失望之情可想而知。宣姜哪能心甘情愿吃这种暗亏，绝食呀，跳楼呀，上吊呀，这些事估计都是有的。但是，这些都难不倒老司机卫宣公。俗话说，姜还是老的辣！老色鬼连哄带骗，不知使了多少手段，总算将自己儿媳妇的生米做成了熟饭。

等到太子伋出使宋国回来，宣姜已然由妻子摇身一变成为庶母。卫宣公少不得又来糊弄卫伋：“儿子啊，这个女人你不能娶，她……水性杨花，竟然勾引你老爹。”

娶了个媳妇，还没有见着面，就跟老爹搞到了一块，太子伋心里要多郁闷有多郁闷，连死的心都有，然而他再想不通，也只能接受这个现实。

最难堪的还是齐僖公。两个宝贝女儿，一个与哥哥暧昧不清，一个阴差阳错地嫁给了新郎的父亲，他老人家怎能不气血冲头，血压爆表？可是，木已成舟，齐僖公除过愤怒还是愤怒，他对这个突然冒出来的混账女婿也是无可奈何。

华丽的新台掩盖不了卫宣公的丑行，有诗为证曰："新台有泚，河水弥弥。燕婉之求，籧篨不鲜。新台有洒，河水浼浼。燕婉之求，籧篨不殄。渔网之设，鸿则离之。燕婉之求，得此戚施。"

翻译成白话文就是：新台明晃晃，河水满又平。嫁给如意郎，作了丑汉妻。新台高又大，河水接连天。嫁给好夫婿，却被歹人奸。下网落了空，鸿雁实难求。嫁给俊美男，落个糟老汉。

卫宣公捡了个大便宜，心里那个乐呵劲儿就甭提了。此时的他，一门心思全都花在了宣姜身上，早把正夫人夷姜给忘了个一干二净。宣姜也很争气，为卫宣公接连生下了两个儿子寿和朔。夷姜由此失宠，上吊自杀。

然而，故事还远未结束。被卫宣公霸王硬上弓的宣姜看似文弱，实则是个非常有心计的女人，日夜在卫宣公面前诬陷中伤太子伋。公元前701年，鬼迷心窍的卫宣公假借盗贼之手杀死太子伋，立公子朔为太子。

为了女人六亲不认，卫宣公做得也够绝的了。

三

和卫宣公生活在同一时代的蔡哀侯，堪称是最有想法的色鬼。

卫宣公可以称得上是色界的大佬了，但是，小一辈色鬼蔡哀侯却用实际行动证明，在好色这片天地里，只有你想不到，没有做不到。蔡哀侯既不是当着臣子的面玩暧昧，也不是玩弄庶母与儿媳，而是另辟蹊径，玩的就是心跳。

话说新台事件传出来后，诸侯国顿时炸开了锅。当时，尚流亡陈国默默无闻的花心大萝卜——蔡桓侯的弟弟蔡献舞弱弱地说了一句："玩弄自己的儿媳妇算什么本事，有能耐去玩其他国君的女人呀！”

机会终于在不知不觉中降临了。

公元前695年，蔡献舞时来运转，被蔡国人由陈国征召回国，接替死去的哥哥出任国君，他就是蔡哀侯。

公元前684年，息侯迎娶陈女为妻。恰巧，蔡哀侯的夫人也是陈国宗室之女。

息夫人出嫁路过蔡国，蔡哀侯兴奋坏了，逢人便讲：“我妻妹子就要来了。”

夫人的亲姊妹当然不能慢待。蔡哀侯二话不说，将息夫人一行人迎至宫中，摆酒设宴，盛情款待。那息夫人目如流水，粉面含春，生就了一个绝代容颜，直看得蔡哀侯呆若木鸡，后悔当初下错了聘书。这么美丽的女子怎么偏就嫁给了别人呢？蔡哀侯哪里还顾得上与息侯的兄弟情、战友情，不由得对息夫人动手动脚，百般纠缠戏弄。可是落花有意，流水无情，任凭蔡哀侯使尽浑身解数，息夫人就是不上套。蔡哀侯黔驴技穷，只能在心里不断地招呼岳丈的祖宗：“妈妈的，执行个娣媵制有那么难吗！”可是，骂归骂，蔡哀侯纵使百般不舍，也只能先放息夫人回去。

消息传到息国，息侯火冒三丈：“什么玩意儿，连兄弟媳妇都不放过！”可是，息国也是和蔡国一样的小国，甚至还要弱于蔡国，有心打吧，又打不过，怎么办呢？

息侯给出的方案是借刀杀人。

他派人对楚文王说：“你带兵前来攻打我国，单凭我国之力自然hold不住，届时我会向蔡国求援，蔡兵来援，国内必然空虚，楚国乘机攻击蔡国，可大获全胜。”

楚文王依计而行，击败蔡军，将蔡哀侯虏至楚国。

蔡哀侯是个坏种，一肚子的坏水，哪能就此吃了这个哑巴亏呢。即便是死，他也得拉上个垫背的。蔡哀侯心生一计，在楚文王面前极力夸赞息夫人容貌之美，说什么息夫人目如秋水、脸似桃花、风情万种，令人魂不守舍，他就是忍受不了这份刺激才铤而走险的。

楚文王也是个色鬼，听了蔡哀侯之言，很想得到息夫人，于是以巡游为名来到息国。“恩人”驾到，息侯不由得喜出望外，摆酒设宴款待。

席间，楚文王得见息夫人真容，果真如蔡哀侯所说美丽无比。这么好的白菜，怎么就让猪给拱了呢？楚文王想了一个晚上都没有想明白。末了，就将计就计，借次日回请息侯的机会，将息侯这个死脑瓜壳子给抓了。

息夫人为了保全息侯性命，被迫答应嫁给楚文王。事情到了这个地步，息侯总算明白，在这个弱肉强食的社会里，谁都靠不住。他后悔当初没有听息夫人的话，聘请广告公司编印一本《防狼手册》，而是盲目地向楚国求助。

息夫人进入楚宫三年，为楚文王生了两个儿子：堵敖和熊恽。尽管如此，她却从不主动和楚文王搭讪。

楚文王问她是什么原因，她泪流满面地说道：“我作为一个女人，接连服侍了两位丈夫，却又不能守节而死，有何面目与人言语？”

公元前677年，楚文王薨落。息夫人把心思都放在了国事上，她倾力辅佐太子熊恽，为振兴楚国做了不少工作。

四

最有心计的色鬼，非楚国大夫申公巫臣莫属。

话说楚庄王占领陈国后，为夏姬的美貌倾倒，一心想将她纳为妾室。

早就对夏姬垂涎三尺的大臣申公巫臣跳出来劝阻说：“讨伐夏徵舒本是正义之举，如果纳夏姬为妃，就会让人怀疑主公当初发兵的动机。打着正义之师的旗号来满足自己的私欲，以后还怎么号令天下呢？《周书》上说，‘明德慎罚’，请君王好好考虑一下吧！”

这个理由的确够高大上的了，楚庄王立刻偃旗息鼓，改变主意，表示“左抱郑姬，右抱越女”的事情早就成为历史了，自己现在日思夜想的是攻城略地、开疆拓土，带领楚国囊括四海、并吞八荒。

“大王真乃明君，呵呵……”

不及申公巫臣笑出声，司马子反走上前向楚庄王请求说：“既然如此，不如将这女人赏赐给微臣吧。”

申公巫臣这下惊得不轻，脑壳上都冒出汗珠来了，幸亏他反应快，要不然真让子反这小子给钻了空子了。

“这女人是个灾星，子蛮、陈灵公、夏御叔、孔宁、仪行父……你算算，她祸害了多少男人？我说子反呀，你一个领兵打仗的将军，找这么个灾星老婆放在家中，不是自掘坟墓是什么？”

子反被忽悠得不轻，哪儿还敢再坚持。

好不容易将这两个人都搞定，申公巫臣总算长吁了一口气。按照他的设想，下一步，夏姬应该被遣送回国。然后嘛，就只能呵呵了！

可是，事有凑巧，一个名叫襄老的下级军官连尹，就是弓箭队队长之类的，不久前死了老婆，楚庄王同情下属，说：“既然没有人要，干脆就赐给襄老吧！”

大人物怕不祥，一介武夫却并不怕这个，连尹襄老连谢带笑地领着夏姬走了，气得申公巫臣恨得直翻白眼。

可是，连尹襄老的艳福实在是太浅了。过了没多久，襄老就在晋楚邲之役中战死，连尸首都没有找到。

这使申公巫臣大喜过望，赶紧派人给夏姬传话说：“你暂且先回娘家去住吧，我这就聘你为妻。”

随即，申公巫臣指使人从郑国召夏姬回国，同时让郑国人传话给楚国：“夏姬丈夫襄老的尸体可以还给你们。不过，须夏姬亲自来接。”夏姬依计向楚庄王请求回楚国迎尸。申公巫臣又跑去做楚庄王的工作，终于促成此行。

公元前589年，晋伐齐，齐国大败，向楚国求援，楚共王派申公巫臣出使齐国。申公巫臣借机绕道郑国，把夏姬的事情也给办了，带着她逃到了晋国。从公元前598年楚国攻破陈国到公元前589年，时间不觉已过去了十年，处心积虑的申公巫臣终于如愿以偿抱得美人归，了却了一桩心事。比起头脑简单的蔡哀侯，申公巫臣的求欢之路虽然曲折漫长，但其效果却要好很多。

申公巫臣跑是跑了，可是跑得了和尚跑不了庙。他的家人可就遭殃了。如梦初醒的子反此刻才意识到上大当啦，请求主子为他出这口恶气。这时，楚庄王也已经过世两年多了，继任的楚共王念及申公巫臣侍奉先君多年，表示不予深究，要不然，可真够他喝一壶的了。但是，气急败坏的子反还是联手子重，黑了申公巫臣全家。

公元前584年，为了报复楚国，申公巫臣借代表晋国出使吴国的机会，教给吴国用兵之术和车战之法，并让他的儿子出任吴国的行人之官，亲手为自己的母国培植了一个强大的死敌。

为了一个女人，连自己的国家都可以背叛，申公巫臣楚奸的名分算是坐实了。也许，有人会将罪责归结在夏姬身上。但是，不要忘了，夏姬也好，宣姜也好，息夫人也好，她们在男人们眼里不过是泄欲的工具罢了，根本掌控不了自己的命运。一句话：是万恶的制度坑害了她们，不是她们坑害了那些国君。

晋文公重耳和他的女人们

一

每个成功的男人背后都站着一位伟大的女人！

你看，黄帝有西陵氏之女嫘祖，越王勾践身后有以身许国的西施，康熙的身后有他的祖母孝庄。在晋文公重耳的身后则站着不止一位伟大的女性。

这第一个女人便是咎如女子。

话说晋公子重耳在逃出晋国后，带着他的五位铁杆哥们儿和数十位粉丝来到了他母亲的国家狄国。这时重耳已经四十三岁，然而血浓于水，舅家对这个落魄的大龄青年那是真的好，他们动员全城人抵抗住了晋国对屈城的疯狂进攻。这还不说，狄国讨伐咎如，俘获两位年轻美貌女子，见重耳一行人出门连家属都没有带，就把年长的嫁给重耳，年少的嫁给赵衰。咎如女子跟重耳的感情非常好，为他生下了伯儵[1]和叔刘两个孩子。

重耳在狄国的第五年，晋献公去世了，里克杀死奚齐、悼子，派人迎接重耳回国。其时，政局动荡，重耳害怕被杀，坚辞不回。后来，重耳的弟弟夷吾在秦穆公的护送下回国即位，这就是晋惠公。公元前644年，晋惠公害怕重耳打回晋国，派履鞮带人去刺杀重耳。重耳得到消息，决定到齐国去辅佐齐桓公。

---

①儵：tiáo，同鲦。

临行前，重耳对妻子说："等我二十五年，二十五年后我若是还不回来，你就改嫁吧！"

妻子笑着回答说："等你二十五年，只怕我坟头上的柏树都长大了。话虽如此说，我还是愿意等你。"

你看，这咎如女子多重情义。

重耳在狄国总共居住了十二年才离开。

二

第二个女人是齐女。

重耳到了齐国，齐桓公不但厚礼招待他，还把宗室之女子许配给他为妻，并送给他二十辆驷马高车，让他在齐国安家。重耳在齐国生活得很幸福很满足，一张小脸蛋上整日飘扬着云彩，丝毫看不出来是个避难的。

两年后，齐桓公去世，竖刀作乱。齐孝公即位后，诸侯军队多次前来侵犯。但是，因为喜爱齐女，重耳在齐国滞留了五年，仍然没有离开的意思。有一天，赵衰、咎犯①在一棵桑树下谋划回国大计。恰巧他们的谈话被重耳妻子的侍女听到了，侍女告诉齐女。齐女遂杀死侍女，劝告重耳赶快离开齐国。

可是，身陷温柔富贵乡的重耳已然忘记肩上的重任并对老婆说："人生不就是为了享乐，我有幸得到了这一切，哪里还管得了那么多呢？老婆老婆我爱你，就像老鼠爱大米，我一定要终老齐国，绝不离去！"

齐女说："你是一国公子，走投无路才来到这里，这些随从将生命都托付给了你。你不赶快回国，报答劳苦的臣子，却贪恋女色，我为你感到羞耻。况且，你已经一把年纪了，再不谋求回国，什么时候才能成功呢？"

重耳仍然不听。

齐女没法，就和赵衰等人合计，灌醉重耳，将他拖上马车，带离了齐都。走了好长时间，重耳酒醒，大怒，挥戈要杀咎犯。

---

①咎犯：即狐偃，晋文公重耳的舅舅。约生于公元前715年，卒于公元前629年。亦称子犯、舅犯、臼犯、狐子等。

咎犯说："杀死我，成就你，这是我一贯的心愿。"

重耳说："如果大事不成，我就生吞活剥了舅舅！"

咎犯说："大事不成，我的肉又腥又臊，怎么能吃？晋国的好肉多的是，有本事，你自己去拿！"

重耳无奈，只好继续前行。

较之咎如女子，齐女更温柔，也更深明大义。

三

第三个女人是秦女。

重耳由齐国先后来到了曹国、宋国与郑国，都没有受到礼遇，最后辗转来到了楚国，楚成王隆重地接待了他。不久，公子圉从秦国逃跑了，秦国前来邀请重耳。楚成王不想招惹秦国，就以秦君贤明，而且秦国距离晋国更近为由，将重耳推给了秦国。

重耳来到秦国后，秦穆公把宗室的五个女子嫁给重耳。这其中，包括自己最宠爱的女儿、原公子圉的妻子怀嬴。

公元前637年九月，晋惠公去世，公子圉即位。十一月，晋国安葬了晋惠公。十二月，晋国大夫栾枝、郤谷等人暗中联系上了重耳。晋国国内愿做内应的人很多，秦穆公于是发兵护送重耳回国。在外逃亡了十九年，已经六十二岁高龄的重耳终于如愿以偿做了晋国国君。他就是晋文公。

秦女怀嬴在嫁给重耳后改名叫文嬴，也很贤惠。先前，公子圉想带她逃回晋国，她就说过这样的话："你是一国太子，现在困辱在此，秦国让我侍奉你，为的是稳住你。你逃走吧，我不会拖累你，更不会声张！"

秦女不但通情达理，更重要的是，她后面站的是秦穆公。秦穆公这个后台老板可是够硬的了，他不仅护送重耳回国即位，帮助他平息了吕省、郤芮等人的叛乱，还送给他三千卫士，以防备晋国人反叛。这可比齐桓公送给他安家费实惠多了。难怪重耳和赵衰对秦穆公感激涕零道："孤臣之仰君，如百谷之望时雨！"

晋文公重耳身后的这些女性美丽纯洁、聪慧善良，她们让重耳落魄失意的流亡生活变得绚丽、富有，更加令人耐人回味！

汉高祖刘邦身边的女人们

一

女人于男人而言就好比是一面镜子。

谈刘邦，总免不了要谈到他身边的女人。谈刘邦不谈女人，就好比谈明星避而不谈绯闻，谈土豪避而不谈小三，难免让人索然寡味。

刘邦乃人中豪杰，事业有成，艳遇满满，脱离开女人谈刘邦，成何体统？

纵观史书，刘邦最不缺的就是女人。他的女人有明媒正娶的，也有露水夫妻；有丫鬟侍妾，也有后宫佳丽；有目不识丁的平民百姓，也有像戚姬一样杰出的艺术人才。

可以这样说，不论是在平常岁月，还是在战火纷飞的年代，刘邦的身边一直都有女人如影相随。刘邦本人对好色这一点也从不避讳，甚或当着客人、臣子的面，他也常会弄出一些花边新闻来。

然而，关于刘邦和他的女人，今天我们却还是有两个说不清：一是刘邦的第一个女人到底是谁，说不清；二是除过曹氏、吕雉、戚姬、薄姬等这些有名有姓的女性之外，刘邦还有过多少个女人，说不清。

要说，这两个问题本不应成为问题。按照惯例，在动手写传记之前，首先应该交代清楚时代背景，紧接着是介绍基本情况，诸如生辰、籍贯、家庭人口、耕地面积、年人均纯收入、主要成就等。作为一部合格的史书，《史记》

最起码应该交代清楚刘邦的妻妾与妃嫔数量，这是常识问题。

可是，担任写作任务的司马迁粗枝大叶惯了，他拿着国家的薪酬，使用着单位的图书、笔墨和刀札干私活不说，还置文体格式于不顾，一门心思只想着青史留名，一厢情愿地用散文笔法来书写历史，结果将史书写成了“四不像”。

所以说，今天我们搞不清楚大汉天子刘邦的个人情况，责任全在司马迁，大家要怪都去怪他好了。不愿意怪他的，就跟着我一同来胡乱猜测。

二

根据史书记载，我们大体可以做出这样的推测。刘邦在同吕雉结婚之前，最少应该有过两三个女人。

她们可分作两类：一类是王媪、武负这样的个体工商户，家境富裕，为了爱情甘愿管吃管喝；一类是曹氏这样质朴善良，能与之相依为命的准妻子。

王媪、武负的事情前面已经介绍过了，这里重点谈下曹氏。曹氏出身市井里弄，性格直爽、泼辣，上得了厅堂，下得了厨房，除过说话粗了点儿，办事不大讲究分寸外，实在挑不出什么大毛病。

要说当时刘邦的条件也不怎么好。他和曹氏一样出身平民，距离款爷尚有很大差距。更何况，他放浪形骸，一身的坏毛病。单就自身条件来讲，这两人坏笤帚对烂簸箕，绝对是天造地设的一对。可是自始至终，曹氏连一个妻子的名分都没有捞到。

说刘邦不喜爱曹氏，这显然说不通。刘邦要是不喜欢曹氏，怎么可能与她患难与共？刘邦要是不深爱着曹氏，怎么可能在当皇帝之后，还对她念念不忘？刘邦要是不怀念曹氏，怎么可能将富庶的齐地分封给刘肥？

要知道，齐国辖七十座城池，可是汉初第一大国。只能说，刘邦这个人很理性，将感情和事业分得很开。在他的心里，情妇只是生活的一部分，因而情妇可以凑合，可以卑俗，但妻子却绝不可以凑合，不可以卑俗。因为妻子还有可能是事业的一部分。一个是多多益善，一个是宁缺毋滥。

在宁可空缺、绝不凑合的指导思想之下，曹氏的身份自然只能也只得是情妇。也正是由于这个缘故，刘肥最终被定性为庶出。庶出的，说得好听点，是妾生的；说难听一点，跟私生子差不多，其地位与嫡子有着云泥之别。更何况，曹氏连侧室都不是，亲生母亲身份不明不白，连带刘肥也不明不白，尽管是长子，却最终连太子的名分也没有捞着。刘邦倒是时常想废黜刘盈的太子之位，可是，他想另行册封的对象却并非刘肥，而是赵王如意。在刘邦死后，刘肥为了活命，将城阳郡献给鲁元公主作为收取赋税的私邑，并违背礼制尊称自己这个被贬谪的异母妹为王太后，这才保住一条性命。真是可怜了这母子俩。

三

刘邦同吕雉结婚之后，他的女人就更多了。这是因为，在几年之后的公元前209年，四十八岁的刘邦迎来了他人生的重大转机，他被一群胆小怕事、害怕负责任的人拥立为沛公，之后又当上了汉王与皇帝。为王为侯，就等于是为幸福生活颁发了许可证，我们只能抓重点，捡具有代表性的来说。

第一位代表是戚姬。

戚姬者，名懿，下邳（今江苏邳州）人。戚夫人擅长鼓瑟与击筑，善跳翘袖折腰舞，是西汉初年著名的舞蹈家。她表演的《出塞》《入塞》《望归》等节目规模宏大，有数百名宫女伴唱。每每这个时候，后宫一片笙歌，声音直入云霄，但见戚夫人两只彩袖凌空飞旋，娇躯旋转，有如一枚树叶在空中翻转。刘邦非常宠爱戚夫人，喜欢拥着她击筑悲歌。歌毕，每每泣下沾襟。可是，在刘邦死后，戚夫人的儿子被人毒死，她自己被砍断手脚，挖去双眼，熏聋双耳，灌下哑药，扔到厕所里做成了人彘。

戚夫人的不幸还在于，刘邦对她的“爱幸”到底是性还是爱。

按照《史记·吕太后本纪》的说法，戚夫人经常跟随刘邦到关外去巡游视察。每次跟随刘邦出来，极度缺乏安全感的戚姬总是日夜啼哭，撺掇刘邦废黜太子，册立自己的儿子。刘如意有好几次险些取代太子。但是，由于大臣们的极力诤谏，以及留侯张良的计策，太子刘盈才没有被废掉。问题是刘邦要真铁了心册立刘如意为太子，张良等人又如何阻拦得住？刘邦是谁，那可是深谋远虑的超级玩家。“希见上，益疏”的吕太后照样能在刘邦临死前询问身后事，仅凭这一点就能看得出来，吕后与戚姬在刘邦的心里孰轻孰重？戚姬只不过是刘邦生命中的过客而已，刘邦怎能因为她而坏了国家大计？“羽翼已成兮，横绝四海。横绝四海兮，当可奈何！”这样的歌词只能哄骗女孩子的泪水。

第二位代表是薄姬。

薄姬是个苦孩子。她在很小的时候就死了父亲，跟着母亲魏媪艰难度日。魏媪的心气很高，一心想让女儿嫁个成功男人。时值秦末，各地义军揭竿而起，魏豹自立为魏王，魏媪将薄姬送入魏王宫中。魏媪曾经找相面大师许负为薄姬算了一卦，大师说薄姬能生下天子，魏豹对她自是万般疼爱。谁承想，魏国被韩信所灭，薄姬等人作为罪妇被送入织室，沦为奴隶。后来，魏豹在荥阳城被周苛不明不白地杀掉，薄姬得到了刘邦的短暂临幸。在刘邦的眼里，她连宫女都不如，只是一个泄欲工具。有许多人说，刘邦之于薄姬是一夜之幸。然而，不管是一夜也好，还是几夜、几月也好，都是短暂的。从那之后，薄姬与刘邦不再有交集，她仿佛被遗忘了似的，就连她的孩子都不知是刘邦的还是魏豹的。当然了，这个孩子理所当然地被记在了刘邦的名下，取名刘恒。魏豹曾经设想过一千种结果，却没有想到，结局是他必须先出局，这让他的投降变得毫无意义！

有了孩子固然是好事情，可问题是薄姬生活在宫廷里面，不管你愿意不愿意，都会被别人视为潜在的威胁。自然而然，薄姬更加不招人待见。谨慎、忍让、低调，在薄姬的人生字典里已然只剩下了这些字眼。刘邦在死前一年平定了代地的叛乱，或许是良心发现，他顺手将八岁的刘恒册封到代地为王。刘邦死后，薄姬得到了吕后的特别恩遇，被送往刘恒的封地，实打实地做起了代王太后。更为滑稽的是，吕后死后，代王刘恒被群臣拥立为皇帝，薄姬破天荒地成了皇太后。

薄太后母仪天下，受人敬仰，美名流传千世。唯一让人感到遗憾的是，她的儿子汉文帝竟先于她两年离开了人世①。虽然这位母亲的人生是那样的坎坷与不幸，但是，与戚姬的短暂热闹相比，她的结局要好很多。

第三位代表是吕后。

吕后小刘邦十五岁。不知道是公元前 223 年还是公元前 213 年，三十三岁（也有可能是四十三岁）的刘邦，与十八岁（抑或是二十八岁）的吕雉结为伉俪。这在时兴老夫少妻的古代是再平常不过的事情了，但他们的结合却被炒得神乎其神。为刘邦的脸面考虑起见，我一直不愿意相信这件事发生在刘邦四十岁之后，因为如果是那样的话，就连“炒作”的资本都没有了。试想想，两个人，一个是光棍，一个是剩女，这在今天也是见怪不怪，更何况是在女子出嫁年龄很小的古代。但是，史书上就那么堂而皇之地写了，你能有什么脾气？

四

当然了，这些都不是问题的要害所在。问题的关键是，吕后到底是怎样一个人？

几乎所有的人都认为吕后是中国历史上著名的野心家，《史记·吕太后本纪》更是为我们刻意塑造了一个嗜权如命、阴险毒辣的弄权女主形象。然而掩卷而思，我的心里却生出些许的不平。且不说吕后的抱负、韬略与功绩是何等伟大，即便是作为一个普通人来说，吕后也非常之可怜。

一可怜，吕后虽享有万乘之尊，功成名就，无限风光，可是到头来却连族人也保全不了。辛劳一生的吕后落得如此下场，实在让人喟叹不已。

二可怜，吕后纵然心胸狭窄，容不下戚姬、少帝与赵王等人，但她的嫉恨与愤怒仍然是有限度的。我们大概忘了吕后同时还是一个有着七情六欲的女人，比起桀纣那些帝王，她做得已经相当不错了。

三可怜，重用诸吕本没有什么大错。在“家天下”的社会体制下，任人唯亲始终都无法禁绝，我们又有什么理由要求吕后大公无私呢？错在我们大家，天下不是刘家的，我们却先入为主，将它看成是刘家的了；错在刘邦不是项

①汉文帝刘恒，生于公元前 202 年，卒于公元前 157 年。薄姬卒于公元前 155 年。

羽，项羽可以大封天下，刘邦却与大臣有白马之盟："非刘氏而王，天下共击之！"

四可怜，历史是由胜利者书写的。说吕后阴险狡诈，为什么她却独独对代王示好，要将他从偏远的代地迁到赵地为王呢？而代王就是后来被大臣们选中，以孝闻名天下的汉文帝，难道说这只是机缘巧合吗？

我看还是司马迁的评价比较公允：高后以女主身份代行皇帝职权，施政不出门户，天下却也太平无事。她极少施用刑罚，犯罪的人也很少，百姓专心从事农耕，衣食也逐渐富足起来了。

既然司马迁是这个态度，他为啥却要从截然不同的角度来写作《史记·吕太后本纪》呢？难不成今天我们看到的这一篇本纪是经东汉政府删节和续补过的？我看极有可能！如果《史记·吕太后本纪》不这样写，诛杀诸吕岂不成了笑柄！顺带说一句，《史记·吕太后本纪》里面的"戚姬幸，常从上之关东，日夜啼泣，欲立其子代太子"之"日夜啼泣"也极有可能不是日夜啼哭，而是戚姬在击筑悲歌。

总而言之，在刘邦与上述四个女人的关系中，曹氏有实无名，戚姬有名无实，薄姬名实俱无。尽管只有吕后有名有实，但是她仍然是一个悲剧。

张良的失败

一

张良是韩国遗少。

在中国历史上，几乎每个朝代的灭亡都会造就一批遗民。

但是，真正能够得到后世认同的却只有宋、明灭亡时的那些坚守者。这却是为何？因为宋与明亡的不单是国，亡的还是天下。

大凡亡国者的心态无外乎三种：一种是留恋，一种是不齿，一种是麻木不仁。其区别仅在于哪一个更多，哪一个更少。但是，亡天下却只有悲哀。

这两个朝代值得人们怀念吗？如果说，宋亡时还有人愿意为它殉葬，可是，等到明亡时，它的子民对它已经漠不关心。在他们看来，刚刚离去的那个朝代皇帝昏庸，奸臣当道，朝政腐败，它根本就不值得留恋。

但是，宋和明可以亡，天下却不能丢！

张良那时候就面对着这样的无奈。

是韩国没有人才吗？韩国有一个韩非却得不到重用。而反观秦国，又有多少人才是他们自己的？百里奚、李斯是楚国的，商鞅是卫国的，范雎、张仪是魏国的。是韩国军队战斗力差吗？韩国是兵器出口大国，盛产强弓劲弩，曾经兼并了春秋小霸郑国，有道是："春秋战争之多者莫如郑，战国战争之多者莫如韩。”可是，韩国还是在山东六国中第一个被秦国所灭。

六国灭亡了，历史已经回不到昨天，但张良还是义无反顾地选择了复韩。

二

原因很简单，张良对韩国有着深厚的感情。

张良的祖父张开地是辅佐了韩昭侯、韩宣惠王、韩襄哀王的三朝相国，父亲张平是韩釐王与韩悼惠王的两朝丞相。公元前250年，张良的父亲张平死了。张平死后二十年，韩国便灰飞烟灭。

韩国灭亡时，张良家里仍然很富有，光仆从就有三百人。

恰巧张良的弟弟在这个时候死了，张良也不安葬弟弟，而是将全部家财用于寻求刺客刺杀秦王，为韩国报仇。张良找到一个大力士，给他打制了一柄重达一百二十斤重的大铁锤。

秦始皇到东方巡游，张良与大力士在博浪沙袭击秦始皇，误中了副车。秦始皇大怒，在全国各地大肆搜捕，缉拿刺客。于是张良隐姓埋名，逃到下邳躲藏起来。

许多人说，张良刺秦，是因为韩国的灭亡使他失去了继承父业的机会。

此言差矣！韩国灭亡时，张良少说也二十多岁了，他没能做上官，与秦始皇并无多大关系。怪只怪韩王不识货，怪他的父亲张平死得太早。

再说了，丞相的职位怎么就非得是你张良家的呢？只有一点是真的，韩国灭亡了，张良家显赫荣耀的地位从此不复存在，血气方刚的张良因为“大父、父五世相韩”，把账都记在了秦始皇的头上。

这是张良刺秦的思想基础。

当然了，张良散尽家资，行刺秦王的行为的确令人敬佩。

但是，若要说是豪侠则有点儿言过其实。难不成秦统一六国是倒退，而我们又都是鼓励分裂？试想一下，要不是六国遗民均不约而同地选择了与强秦作对，要不是秦王朝是那么的短命，而儒生们因为所谓的“焚书坑儒”怀恨在心的话，张良岂不成了现行反革命？我们还是把这件事情只当作一个故事来读，不带感情色彩为好。

这是张良刺秦之失败，或者说是任侠之侥幸成功。

三

公元前209年，陈胜、吴广起兵反秦，张良也拉了一百多号人马。张良听说景驹在留县自立为代楚王，便前去投奔他，走到半道上遇见了刘邦，于是两人合兵一处。张良感觉刘邦是块成大事的料，就放弃去见景驹，归附了刘邦。

刘邦拜张良为厩将。厩将到底是啥职位？想必不是什么大官。因为封给他官职的刘邦当时也只是个小角色。

到达薛地之后，项梁拥立楚怀王，张良趁机劝说项梁扶立韩国公子横阳君韩成为韩王。项梁任命张良为韩国司徒，随韩王率领一千多人向西攻取韩国原有的土地。他们每夺取一座城邑，秦军随即又会夺了回去，连夺几城都是如此。战争打成了拉锯战，韩军站不稳脚跟，只好在颍川一带往来游击作战。刘邦由洛阳向南穿过轘辕山时，张良率军跟从刘邦接连攻下韩地的十余座城邑，击败了杨熊的军队。刘邦遂命韩王成留守阳翟，自己则带领张良一起南下攻打宛县，向西进入武关。

这件事的影响是深远的。项羽入关后分封天下，韩王成因为没有军功，又因为项羽记恨他允许张良跟随刘邦的缘故，不让韩王到封国去，将他贬为侯，杀死在彭城。张良抄小路逃回到了刘邦那里。

这是张良兴韩理想之失败。

四

应该说，兴韩失败与张良自身不无关系。韩王成是老项家扶立的，可是，张良因为知遇之恩，一心只是想跟着刘邦混；项梁任命张良为韩国司徒，辅佐韩王。可是，韩军连颍川也没有搞定。在刘邦帮忙平定韩地之后，张良干脆抛下韩王，跟随刘邦入关去了。幸而张良及时将兴韩目标调整为灭秦，要不然，他会真的成为豫让第二。

那么，又是什么原因让张良死心塌地追随刘邦呢？

因为张良觉得刘邦是“天授之才”，比别人更懂他，经常采用他的计策，而他对其他人谈兵法，则如对牛弹琴；还因为大家公认刘邦仁厚。当初，楚怀王与诸将订立盟约，谁先平定关中，谁就可以做关中王。然而，诸将因为秦军还很强大，对入关并不感兴趣，只有项羽愿意与刘邦一同西进。许多老将在楚怀王面前百般阻挠，理由是刘邦派忠厚老实，项羽生性残暴。

随着战事的深入，张良应该不难意识到，无论是秦始皇、项羽，还是后来的刘邦，他们都不会将天下拱手让给别人，历史的潮流已经不可逆转。可以这样说，这时候的张良已经放弃兴韩理想，转而去追求明君了。

五

张良在追随刘邦之后，设计击败峣关秦军，帮助刘邦暗度陈仓，争取黥布、彭越，笼络韩信，进而灭掉了强大的项羽，表现出了非凡的政治远见和高超谋略。然而，当刘邦封赏功臣，让张良自己从齐国任意挑选三万户作为封邑时，张良竟然“不敢当三万户”，屈身受封为留侯。

我们且听一听张良是怎么说的：“当初我在下邳起事，与陛下在留县相会，这是上天把我托付给了陛下。陛下采用我的计谋，所幸有时还能奏效，只要能封在留县，我就很满意了，不敢奢求三万户。”

“幸而时中”，你看，张良说得多谦虚。

与其说，他是淡泊名利，倒不如说，是此时的张良早就看清了宽大长者刘邦的本来面目。张良内心清楚，无论是刘邦，还是其他的任何帝王，其本质都是一样的。兔死狗烹，鸟尽弓藏，实则在所难免。

这是张良追求仁君希望之失败。

六

刘邦入都关中，天下初定。但是，看清了统治阶级本来面目的张良早已心灰意冷，他称病杜门，行道引辟谷之术。即便是在刘邦试图改立太子，汉王朝面临重大政治危机之际，张良也以疏不间亲为由，不愿出手干预。最后还是在建成侯吕释之①的胁迫下，勉强为吕后出谋划策，保住了刘盈的太子之位。

张良宣称："我家世代为韩相，韩国灭亡后，不惜万金家财替韩国向强秦报仇，天下为之震动。如今凭借三寸之舌成为帝师，封食邑万户，位居列侯，这是一个平民所能达到的极限，我已经很知足了。我愿抛却人间万事，跟随赤松子去遨游。"

赤松子是谁？

秦汉传说中的上古仙人！好好的谋臣不做了，却愿意追随神仙去漫游，这该是何等的无奈呀！

由谋国沦为谋身，这是张良谋臣信念之失败。

然而，正因为有此四败，张良的人生才更显悲壮！

①《史记·留侯世家》错记为"吕泽"。吕泽在汉高祖八年（前199）已经去世。

竖子陈平

一

陈平打小就不是东西。

陈平是河南阳武县人，小时候家里穷，与哥哥陈伯一家人生活在一起。这兄弟俩分工很明确，弟弟外出游学，哥哥在家种田。甭指望陈平能为兄长搭把手，因为这小子打心眼里看不起劳动人民，他“不视家生产”，对家人的艰辛完全视而不见。偏偏陈平又长得人高马大，这样的好身板不劳动实在有点儿可惜，周围人看不惯便嘲笑他说：“家里穷得叮当响，你小子吃了什么东西，竟然肥成这样?”陈平的嫂子记恨陈平不务正业，抱怨说：“还能吃什么？不过吃糠咽菜罢了。有这样的小叔子，还不如没有的好！”

陈伯听到这些话，竟把妻子赶出家门，一纸休书就弃了她。

诸位可不要小瞧这件事情。大家想想，陈平的嫂子是个妇道人家，看不惯陈平的所作所为，说几句抱怨的话，实属人之常情。

可悲的是陈伯竟然认真了，而陈平作为一个自命不凡的知识分子，似乎并不认为陈伯的做法过激，既未阻挠，也没有表现出多少内疚。陈平在这件事的处理上多少有些不够光明磊落。

陈平不是东西，还表现在他善于投机上。你说，陈平好歹也算是个读书人吧，而且是专攻素有“净心学”之称的黄老之术的。可是，这小子竟然没有一点儿士子风度，也没有一点儿读书人的样子，一味追名逐利，即便是在娶妻这样的大事上也是如此。他的主修课程看上去更像是厚黑学和公共关系学。

话说陈平到了该娶媳妇的年龄，书没念下啥名堂，钱也没攒下，有钱人家没有谁肯把女儿嫁给他这样一个穷光蛋兼二流子，而穷人家的女子，陈平又看不上，因而他就成了名副其实的剩男。只说户牖有个富户叫张负，他有个孙女婚姻很不幸，前后嫁了五次人，每次过门不久，丈夫就死了，乡里没有人敢娶她，陈平却想得到她。一次乡邑中办丧事，张负特别留意陈平，陈平也很想获得张负的好感，两人一拍即合。张负不但说服儿子将孙女嫁给陈平，还借给陈平置办聘礼和酒席的钱，让他迎娶孙女。陈平娶了张家女子后如鱼得水，资用日益宽裕，交游也愈来愈广。

二

陈平怕担当。

从娶妻中尝到甜头的陈平，在投机上一发而不可收。陈涉起兵后，陈平辞别哥哥陈伯，投奔到魏王咎麾下。魏王任命他为太仆。陈平向魏王献计，魏王不听，遂又转投项羽。项羽赐给陈平卿一级的爵位。

项羽东归后，汉王回军平定三秦，向东进军，殷王司马卬乘机反叛。项羽封陈平为信武君，让他前去平叛。陈平降服殷王后回军，项王拜陈平为都尉，赏金二十镒①。没过多久，汉王又攻占了殷地。项羽大怒，准备杀掉上次平定殷地的将官。陈平害怕被杀，把项王赏赐给他的金子和官印包封起来，派使者送还项王，只身带着把剑，抄小路逃走，最后逃至修武投奔了汉军。

刘邦和陈平很谈得拢，破例任命陈平为都尉，让他做自己的参乘，监护三军。众将不服，纷纷在背地里说陈平的坏话。大家说得神乎其神，连一向不相信风言风语的刘邦都对陈平产生了怀疑，召他来责问道：“先生事魏不成，事楚半道离去，如今又来跟从我，讲信义的人难道可以这样三心二意吗?”

因为有着多年厚黑学的实践经验，又有魏无知的力挺，这样没分量的训话

①镒：古代重量单位，合二十两（一说二十四两）。

自然被陈平轻而易举化解。刘邦不但没有处分陈平，还向陈平表示歉意，重重赏赐了他，提升他为护军中尉，监督全体将领。

事情果真像陈平说的那样吗？非也！

项羽其实待陈平不薄。项羽入关后赐给陈平卿一级的爵位，这个官位比他在魏王手下做的掌管舆马畜牧之事的太仆可要大多了。后来，项羽又封陈平为信武君，拜为都尉，赏金二十镒。

项羽的错误在于高估了陈平的能力。陈平是个谋臣，可是，项羽却错用他为将。好在陈平有自知之明，知道自己不是刘邦等人的对手，若是待在殷地只怕迟早会身首异处，所以一降服殷王就急急忙忙回去复命。陈平这么做，完全是出于投机考虑。这足以说明陈平不是个好公务员，至少不是个敢于负责的人。而一听到项羽发怒，准备杀掉先前平定殷地的将官，就脚底板儿抹油——溜了。陈平降汉其实只是为了自保，只不过歪打正着，刘邦得了天下，便成了投奔明主。至于挂印封金，更不能说明陈平人格有多么高尚，而是他深知离开了楚国，项王的官印便一文不值。金倒是有些用处，可惜陈平没有顺走它的胆子，把项羽给惹急了，他陈平能有好果子吃？

三

陈平在人格上有污点。

陈平最受人诟病之处莫过于“盗嫂受金”了。关于盗嫂这事，推荐他的魏无知没有正面回答，而刘邦是如何责问陈平的，史书上亦无详细记载。但是，从陈平能直言自己受金这件事看，刘邦在问话时多半提及了。可是你想，盗嫂这事毕竟不是什么光彩的事，有与无，史书均不好直书，还是避开为妙。而这件事又绝非是靠推论能够解决的，所以暂且挂起。

对受金一事，陈平则供认不讳。他说：“我空身而来，不接受别人的钱财，便没有办事的费用。如若我的计谋有可以采纳的，愿大王采纳；假若没有值得采纳的，我收的钱财都还在，请大王放我一条生路，允许我交出钱财，辞官回家。”

瞧瞧，“不受金无以为资”，够坦诚、够无辜、够大言不惭的了吧！敢于将私底下的勾当摆到桌面上，而且言之凿凿，一点儿也不感到内疚和难为情，足见陈平厚黑学修炼得有多么到家。陈平堪称是收受贿赂的开山鼻祖。

在此，我们不妨再探究一下，陈平要这些资用，做何用处？陈平身为汉军都尉，一不用买房，二不用买车，吃穿住不愁，他还有哪些地方需要使钱呢？我想了很久，需要用钱的地方确实不多。直到后来，我在读到“夜出女子两千人”时，终于茅塞顿开，忽然间想明白了。将黄老之术研究到这个地步，足见陈平悟性有多高。而刘邦也很够哥们儿意思，只要你陈平不对刘大哥三心二意就行，你不是需要资用吗？大哥给你换个美差，护军中尉。这回，你陈平就可以放心地收受所有将领的贿赂了！把腐败事业搞得光明正大、轰轰烈烈、“义薄云天”的，自古以来怕只有陈平了！

四

陈平长于阴谋。

陈平最让人不可理喻的，当属他的那些所谓的计谋。这才是最主要，也是最致命的。

陈平在紧要关头共为刘邦献了六条妙计：反间钟离昧、离间范项关系、荥阳突围、计赚韩信、白登解围、征讨陈豨等。其中，反间钟离昧与离间范项关系用的是黄金，荥阳突围靠的是女子，这些均非君子所能为。计赚韩信则利用的是人臣的忠诚，这足以说明陈平没有做人的底线，关键时刻总会站在强者和对自己最为有利的一面，毫不顾及战友情、同志情，谁都敢坑。如果将此事与其后逮捕樊哙一事合起来看，那么，陈平畏惧强权，看人下菜，唯求避祸的心理便暴露无遗。至于白登解围、征讨陈豨，那就更不用说了，因为那些计谋根本上不了台面，连一向厚脸皮的刘邦都没有勇气往出说，而司马迁在写作《史记》时，为了维护大汉朝的脸面，也只能用“用其奇计策”“其计秘，世莫得闻”“奇计或颇秘，世莫能闻”等词语，一笔带过。

与张良、韩信等人的阳谋相比，陈平似乎更喜欢研究人性的阴暗面，利用人性的弱点战胜对手。他的那些所谓奇谋妙计，充其量只能算作是阴谋诡计。

连陈平自己都承认："我使用了很多诡秘的计谋，这是道家所禁忌的。我的后代如果被废黜爵位，就不会再兴起，因为我暗中积下了很多祸因。"

现在，我们该知道为何魏王不用其说，项王不信其人了吧！魏王、项羽这些人都是贵族，是君子，他们怎屑于不择手段，使用诈谋奇计呢？说到底，还是刘邦合陈平的胃口，这两个人一个是大行不拘小节，一个则接近于渣男，正所谓气味相投。当然了，陈平投靠刘邦，除了那些明面上的理由，恐怕还得加上一条：陈平在项王那里混得不如意，过得不开心。不是吗？对于一个一到汉营就"受金"的人，在离开项羽阵营时二十镒金还分文未动，你能说他活得很开心？

刘邦死后，陈平不理政务，每天只顾饮酒作乐。他依照张辟疆的计谋，迎合吕太后，请求拜吕太后的三个侄儿吕公、吕产、吕禄为将军，以求避祸。

在吕太后召集大臣商议时，右丞相王陵坚决反对，而作为左丞相的陈平竟然很识时务地与周勃等人扭成一股并讨好吕后说："高帝平定天下，封刘氏子弟为王；如今太后代行天子之职，封吕氏诸兄弟为王，没有什么不可以的。"为分封吕氏找到了理论依据。

幸运的是，吕后并未活太久，在刘邦死后十五年，吕后便追随他而去。吕后死后，诸吕失去了主心骨。而在革命阵营中，不但有富于斗争经验的老干部，还有朱虚侯刘章这样的生力军，陈平遂又和周勃合谋，诛灭了诸吕。

做人做到如此地步，焉能放过奚落周勃的大好机会。"你身居相位，还不知其责吗？再说了，陛下若是问起长安城中有多少盗贼，你也要勉强凑数来回答吗？"这话是一个左丞相可以对右丞相讲的吗？

我们只能说，陈平是一个非常现实的人，他完全没有是非观，不会为所谓的信仰、主义和真理而奋斗，支配他行动的只有利益。

与"汉初三杰"——张良、萧何、韩信相比，同为大汉开国功臣的陈平不论是在人品，还是在能力上，都差了一个档次。如果用一句话总结陈平，这就是：大汉丞相陈平是我国厚黑学与公共关系学的开山鼻祖，阴谋界的超级大师，古今以来所有行贿、受贿人员中的顶尖高手。

第二辑
DIERJI

万千风情

杀人就像割韭菜

一

在秦朝统一中国的过程中，到底杀死了多少人？

关于这个问题，司马迁在《史记·秦本纪》《史记·秦始皇本纪》《史记·白起王翦列传》中做过粗略的统计：

公元前 364 年，秦国与魏国①在石门交战，斩杀魏兵六万人。

公元前 331 年，公子卬与魏作战，俘虏了魏将龙贾，斩首八万人。

公元前 318 年，韩、赵、魏、燕、齐联合匈奴攻打秦国。秦派庶长疾在修鱼与联军交战，俘获韩将申差，斩首八万多人。

公元前 314 年，秦将樗里疾攻打魏国焦城，焦城降服。紧接着，又在岸门打败韩军，斩首一万人。

公元前 312 年，庶长章攻打楚国丹阳，俘获楚将屈丐，斩首八万人。

公元前 307 年，甘茂和庶长封攻破韩国宜阳，斩首六万人。

公元前 301 年，庶长奂攻打楚国，斩首两万人。

公元前 293 年，左更白起攻打韩国伊阙，大败韩、魏联军，斩首二十四

①见《史记·秦本纪》："二十一年（前 364），与晋战于石门，斩首六万……"公元前 403 年，魏与赵、韩已经被正式封为诸侯，因而此处应为魏晋（魏国）。因魏国本是晋的一部分，所以有时也称之为魏晋。

万人。

公元前275年，秦丞相穰侯攻打魏国，一直攻至大梁，打败暴鸢，斩首四万人。

公元前274年，客卿胡阳攻破魏国卷城、蔡阳、长社，在华阳大败魏将芒卯，斩首十五万人。

公元前273年，武安君白起攻打魏国，大败魏将芒卯统领的魏、韩、赵联军，攻占华阳，俘获三晋将领，斩首十三万人。与赵将贾偃再战，淹死赵军两万人。

公元前264年，白起攻打韩国陉城，夺取五座城邑，斩首五万人。

公元前260年，白起攻打赵国，在长平大败赵军。此役前后共斩首与坑杀赵军四十五万人①。

公元前257年，秦将王龁攻打邯郸，失利后逃回汾城附近。之后攻打魏军，斩首六千人。晋、楚联军慌不择路，落入河中淹死的有两万人。

公元前256年，秦将摎攻打韩国，攻占阳城、负黍，斩首四万人。攻打赵国，攻占了二十多个县，斩首九万人。

公元前245年，秦将麃公攻打魏国卷城，斩首三万人。

公元前234年，秦将桓齮攻打赵国平阳，杀死赵将扈辄，斩首十万人。

除此之外，在《史记》的其他章节中，也有很多类似的记载：公元前300年，秦国再次攻打楚国，斩首两万人，杀死楚将景缺；公元前298年，秦昭王派大军出武关攻打楚国，大败楚军，斩首五万人，攻占析县等十五座城邑后离去；公元前225年，秦军水淹大梁，俘虏魏王假，魏国灭亡；公元前280年渑池之会前夕，秦军在夺下石城后，二次攻打赵国，斩首两万人。

以上二十余战，秦军共计斩首、淹死、坑杀敌军一百八十多万人。其中，白起率部斩敌八十九万人。很显然，这是不完全统计。

一则，在那场旷日持久的兼并战争中，秦国共发动战役九十三次，六国主

①《史记·秦本纪》为："秦使武安君白起击，大破赵于长平，四十余万尽杀之。"《史记·白起王翦列传》则为："前后斩首虏四十五万人。"

动找打的有三十八次，许多战役不在司马迁的统计之列。比如，毛遂在跟随平原君出使楚国时就曾对楚王说过这样的话语：“秦国的白起不过是个毛孩子罢了，他带着几万人的部队与楚国交战，第一战就攻克了鄢城郢都，第二战烧毁了夷陵，第三战便使大王的先祖遭受凌辱。”在《史记》中就找不到这三次战役的伤亡报告。

二则，有些伤亡报告写得很笼统，不便于汇总。比如，《史记·魏公子列传》上说：“秦国像蚕食桑叶一样侵占魏国，仅仅用了十八年就俘虏了魏王，屠灭大梁。”魏都有多少人口？我们不妨做个推算：当年苏秦在游说齐宣王时曾经说过，仅齐都临淄的居民就有七万户，不下二十二万人。同样是国都的大梁，人口怎么着也有十来万人吧。因而保守估计，秦军杀死的人应该在两百万人之上。要知道，当时整个中国的人口不过才三千万①之多。

二

秦军喜欢杀人，齐、楚、赵、韩、魏、燕各国军队难道说就不杀人吗？

答曰：他们做梦都想。

当初，燕军在攻破齐国时，看上了画邑人王蠋的才能，便以拜将和封万户侯作为条件，请他出山为燕国效力。王蠋说死说活不愿意，燕国人没有办法，威胁他说：“你若是执意不从的话，我军就屠平画邑！”王蠋说：“忠臣不事二君，贞女不侍二夫，我是不会干这种助纣为虐的事情的。既然我不能保全齐国，还不如死了的好！”说罢，便把脖子吊到树上，用力扭断脖颈而死。

你看，只要是打了胜仗的人，多半都会产生屠城的想法。而他们之所以没有杀很多人，全是因为他们一直都在被别人所杀，没有能力去杀死其他的人。一旦他们有了杀人的机会，也绝不含糊。

如果说，燕军是威胁，那么赵军就是真杀了。公元前334年，齐、魏两国在徐州相互称王，楚、赵两国极为不安。公元前333年，楚国挟灭越余威攻打齐国。赵国出兵帮助楚国，进而攻打魏国，并在漳水、滏水之间修筑长城，防

①见葛剑雄主编的《中国人口史》。

备齐、魏两国。齐、魏、楚这三国之间的关系很有意思，魏与齐是铁杆，但与楚也是盟友。齐国打不过楚国，只好把气撒在赵国身上。攻打赵国，魏国当然也乐意帮齐国忙。面对强敌，赵国毫不手软，决开黄河水大灌齐、魏联军，齐、魏退兵。这一仗虽然没有伤亡数字，但想必也不会少。

但是，杀人是要付出代价的。在冷兵器时代，杀敌一千，自损八百，是常有的事。公元前496年，越王勾践在槜李抗击吴军时就上演了悲壮的一幕。越兵派遣敢死队挑战，敢死队排列成整齐的队形冲向吴阵，高呼口号，自杀于阵前。连冲三次都是如此。吴兵一个个看得目瞪口呆，摸不着头脑。越兵趁势攻击，吴军大败，一连后退了七里，吴王阖闾的脚拇趾也被越军击伤。

可怕的是，这种惨胜屡见不鲜。“现在秦国虽然消灭了长平的赵军，可是秦军死亡的士兵也超过了一半，国内空虚。……”语出武安君。

除过秦国，楚国也经常充当战胜国，他们的情况也不容乐观。“大王曾经和吴国人作战，打了五仗胜了三仗，能够上阵的士卒已经不多了。可是，你却不顾百姓的死活，守着新占领的偏远城池。……”语出张仪。

至于战败国，那就更惨了。“那韩、魏两国人的父子兄弟，接连死在秦国刀下有将近十代了，上至将帅，下至士卒，剖腹断肠，砍头毁面，身首分离，枯骨暴露在荒草水泽，尸横遍野。父子老弱被捆着脖子，绑着手，沦为任人凌辱的俘虏，一群群地行走在路上。家破人亡，妻离子散，流离失所，连鬼神都感到哀伤。……”语出春申君。

战争的创伤到底有多大？据《后汉书》记载：“秦及山东六国，戍卒尚存五百余万，推民口数，尚当千余万。”可是，“及秦兼诸侯，置三十六郡，其所杀伤，三分居二。”

死亡三分之二，这数目够触目惊心的了吧！

三

我知道，有许多人都在咒骂暴秦。但反秦的人难道就不杀人吗？他们当然也杀，甚至有过之而无不及。

悲情英雄项羽就是个公认的杀人狂。项羽力拔山兮气盖世，打仗是一把好手，杀人也视同儿戏。他第一次出手就杀死了会稽郡守殷通和他手下的百十来号人。项梁派刘邦和项羽攻打城阳，二人联手屠灭了城阳。项羽与章邯订立和约后，找来黥布、蒲将军，在夜间把秦军余二十万士卒处死，埋在新安城南。鸿门宴后数日，项羽又引兵西屠咸阳，杀死秦王子婴，火烧其宫室。

公元前205年，刘邦统率五路诸侯，约五十六万人，东进伐楚。项羽向西进发，在彭城把汉军打得大败，杀死余十万人。汉军向南逃窜，楚军又追击到灵璧东面的濉水，汉军多被杀伤，余十万人落入濉水，濉水为之不流。垓下大战，项羽在走投无路之际，仍然凭借一己之力，杀死汉军数百人，吓得汉军魂飞魄散，不敢上前。

项羽杀了约四十万人，屠城两处。

那么，有着"仁者"头衔的刘邦，又杀了多少人呢？

公元前207年，刘邦在灭秦过程中，率兵屠灭了武关，之后又引水大灌废丘。据说，刘邦在进入咸阳后也进行了屠杀。

在楚汉战争中，刘邦又带领樊哙一伙人，先后屠灭了煮枣与胡陵。公元前202年，大司马周殷背叛楚国，屠灭了楚国六县。刘邦手下的爱将、老实人周勃，则在率军讨伐陈豨与燕王卢绾叛乱时，分别屠灭了马邑城与浑都城。

此外，刘邦还夷灭了淮阴侯韩信三族、梁王彭越三族。

算下来，刘邦共夷二人三族，与手下将领屠灭十一城，与昔日战友项羽屠灭一城，并不见得就比项羽杀人少。

你看，这二人口口声声要消灭暴秦，可是合起来，他们屠城的数目，竟然不知比暴秦多出多少倍。屠城可是比斩首可恶一千倍、一万倍的事，若不是疯子，谁能丧心病狂到如此地步？

杀来杀去，遭殃的当然还是老百姓。要问百姓有多惨？我们且听刘邦的臣子刘敬是怎么说的："陛下从沛县丰邑起兵，带领三千士卒，席卷蜀、汉，平定三秦，与项羽决战于荥阳，双方为争夺成皋之险，大战七十次，小战四十次，致使天下百姓血流成河，父子枯骨曝于荒郊，尸横遍野，不可胜数，悲惨的哭声不绝于耳……”

《后汉书》将这种惨况换算成了数字：“陈、项又肆其余烈，故新安之坑，二十余万，彭城之战，濉水不流。至汉祖定天下，民之死伤，亦数百万。是以平城之卒，不过三十万，方之六国，五损其二。”

“五损其二”较之“三分居二”看似要少。但是，你要知道，它是建立在死亡“三分居二”还未完全恢复的基础之上的，其心何忍？其心何忍啊？

在算完账之后，我忽然就想，也许项羽并非像某些人说的“沐猴而冠”那样简单，他该不会是害怕百姓流血，不忍为争夺天下杀来杀去才执意做霸王的吧？

四

秦汉之后，屠城就成为常态了。

刘亚洲将军在他的《甲申再祭》里为我们描绘了两幅屠城场景。

一是张献忠屠蜀。甲申年十一月初十，大西军驱赶人们到成都东门外九眼桥屠杀。当刽子手将要举刀时，迅雷炸响三声，张献忠怒斥苍天：“你放我到人间来杀人，今天为什么用雷来吓我？”命令士兵驾起大炮，对天空连放三炮。这一天，被杀者无数，尸首塞满了河道，九眼桥也因此而折断。

二是扬州十日。“扬州城破，清军展开大屠杀，扬州顿成地狱。……为了活命，扬州城那些因美丽而闻名的妇女们，愿意把她们的身体献给清兵而换取生命。有的女人在满城的哀号惨叫中精心梳妆打扮，而后倚门，向清兵献媚。……直到康熙年间，在宁古塔或蒙古附近，有人还看见过这些年纪已大、饱受欺辱的妇女。她们操扬州口音，身穿兽皮。她们悲惨的灵魂至今仍游荡在白山黑水间。”

张献忠是贩卖红枣的商人，清军是游牧民族，他们滥杀无辜也就罢了。可问题是，一向以文明人自居的儒生也跟着来凑热闹。公元 881 年，黄巢在攻入长安后，纵容士兵烧杀抢掠，甲第朱门只剩下不到一半。其后，唐军乘乱攻入城中，自然而然受到长安百姓欢迎。公元 882 年，重入长安的黄巢对城中居民协助官军一事怀恨在心，纵兵屠杀，血洗长安，使这座当时世界上人口最多的城市沦为一座空城。据说，黄巢再次被赶出长安后，居然建造了拥有数百巨碓的人肉作坊，日夜不停地为义军生产军粮。所过之处，百姓被吃得净尽，赤地千里。有谁能够想到，写出“待到秋来九月八，我花开尽百花杀。冲天香阵透长安，满城尽带黄金甲”这样有才情诗作的人，竟然是个杀人魔王。

出现黄巢、张献忠、多尔衮这样的杀人魔王绝非偶然，如果你读过葛剑雄教授主编的《中国人口史》，你就会发现，在中国历史上，这样的屠杀从来就没有停止过，中国的人口数量无不伴随着改朝换代而大起大落。

我们不妨看一下葛剑雄先生的统计：

秦朝建立初期，全国人口估计有三千万人或更多。

到西汉建立初期，大约只剩下一千五百万至一千八百万人。西汉末增加到六千万人，王莽时又降至三千五百万人。

从公元 184 年黄巾起义爆发到公元 220 年三国鼎立局面形成，人口损失估计达六成，仅存约两千三百万人。

4 世纪初的西晋约有三千五百万人。

隋末的战乱造成人口降幅超过五成，到唐初仅有两千五百万人。至安史之乱前夕的公元 755 年，又增至约九千万人，达到新高峰。

唐后期和五代的战乱导致人口锐减，到宋朝建立时估计只有四千万人。

宋代人口出现持续增长，至 13 世纪初，宋、金、西夏、大理及其他少数民族人口合计已超过一亿两千万人。

蒙古灭金和西夏造成空前浩劫，北方人口损失高达八成，仅剩一千万余人。元统一时，实际人口约七千万人。到 14 世纪中期增加到八千五百万人左右。

明初人口不足六千万人。但是，到 17 世纪初，全国人口已突破两亿人。

明末的天灾人祸和清初的残酷战争，又使人口降至一亿两千万人，降幅达四成。

清道光年间（1821—1850），全国人口达到四亿三千万人。太平天国时期，南方人口稠密地区出现巨大损失，人口下降超过一亿人。

辛亥革命以后，人口破天荒地出现了“乱世增长”，从1910年的四亿多人增至1949年的五亿多人。

人口的增减变化情况不也从侧面反映出了民众的幸福指数吗？因而说隋、唐、宋、明、清这几个朝代都还不错。至于夏、商、周则可能没有想象中的那样好，生活在这几个朝代，当权者不抓你去做奴隶，就已经很好了。

五

说到这里，你是否注意到，中国古代历史上存在着这样几个有趣的现象。

一是自从商鞅变法之后，杀人明显增多了。商鞅变法催生了一个新名词：斩首。请注意，是斩首不是战死。斩首与战死虽然同样是死，但是，较之战死要更为恶劣得多。

二是中国历史从未摆脱治乱循环。兴亡交替出现，每逢改朝换代，社会无不大乱，杀人游戏变本加厉，接二连三上演。

三是秦以后历代王朝的寿命与此前相比均短了很多。夏朝延续了四百七十一年，商朝延续了五百五十五年，周朝维系了将近八百年，扣除春秋战国的五百余年，还有两百七十六年。而其后寿命较长的唐朝不过两百八十九年，明朝两百八十七年，清朝只有两百八十六年，就是两宋加起来也才三百一十八年。

四是汉奸越来越多。自从有记录以来的第一个汉奸——武州尉史出现以来，虽然汉奸从未根绝过，但老实说，并不很多。在南宋灭亡时，陆秀夫背着年仅九岁的少帝投海，在他的身后，有十万士子跟随。与之形成鲜明对比的是，明朝灭亡时却成了汉奸们的狂欢季。

关于第一个问题，我们可以从商鞅变法中找到答案。商鞅变法的核心内容是：“废井田、开阡陌，实行郡县制，奖励耕织和战斗，实行连坐之法。”在奴隶社会，奴隶主是不敢这么疯狂杀人的，因为生产活动必须依靠奴隶。但是，随着社会生产力的发展，使批量杀人成为可能。商鞅的新法做出规定：“战斩一首赐爵一级，欲为官者五十石……”斩首一个人就可以升任五十石的官吏，这是何等的刺激！如果说，刑的出现等于为杀人发放了许可证，那么，奖励杀人的政策则将杀人活动推向了高潮。于是乎，沉淀在人性中的恶的因素在一瞬间爆发了。因而从这个角度上说，为周穆王制定五刑的甫侯、帮助秦孝公变法的商鞅，他们对后世来说，都是有罪的。

王朝短命、杀人如麻、治乱循环等则与专制不无关系。伴随着战争机器疯狂运转的是专制统治的日趋加深。连坐法之类的酷刑，再加上独尊儒术对言论的控制，使中国的社会看上去更像是一座密不透风的深宅大院。然而，压迫愈深，反抗便愈激烈，当这种压迫达到一定程度的时候，反抗力就会汇聚成一股无坚不摧的力量，生发出惊人的破坏力，冲破围墙乃至毁灭整个院落。反抗者将对前朝的仇恨和在漫漫岁月里的压抑、苦闷统统融进了杀人游戏之中。

至于汉奸为何层出不穷，就更好理解了：专制统治最杰出的成就便是生产奴才。于是乎，在周而复始的专制循环中，自由独立的精神被扼杀了，取而代之的是一只只逆来顺受、唯命是从、点头哈腰的羔羊。都被阉割成这个样子了，你还指望他们去反抗？那被权贵驯服了的头颅又怎么能够骄傲地抬起？奴才与汉奸，就其本质而言是一致的。他们不过是同一条流水线上生产出的不同产品而已！

淮阴的韩大人

一

秦末的一天，一个杀猪的小年轻在路上堵住了韩信。他冷笑着对韩信说：“你虽然个子长得高，喜欢带刀佩剑，却是个草包。”

那时的淮阴街头，三天两头上演全武行，人们以为又有打架的热闹可看了，迅速聚拢过来将两个人围在了中央。屠夫说：“韩信，你小子如果不怕死，就拔剑刺我；如果怕死，就从我的胯下钻过去！”

韩信不语。

“到底是刺还是钻？”屠夫追问。

韩信依然没有言语。

“我看你还是钻吧！”屠夫叉开双腿说。

韩信头都不抬一下，围观的人有些急了：“刺呀，快刺他呀！”

韩信没有听见似的，他细细地打量了屠夫一番，然后俯身趴到地上，默默地从他的胯下钻了过去。韩信伏下身时就像是一面墙訇然倒在了地上。围观的人很失望，大家伙儿都觉得韩信扫了自己的兴。但是，韩信却像没事人似的，直起身，佩好剑，拍拍衣服上的尘土兀自走了。

“胆小鬼！”屠夫对着韩信的背影补了一句。

人们不觉得屠夫骂得有什么错。在他们看来，韩信本就是个怯懦的人。

二

当天晚上，一篇《我在淮阴街头遇到了个“豪杰”》的文章，在朋友圈中炸开了锅，评论的人非常多。

朋友甲：“杀猪的，你叉开双腿的样子酷极了！”

朋友乙：“你应该……蹲低点儿……再低点儿！”

朋友丙：“这草包是哪里的人？”

朋友丁：“这家伙和我住一条巷子！穷得都想吃虱子，还一副放荡不羁的样子。可惜心比天高，命比纸薄，没有人推选他去做官，他又做不了生意，经常到别人家蹭饭吃，整个村子的人都很讨厌他……”

朋友戊：“就是就是，韩信经常到下乡的南昌亭长家混饭吃，一去就是几个月。亭长媳妇嫌弃他，就提前做好早饭坐在被窝里吃掉。韩信赶饭点去了，便吃不到饭，一怒之下就不再去亭长家。还有啊，韩信在城下钓鱼，有很多妇女也在河中漂洗丝絮，其中有位大娘看见韩信饿了，就拿出自己的饭给韩信吃。那些妇女漂洗了几十天丝絮，韩信也蹭了几十天饭。韩信很高兴，对老大娘说，‘我将来一定要重重地报答您老人家！’老大娘生气地说，‘看你这小伙儿蛮有志向的，像是个大丈夫，却连自己也养活不了，我是可怜你，才给你饭吃，难道是希望你报答吗？’”

朋友己：“还大丈夫，都钻人家裤裆了！哈哈哈……”

看着热闹的朋友圈，屠夫的心里却有了一丝隐忧。

三

从那一天起，屠夫一直关注着韩信的消息。

听说韩信投奔了项梁，后来跟了项羽，秦亡后又跟着刘邦去了汉中。项羽才是当今老大，跟着刘邦能混出个啥名堂？果不其然，满大街都流传着汉王兵败彭城的消息，说是韩信跟那些大兵一起喂了鱼鳖，屠夫不由得松了一口气。

那段时间，屠夫的心情特别好，就是猪也杀得比平日顺手许多。他平生第一次觉着杀猪也是个好职业。他甚至专门到街口请人为自己铸了一把剑，但是，剑跟他实在是不搭，他还是觉着杀猪刀更顺手。很快，屠夫就将与韩信掐架这茬事忘了个一干二净。他不再关心韩信，不再关心剑，只关心酒和猪。

时间飞快地过着，就在大家快要将韩信忘掉的时候，他的消息却忽然间多了起来。听说韩信竟然一口气平定了魏、赵、燕、齐。毕竟这些地方距离淮阴还远，毕竟战争还在继续，毕竟……寂静的夜晚，屠夫每每坐在酒桌前独斟时就会想起韩信。

坏消息一个接着一个：先是韩信封了齐王，后是垓下会师，紧接着又打败了项羽……这个冬天简直太冷了。炉火很旺，可是，屠夫还是感觉像掉进了冰窖里。他穿着厚厚的衣裳，坐在热炕上，还裹了两床被子，依然冷得发抖。甚至连脑子也不灵光了，本来要想一个问题，思绪却怎么也不能集中。

该来的总归会来。一日清晨，太阳刚扫过屋顶，屠夫正似醒非醒地在床上赖着，被一阵儿慌乱的脚步声惊动。他的朋友由门外撞进来，上气不接下气地说道："快……快起来！仗……仗……打完了！韩……韩信……"

"韩信怎么了？"屠夫猛地直起身。

结巴的仍然是哥们儿："韩信……韩信做了楚王，听说他已经回淮阴了！"

"完了——"屠夫叹了口气说。

说话间，就见院子里聚集了一群官兵。屠夫知道这些人是来做什么的，所以他什么也没有说，就起身跟在他们身后走了。让屠夫感到奇怪的是，自始至终，这伙人都没有动手绑他的意思，他们领着他一路进了王府，一直将他领到了韩信面前。屠夫本能地想下跪，但是，他却鬼使神差地挺直了腰板。

"呵，你这倔脾气还没有改！"韩信笑着在他身上砸了一拳。屠夫脑袋"嗡"的一声，感觉像是跌进了一个梦境里。但是，他分明又听见了韩信的声音，听见韩信要封他做中尉，听见韩信对众人说："这是位壮士，当初他侮辱我的时候，我难道不能杀死他吗？杀掉他没有任何意义，我忍受了小辱才成就了大事业！"

一直过了好久，"嗡嗡"声终于从屠夫的脑袋里消失。屠夫欣喜若狂地冲出王府大门，一路高喊道："楚王封我做中尉了，他没有让我钻他的裤裆！"满大街都回荡着屠夫激动的声音……

“皮干”的艺术

一

“皮干”，是陕西方言。

“皮干”能够表达的意思很多。比如，说别人多嘴时用“皮干”，意思接近于骚情、贫嘴、啰唆；又如，在骂对方说话不合时宜时用“皮干”，意思接近于呵斥、恐吓；再如，在夸赞对方时用“皮干”，意思接近于牛气、厉害。

具体是什么意思，则完全要看语境，外地人很难明白其中的奥妙。在某些特定的场合，适当地“皮干”一下，谈言微中，还可以起到缓和气氛、化解纠纷、消除尴尬的作用。

爱皮干的人多半闲不住。

话说齐威王刚即位那阵儿，荒淫无度，朝政败坏，国家内忧外患。

淳于髡看在眼里，急在心里，便学伍举用隐语去讽劝齐威王。齐威王也没有像楚庄王那样拿捏，而是经淳于髡一骂就醒了，随即召见七十二县长官，赏一人，杀一人，国家大治。淳于髡举重若轻，让齐威王明白，像他们这样的微贱之人不光会说笑话，供王公大人取乐，还玩儿得了政治。

但是，政治真的有那么好玩吗？

公元前371年[1]，楚国侵犯齐国。齐威王派淳于髡携带百金与十驷马车，到赵国去搬援兵。淳于髡笑得前仰后合，连帽带儿都笑断了。齐威王问："先生是嫌礼物轻了吗？"淳于髡说："哪里敢呢！"齐威王说："那你笑什么呢？"淳于髡说："我刚才从东边来，看到道旁有人在祭祀田神，他只带了一只猪蹄、一杯酒祈求田神保佑他'五谷繁茂，米粮满仓'。连祭品都舍不得拿，要求还挺多，所以我才笑。"

齐威王会意，将给赵王的礼物增加到黄金千镒、白璧十对、车马百辆。最终，赵王调拨给魏国精兵十万，战车千辆。

虽然淳于髡搬来了救兵，但与仅凭一张嘴就搬来秦国援兵的韩国老臣陈筮相比，他还差了一大截。四两拨千斤，那才叫大政治家。而淳于髡虽然也时不时能够影响一下政治，但充其量只能算是个二流政治家。

二

淳于髡死后百余年（你没有看错，《史记·滑稽列传》原文就是这么写的："其后百余年，楚有优孟。"），楚国出了个叫优孟的人。

优孟是个艺人。但是，他最拿手的不是唱歌跳舞，而是讽谏。

楚庄王有匹爱马，他给它宠物狗的待遇：穿名牌，住豪宅，睡榻榻米，喂蜜枣。马肥胖得不行，得糖尿病死了，楚庄王吩咐手下人参照大夫的礼仪安葬那匹马，并让群臣为它送葬。近臣进谏，被楚庄王一顿臭骂并下令说："有谁再敢拿葬马说事，寡人就灭了他。"

这一天，优孟心血来潮，穿越到公元前六百年左右，正赶上葬马的事，立马跑去见楚庄王。优孟一踏进殿门，就扯开嗓子大哭。楚庄王问是何故，优孟说："这可是大王的爱马呀！堂堂楚国竟然只用大夫的礼仪来埋葬它，未免太让人贻笑大方了吧，我请求用人君的礼仪安葬它！"

楚庄王问："照你说，该怎么办呢？"

---

①按《史记·滑稽列传》为齐威王八年，中国历史纪年对应的是公元前349年，而《六国年表》对应的则是公元前371年。

优孟回答说：“用雕花玉棺入殓，梓木做外椁，楩、枫、豫、樟做椁室，派士兵与民众挖穴筑坟，让齐、赵的使者在前面陪祭，韩、魏的使者在后面护卫，设立祠庙，享用太牢祭，封给万户食邑。只有这样，诸侯们才能体会到大王爱马的一番苦心。”

楚庄王笑得前仰后合：“你……你也太逗了！”

优孟正色道：“大王的所作所为跟为臣一样逗！”

楚庄王顿悟，收回成命，把马交给太官处理。

这之后，尝到甜头的优孟，有事没事就穿越到楚庄王时代去“皮干”他。有一天，优孟看到已故宰相孙叔敖的儿子穷困潦倒，靠卖柴火为生，很同情他，就穿戴着孙叔敖的衣服和帽子去拜访楚庄王。楚庄王良心发现，将寝丘的四百户赐给孙叔敖的儿子作为食邑。这食邑，孙家前后共享用了十代人。

三

淳于髡和他的先师伍举，连同优孟真的有这么皮干吗？我看未必！

首先，齐威王在位的时间是公元前 4 世纪，楚庄王在位的时间是公元前 613 年至前 591 年。让晚淳于髡一百多年出生的优孟去讽谏楚庄王，从时间上有点儿说不过去。就是伍举讽谏楚庄王也很勉强。要知道，在公元前 597 年的邲之战时，伍举的父亲伍参还是楚庄王身边一个地位卑下的嬖人，伍举出没出生，还很难说呢。

其次，如果伍举的讽谏在先，那么，作为一名知识分子的淳于髡，应该不会那样没皮没脸地去效仿他。当然了，这是按照《六国年表》纪年说的。如果按照《中国历史纪年表》，齐威王是没有机会疯够九年的。公元前 356 年，齐威侯也就是后来的齐威王即位。公元前 354 年，魏国讨伐赵国，赵求救于齐。齐威王派田忌、孙膑救赵，孙膑围魏救赵，在桂陵大败魏师。

再次，似乎在齐威王即位之初，就已拜驺忌为相。此时让淳于髡再去讽谏他，似乎没有必要。反过来说，如果齐威王是在淳于髡讽谏之后才清醒的，那么，驺忌鼓琴拜相的戏剧成分就会减弱。此事无法两全。

那么，是什么原因让一向严谨的司马迁忽然间满嘴跑火车呢？只能有一种解释：饱受羞辱与折磨的老师对“谈言微中，亦可以解纷”的“皮干”艺术很看重、很推崇、很向往。他看似在写“皮干鬼”，实则在为自己鸣不平。

四

相比淳于髡这些人，优旃才是真皮干。

优旃不仅是艺人，还是个侏儒。而且，他要讽谏的对象不是别人，是人见人怕的秦始皇与秦二世，这才真是敢于在太岁头上动土。

话说有一次，秦始皇在宫中举行酒宴，正巧赶上天降大雨，殿阶下站岗的卫士一个个就像是秋风里的落叶，冻得直打哆嗦。优旃十分同情他们便问：“你们想不想休息？”卫士们回答说：“不是一般的想！”

优旃说：“一会儿若是听见我喊叫你们，你们就赶忙回答说‘诺’。”

卫士说：“好！”

过了一会儿，群臣起身向秦始皇祝酒，高呼万岁。优旃趁机走到栏杆旁大声喊道：“站岗的卫士们！”卫士齐刷刷地答道：“诺——！”优旃说：“你们长得这样高大，有什么好处？只能站在雨里淋着。我个子虽然矮了点儿，但是可以坐在殿里休息。”秦始皇会意，准许卫士分作两班，轮流守卫。

故事并没有结束。话说秦始皇曾经想扩建苑囿，也被优旃用皮干的方式劝阻了。秦二世时，暗无天日，李斯等一干大臣都忙着自保，没人关心家国大事。就是在这种环境下，优旃也有过不俗的表现，他皮干成功，打消了秦二世油漆城墙的想法。

先秦时期的圈子

一

圈子产生于何时?

禹在治水的过程中，下令将全国划分为五服：国都外五百里为甸服，甸服外五百里为侯服，侯服外五百里为绥服，绥服外五百里为要服，要服外五百里为荒服。有着大智慧的“五服制”，在无形中成为圈子文化产生的“思想政治基础”。

到了周代，已经不再简单地用地域来划分圈子了，新的圈子也应运而生。华夏圈，夷狄圈。在华夏这个圈子下面，又分中原圈子和其他诸侯国圈子。在中原圈子下面，还有一些更小的圈子，如同姓诸侯国圈子、异姓诸侯国圈子等。在夷狄这个圈子下面又分为东夷、南蛮、西戎、北狄等几个圈子。

春秋时期，中原圈子出现了周朝开国以来，除周王外最具有影响力的一位领导人，他就是大名鼎鼎的诸侯长齐桓公。齐桓公九合诸侯，一匡天下，光芒彻底盖过了周王。打这之后，许多诸侯国国君做梦都想成为中原圈子的领袖。齐桓公死后，晋文公脱颖而出，成为中原圈子的第二任领导。接下来，历代晋君时断时续，在中原圈子领导岗位待了有两百余年。而为了挤进中原圈子，地处南方的楚国极力北上，将夹在晋楚之间春秋初期一度很强大的郑国打成了墙头草。在楚庄王的时候打败晋国，如愿成为中原圈子的负责人。吴国也很努力，吴王夫差为争夺盟主位置与齐国打得头破血流。就是越王勾践，也曾有过“建圈”的辉煌履历。地处西方的秦国本来也想挤进这个圈子，无奈晋国并不好对付，只好改变策略，先平定西戎，增强国力。

到了战国时期，中原圈子很快就没有了市场，又出现了新的圈子。比如，齐秦圈子、韩赵圈子、三晋圈子、强秦圈子与多国圈子等。古语云：“以权利合者，权利尽而交疏。”杂乱与不稳定成为这一时期圈子的主要特点。

二

乱臣贼子也经常组建圈子。

公元前547年，齐国大夫崔杼干掉了齐庄公，立庄公的异母弟杵臼为国君，是为景公。杵臼上台后任用崔杼为右相，庆封为左相。两位国相一上台就在朝堂上发布了一条消息，说为了齐国安定，特设立“大齐‘崔庆’微信公众号”，请大家立即掏出手机，在第一时间点击关注。在对话框输入口令“不从崔庆者死”，还有红包抢。大夫晏婴生性倔强，不愿意加入这个圈子，便发朋友圈说：“你们不让齐景公做群主，我做不到，我只跟从忠于齐君的人！”庆封想杀晏子，崔杼说，杀不得，晏婴的公众号在齐国比我们还有影响力。

然而，这里面有一个大问题：一山不容二虎，一群不容二主。在搞定群友之后，崔杼与庆封之间又开始了群主争夺战。崔杼与亡妻生有成和强两个儿子，他的续弦东郭氏生了个儿子叫明。东郭氏私心很重，让前夫的儿子无咎和她自己的弟弟东郭偃辅佐崔氏。齐景公上台后不久，成犯了错误，无咎和东郭偃便急不可耐地严治成，立东郭氏的儿子明为崔府继承人。成请求回崔邑，崔杼答应了，二相却不肯，说：“崔邑是崔氏宗庙所在地，不可以让他去。”成、强两兄弟很愤怒，找庆封帮忙。庆封巴不得看崔杼的笑话呢，免不了火上浇油。成、强杀死无咎和东郭偃，吓得东郭氏一干人屁滚尿流。崔杼想收拾这两个蠢货，无奈家人均已逃走，情急之下驱车去向庆封求助。庆封高兴得差点儿跳起来，说：“让我替相国杀掉这两个逆子吧！”立即点拨人马，由崔杼的仇人卢蒲嫳带队前去攻打崔氏。卢蒲嫳办事很利落，不但杀死成和强，顺带将崔氏也灭族。东郭氏被迫自杀，崔杼家破人亡，再也没心思当什么群主，也自杀了。

然而好景不长，庆封的圈子也发生了内讧。代庆封主政的儿子庆舍很厌烦他老子整天在头顶指手画脚，借老爹外出打猎之机，发兵围攻相府。田、鲍、高、栾四家族早就看庆氏不顺眼了，这样的好机会，他们焉能放过！四大家族立即聚集徒众，打着平叛的旗号，携手攻破庆氏。

庆封逃亡到了吴国，他的圈子就此覆灭。

三

按下葫芦浮起瓢，庆封的圈子覆灭后，齐国还没有消停几天，就又冒出了一个更黑更狠的田氏圈子。

田乞的祖先陈完是陈厉公的儿子，在陈宣公时为了避祸，由陈国逃奔到齐国，被齐桓公收留，改姓田。仅仅过了五代，田氏的狼子野心就暴露无遗。陈完的五世孙田乞生活在齐景公时代，他不但不知恩图报，还盯上了齐景公手中的江山。齐景公安排田乞主管钱粮，田乞在向百姓征收赋税时使用小斗，在贷给百姓粮食时使用大斗，百姓们都被他收买，加入了他的田氏圈子。晏子多次劝谏，可是齐景公就是不闻不问。田乞的胆子更大了，公然借晋国内乱之机，拉拢范氏和中行氏，组建了一个乱党圈子。

这时的田乞为人依然很低调，他竟主动兼任国惠子和高昭子二相的参乘①。做参乘是假，搬弄是非是真。他对二相说："当初大夫们都反对拥立孺子，现在孺子即位，你们二人为相，大夫们自觉处境不妙，经常在一起密谋，准备作乱。"田乞又骗大夫们说："高昭子这个人很阴险，趁他还没有动手，我们不如先发制人杀掉他。"两边话都挑明了，不大干一场怎么能行呢？田乞、鲍牧与大夫们领兵冲进宫廷，攻杀了高昭子，国惠子逃到莒地。

田乞死后，他的儿子田常沿用了父亲"小斗进，大斗出"的老办法，将田氏圈子进一步发扬光大。当时，齐国流传着这样一首歌谣："老太太呀，采芑

① 古时乘车，尊者在左，御者在中，又一人在右，称车右或骖乘。由武士充任，负责警卫。

菜，采了芑菜献给谁？献给朝堂上的田成子！”田常迅速蹿红，成为齐国最可爱的人！田常的动静搞得这样大，引起了监止的族人子我的不满，两个家族终于发生火并。最终田常将监止、子我，连同齐简公来了个一锅烩。

独掌大权的田常怎能容忍齐国还有其他圈子，他在坐稳位子后干的第一件事情就是下令将鲍氏、晏氏、监止和其他较大的公族圈子全部诛灭。至此，齐国旷日持久的圈子之争终于尘埃落定，唯有田氏一家独大。

四

无论是崔庆圈，还是田氏圈，都是士大夫圈子，中国历史上第一个由阉人领导的圈子出现在秦代。一个游弋在核心权力圈之外的宦官想要建立自己的圈子，谈何容易！首先，他得保证自己进入这个圈子；其次，还要保证在圈子中左右逢源，混得如鱼得水。可是，这一切赵高竟然都做到了。

话说这年七月，秦始皇巡游到沙丘，病得一塌糊涂，急令公子扶苏进京安排后事。诏书写好后还未来得及交给使者，始皇帝就驾崩了。嗅觉像狗一样灵敏的赵高立马意识到机会来了。赵高扣留了诏书并对公子胡亥说：“皇帝去世前没有留下诏书封诸子为王，扶苏到后就会登上皇位，君临天下，你没有尺寸封地，这可该怎么办呢？”胡亥回答说：“父亲要这样安排，我还有什么可说的呢！”赵高说：“决定权在你、我和李斯手里，让谁做皇帝，我们说了算。”胡亥说：“快别这样说了，废长立幼是不义，不奉父诏是不孝，勉强登位是无能。如果天下人不服从，不但我要遭受祸殃，还会危及国家。”赵高一听有门儿了，遂抛出商汤、周武、卫君弑父自立的撒手锏，胡亥终于被赵高的迷魂汤灌晕乎了，长叹一声说：“你想怎么做，就怎么做吧！”

赵高接着又去做丞相李斯的工作。李斯斥责赵高说：“作为人臣，理应恪尽职守，站稳立场，更别说是散布这样的‘亡国之言’了，你赶快滚一边去，不要连累我也不清不白的。”奈何赵高早就将李斯给琢磨透了，不依不饶道：“听说你老人家一直在研究厕鼠与仓鼠的关系，如果你听从我的计策，你们李家就可以世代为侯，而你本人不但可以像仙人王子乔、赤松子那样逍遥长寿，还会被后世赞扬为有孔、墨之才；如果你执迷不悟，放弃这个机会，反会祸及子孙。”李斯终于被自己生产出的矛给戳伤了，一时间内心百感交集，又是流泪又是叹息，直感慨自己遭逢乱世，不能以死尽忠。

两个人劝服了一双，剩下的就全由赵高操刀了。赵高帮助秦二世除掉了公子扶苏与蒙恬兄弟，以及其他公子和公主。后来关中盗贼群起，右丞相冯去疾、左丞相李斯和将军冯劫请求秦二世暂停修建阿房宫，减少兵役和徭役，休养生息。秦二世认为，这三个人有意和自己过不去，下令将他们全部处死。至此，朝廷大权全部落到了赵高手里。如日中天的赵高牵来一只鹿献给秦二世，在朋友圈发布了一条信息说：“我送给了二世皇帝一匹马！”秦二世笑说：“丞相病得不轻，把鹿说成是马了！”赵高也笑了，说：“是皇帝病了，你不妨进我的朋友圈看看。”秦二世打开手机一看，不由吃了一惊。赵高的朋友圈热闹非凡，群臣一大片的点赞，只有极个别的人在下面留言说是鹿。

秦二世一下子慌了神，召来太卜询问。太卜也是赵高朋友圈的人，他建议秦二世上林苑去修行。秦二世一走，赵高便来劲了，暗中将那些说是鹿的人一一下狱。清除掉异己，圈子内剩下的全是赵高的死党。虽然此时，大秦帝国的公众号还照常更新，每日坚持发布工作动态，但都是歌颂江山一统、世道清明的文章，连建言献策的话也没有了。不久，赵高发动叛乱，杀死了秦二世。恶有恶报，善有善报，心狠手辣的赵高最终没能善终，被继任的秦王子婴杀死，夷灭了三族。

坑爹乃上古遗风

一

古人会坑爹吗？

回答是肯定的。从我们现在掌握的史料来看，古人不仅会坑爹，而且在这方面的功力还很深厚。

打个比方，“礼”这个在古人看来至高无上的东西，对君王来说，其实就是最大的坑爹。此话怎讲？我这么给你说吧，对君王来说“礼”是不是实惠要大于限制？而没有限制或限制很少，恰恰就是最大的陷阱——国人的眼睛可都盯着呢，你看似什么都可以做，其实却什么也做不了。你修建个别墅，搞不好会被人说成是不恤民力；你举行个宴会，搞不好会被人说成荒淫无度；你收个税，搞不好会被人说成是横征暴敛；即便是你娶个小媳妇，搞不好也会被人说成是好色成性。这不是坑爹是什么？

赵肃侯，大家知道吧？就是赵国的第五任国君。公元前334年，赵肃侯前去游览大陵，行至鹿门，被相国太戊午拦住。太戊午一把拉住赵肃侯的马缰绳并说道：“眼下正是农忙时节，一天不耕作，就一百天没有饭吃，国君应该带头去耕种示范田。”赵肃侯听了，立即下车向太戊午道谢，取消游览活动。

这个太戊午也真是的，赵肃侯在任上打了那么多大仗，好不容易有点儿空闲时间，放松一下，有什么不可以呢？赵肃侯是个明君，需要维护自身形象，所以表现得很隐忍，若是换了其他人，太戊午早就被打得满地找牙了。不过，挨了打也没有什么，因为你手上是快活了，但却掉进了道德陷阱，昏君的名声也就被坐实了。

所以说，明君总是被人“先天下之忧而忧”了，而只有那些所谓的昏君，才会我行我素，纵情享受做国君的快乐！

二

许多文武大臣都是坑爹的一把好手。

话说尧帝在位的时候，洪水滔天，许多的丘陵和高山也都被洪水给淹没了，下民不堪其忧。尧帝找不到合适的治水人选，就命手下人推荐一个能治理洪水的人出来，各部落的首领都认为鲧可以。尧说：“鲧是个刺儿头，抗命不遵，毁败族类，用不得。”四岳也都说：“单就才能而言，众臣中还没有谁比鲧更强，希望君王让他试试。”尧于是听从了部落首领的建议，任命鲧治理洪水。

这真是扯淡，鲧是脾气倔，不合群，平时没少给大家难堪，但是，像治水这样的国家大事怎么可以当作儿戏呢？我想尧帝如果不任用鲧，坚持要从四岳中遴选的话，只怕这些人要到院子里去掐架了。

可是，话又说回来，不推荐鲧又该推荐谁呢？鲧姓姒，字熙，是颛顼帝的曾孙，被封于崇地，享受伯爵级待遇，算是中层干部。坑这样的干部有三个好处：一是对上没有敷衍塞责之嫌，能够交得了差；二是对下可以避免群臣互掐，搞得人人自危；三是被坑者一般都是呼天天不应，唤地地不灵，只有自认倒霉。明白了这一点，也就不难理解，大家伙儿为什么心照不宣、人云亦云推荐鲧了。

崇伯鲧这次被坑得不浅，他花费了整整九年时间，治水工作依然没有什么起色。这时，舜帝上来了，舜到四方去巡视，看到鲧治水不得要领，就在羽山下将他处死。鲧死得太憋屈了，我估摸着，鲧在临死前怎么着也得为自己辩解几句吧，说不定他会搬出尧帝来告诉舜帝说：“是尧帝一时找不到合适人选，勉强让我来试试的!”对于这样的解释，舜当然只能当作笑话来听，舜会说：“你怎么没有一点儿担当精神，总是推卸责任，以尧帝的英明，怎么会做出赶鸭子上架的事情呢！我告诉你鲧，没有金刚钻，就别揽瓷器活，你要是还想试，就到阴间去试好了!”而群臣恰巧在这一时刻也都集体失忆，忘记了当初是怎样一回事情，他们看到鲧倒了霉，竟然都很开心，无不拍手称快，还一起拍舜的马屁，说舜真是太英明了。舜于是又举用鲧的儿子禹，让他来接替父亲的治水事业。

群臣不会知道，多年以后，华夏最牛的文化人之一——老子在读到这个故事时会说：“祸兮福之所倚，福兮祸之所伏!”——别当真，这是我猜的！任何事情都有好坏两个面，对鲧来说，治水是坑爹，但对于禹来说，却是难得的历史机遇。最终禹治水成功，接替舜登上帝位。他的这一壮举千百年来一直为人们所传诵。

三

有些坑爹行为实属“情非得已”。

公子挥是鲁国的实权派人物，他甚至不怎么把国君鲁隐公放在眼里。公元前719年，宋国想攻打郑国，前来请求鲁国帮忙。公子挥向鲁隐公请示，鲁隐公不同意，公子挥遂自作主张，调动军队与宋、陈、蔡、卫组成诸侯联军，讨伐郑国。对于这样严重的抗命事件，鲁隐公也只有干瞪眼，躲在皇宫里面生闷气。

公子挥虽然跋扈，经常违逆圣意，但是，有时也会主动帮鲁隐公找回些面子。这不，因为鲁隐公是临时国君，他就为鲁隐公出了个自立的好主意。

公元前712年冬，公子挥向鲁隐公献媚说：“主公做了这么多年代国君，国家安定，百官拥戴，人民称颂，你就正式即位做国君吧！我帮主公杀掉太子允这小子，给你当相国，到时候，天下就是咱们俩的啦!”奈何鲁隐公这个人的情商不高，直戳戳地对公子挥说：“先君有命在前，我因为允年幼才代行国政。现在，允已经长大成人，我年龄大了，不适合继续做领导，我正在菟裘[①]营建居室，准备退隐，把国政交还给允。”

鲁隐公油盐不进，公子挥一听坏了，要是这事让太子允知道了，可够他喝一壶的了。献媚不成，反倒把自己逼到了绝路上，这可真是自讨苦吃。公子挥少不得又来恶人先告状，对太子允说：“隐公想除掉你正式登位，你要谋划应对之策，请让我为你杀死隐公吧！”太子允应允。

鲁隐公窝囊归窝囊，但是，在大是大非问题上却一点儿也不糊涂，但这事他只做对了一半，在这样凶险的人面前怎么能做个透明人呢？至少他也该像楚成王对待商臣那样，让公子挥猜一把的。

事情到了这里，结局相信大家都能够猜到：十一月，鲁隐公将要祭祀钟巫之神，在社圃斋戒，居住在芀氏家中。公子挥趁机派人杀死鲁隐公，扶立允为国君，鲁隐公连平稳交接的机会也没有了。被老爹霸占了老婆，兄弟害了性命，好人鲁隐公这一辈子要多悲催有多悲催！

四

坑爹往往伴随着灰色交易。

公元前311年[②]，魏国派成陵君率军攻打卫国，魏军势不可挡，接连攻克卫国两座城邑，卫君一筹莫展。就在这个节骨眼儿上，魏大夫如耳潜入卫国，跑去对卫君说：“我早就看成陵君不顺眼了，我可以替君王回国跑一趟，说服魏君罢兵，并免去成陵君主将的职务，你看怎么样？”此等美意，卫君怎么好意思拒绝，上前一把拉住如耳的一双大手感激涕零地说：“先生果真能说到做到的话，卫国世世代代将感恩不尽，有卫君吃的喝的，就一定有先生吃的喝的。”

---

①菟裘：古邑名，在今山东新泰市东。后指告老退隐的居处。

②《六国年表》纪年。见《史记·魏世家》：哀王八年，伐卫，拔列城二。卫君患之。如耳见卫君曰：“请罢魏兵，免成陵君可乎？

军情不等人。如耳连“国君见外了”之类的客套语也没顾上说就起程了。

如耳首先拜见了成陵君，装作很真诚地说：“从前魏国攻打赵国，魏军切断羊肠坂①，占领阏与②，按照约定应该将赵国一分为二，但是，最终没有这样做，是因为当时魏国是盟主，想主持正义。如今卫国濒临灭亡，如果魏国不就此罢兵，以亡国相逼的话，它将会倒向西方的秦国。与其让秦国来解救卫国，不如主动放卫国一马。这样，卫国一定会对魏国感激不尽。”

成陵君经不住如耳忽悠，说：“好吧，我听你的！”

忽悠罢成陵君，如耳又去忽悠魏哀王，说：“我见过卫君了，卫国原本就是周室的一个分支，虽然国小，但是，宝器甚多。如今卫国危在旦夕，却仍旧不肯将宝器献出来，这是因为他们打心眼儿里认为，无论亡卫还是释卫，大王均做不了主。在这种情况下，即便卫国献出宝器，也不见得就一定能够落到大王手里。依臣之见，最先建议宽释卫国的人，必定是接受了卫国方面的贿赂。”

如耳果真是为魏国着想吗？我看未必！如果如耳真为魏国着想的话，他就不会跑去拜见卫君，更不会无中生有，离间魏国君臣之间的关系。他的真实目的无非就一个：寻求上位。我想，魏哀王如果聪明的话，就应该打如耳的板子。即使不打板子，也该让他好好解释一下，为什么要去见交战国的国君，做奸细的嫌疑总归要澄清一下吧。可惜此刻魏哀王满眼里只有卫国的宝器，悲剧就此发生了。如耳前脚刚走，成陵君后脚就来跟魏哀王谈撤军的事。魏哀王听了气不打一处来，下令撤回军队，同时免去成陵君的一切职务，终生不再见他。遭到了“双开”的成陵君，此时才意识到上大当了，但是，一切为时已晚，他只能眼巴巴地看着如耳一步登天。

然显贵了又能如何，对于这种道貌岸然的伪君子，我们只能回敬他一句：啊，呸！秦昭王就曾经说过这样的话：“以孟尝、芒卯之贤，率强韩、魏以攻

---

①羊肠坂：古坂道名，在今山西省晋城市南。

②阏与：战国时韩邑，后属赵。在今山西省和顺县西北。

秦，犹无奈寡人何也。今以无能之如耳、魏齐而率弱韩、魏以伐秦，其无奈寡人何亦明矣。”真不知一代烈女曲沃负怎么生养出这样一个口是心非的家伙！

五

最令人作呕的是坑爹乃本性使然。

对于像赵高这样的人渣，要是不坑爹，还真是说不过去。说赵高在担任郎中令时，陷害的人非常之多。赵高唯恐大臣们在入朝奏事时向秦二世当面揭发他，就劝说二世深居宫禁之中。恰巧赵高听说李斯想要进奏，就前去拜见李斯，还假惺惺地说：“函谷关以东盗贼众多，但皇上只顾加派劳役修建阿房宫，搜集狗马等没用的玩物。我本想劝谏，思前想后，因为地位卑贱而作罢。这可是丞相分内之事，你为什么不去劝谏呢？”李斯回答说：“我早就想进谏了，可是皇帝现在深居宫中，不临朝听政，我想去见皇帝也没有机会呀！”赵高说：“这个嘛好办，请允许我替你打听，只要皇上一有空闲，我就立刻通知你。”

赵高哪有这样的好心肠啊？他唯恐秦二世不生李斯的气呢！赵高在秦二世宴饮欢乐，宫中美女尽前侍奉，忙得不亦乐乎之时，派人告诉丞相说：“皇上这会子闲着，赶紧进宫奏事吧。”李斯风风火火赶到宫门前求见，接连三次，连皇帝的人影儿都没有见着。秦二世很生气，说：“丞相迟不来早不来，每当我泡妞的时候就来，丞相是有意来扫我的兴，还是瞧不起我，以为我鄙陋无知？”赵高看看火候到了，便添油加醋地说：“快别这样说了，丞相参与了沙丘之谋，却没有得到半点儿好处，他明摆着是想割地为王呢！丞相的大儿子李由担任三川郡守，陈胜等人就是他们邻县的人，李由与贼人暗通款曲，盗贼才如此猖獗。我曾听说他们之间有书信来往，但是，还没有调查清楚，所以不敢向陛下报告，更何况，丞相在宫外的权力比陛下还要大呢！”

秦二世派人去调查三川郡守与盗贼勾结的事。李斯终于沉不住气，上书揭发赵高。秦二世暗中把这些都告诉了赵高。赵高反咬一口说：“丞相所顾忌的唯有赵高一人，等他害死了我，就可以放心干田常所干的那些谋逆之事了。”

秦二世咬牙切齿地说："想篡党夺权，门儿都没有，将李斯交给郎中令去查办吧！"

公元前208年，李斯被判处五刑，在咸阳街市执行腰斩，同时夷灭三族。李斯被提出狱，与他的次子一同押赴刑场。临刑前，李斯回过头对次子说："我愿与你牵着黄狗，一同出上蔡东门去追逐狡兔。但是，还能够办得到吗？"说罢，父子二人抱头痛哭。

一代名相落得如此下场，实在令人唏嘘不已。怪谁耶？难道怪赵高？赵高本是人渣，不坑爹怎么可能！

要怪就怪李斯本人吧，他当初就不该上赵高的这条贼船。其实，上了贼船也还有挽回的机会，要命的是，他不该一味装傻，任由赵高等兴风作浪，一再丧失扳回战局的良机。等看清了人家的底牌，才匆忙出手，不也太晚了吗？

张仪：成功的道路上布满了荆棘

一

张仪对楚国有着很深的成见。

张仪是魏都安邑（今山西夏县）人，从小学习能力超强，到了假期就替别人抄书，打些零工，每每遇到好点儿的句子，他就顺手抄写在手上和大腿上，晚上回到家中再细细研读。后来，人们就用“张仪折竹”来形容学习勤奋刻苦。

高中毕业后，张仪如愿以偿进入东周最牛的一所大学——鬼谷子阴阳学院学习。在大学里，张仪的学习成绩同样很出色，远在他的同窗好友苏秦之上。

在张仪生活的那个年代，上大学不包分配，也没有人才市场。找工作需要一个用人单位、一个用人单位地跑。张仪从鬼谷子阴阳学院毕业后，就抱着个人简历来到了楚国，希望有公司能够录用他。

上了全国数一数二的好大学，学习成绩又好，张仪的求职经历该会一帆风顺吧？答曰：恰恰相反，没有人待见他。

话说这一日，张仪兴冲冲地来到楚国，向楚相递上了名帖。这是个百家争鸣的时代，各家学派争芳斗妍，到处都在召开学术研讨会。有毕业生求见，怎么着也得组织一场报告会，让人家展示一下才学，不然，还怎么在诸侯国中间混呢？楚相这点儿政治觉悟还是有的，他立即吩咐手下人去安排。

可是，那些下人们并没有组织报告会的耐心。他们给张仪安排的是一场Party，就这，还让人砸了场子。

二

那天，张仪给大家讲的是行政管理心理学。

这是一门前沿学科。其中，浸透了鬼谷子老师毕生的心血。可是，让张仪始料未及的是，他一打开PPT就遭到了各种喷。

楚人甲："什么鬼，行政管理心理学？你肯定是在学校时没有学好，只记住了几个术语，然后就开始乱用，拿来糊弄我们？"

张仪指着PPT说："你说，我只记住了几个术语，这是我下面要讲的春秋战国各国之间的关系，你能够看得懂我想要说什么吗？……"

楚人甲："我看不懂，行政管理心理学，这是你自己发明的吧？我想，这个世界上，应该没有人能够看得懂！"

张仪："这……这是从政的基本常识！"

楚人甲："我不要听，如果你的发明能够成立的话，只需要动动嘴皮子，其他国家就会乖乖臣服，那还要将军和士兵们干吗？要我们这些人干吗？痴人说梦，哗众取宠！哈哈哈……"

张仪心里一阵凌乱。

楚人乙："听说你主修的是纵横学，你还是给我们讲讲纵横学吧！"

楚人丙："对，我们强烈要求你讲纵横学！"

张仪："我讲的就是纵横学的内容！"

楚人甲："你小子未免也太逗了吧？你以为我们是文盲吗？在座的没有一个不是科班出身的！我们知道啥是纵横学！！哈哈哈……"

张仪：……

现场炸开了锅，眼看报告会开不下去了，大家都拿眼光盯住楚相。楚相被看得不自在，慌忙道："来——，喝酒，大家边喝边听！"

顺便补充一下，那时候开Party，都是一人面前放一张桌子，桌子上面摆满了水果和酒、菜、肉，大家席地而坐，边吃，边喝，边聊。但是，喝完了酒还得说。报告当然是没有听懂，如实讲又太掉链子，楚相虽然有些心虚，但是，到底是老江湖，他清了清嗓子，慢条斯理道：“张先生是来自985、211学校的高才生，报告做得非常不错。他的那个啥，行政管理心理学对我们做好工作很有指导意义……”正当大家满怀期待，想听楚相的高见时，只听他失声道：“哎呀！我的玉璧呢？”

“贼，原来这家伙是借做报告之机来偷东西的！”

“这家伙一定是穷疯了吧！”

“生着这样一副穷酸相，还跑到我们楚国来做报告！”

这些人一下子来了劲儿，报告会立马变成了审判会。他们把张仪拘禁起来痛打了一顿，驱逐出楚国。

张仪和楚相这个梁子可结得不浅。

三

张仪回到家后，妻子看着他满身的伤疤直掉眼泪，但张仪却做出一副满不在乎的样子逗妻子说：“那啥，好出门不如赖在家，分开的日子真的特别不好，寄点儿土特产都要好几个月才能收到！”

妻子又气又恼：“唉！你要是不读书，又怎么会受这样的屈辱呢？”

张仪不愿意连累妻子伤心，忙将话岔开：“你看我的舌头还在不？”

妻子也被他逗乐了，笑着说：“嘻，舌头还在呀！”

张仪说：“这就够了呀！”

张仪执意这样做，妻子也拿他没有办法，只好由了他去。听说老同学苏秦在赵国组织合纵联盟，张仪前去拜见他，想在他那里混口饭吃，却遭到了苏秦的当众羞辱。张仪一气之下来到了如日中天的秦国，并由客卿做到了丞相。张仪在做了秦相后，写信警告楚相说：“当初，我并没有偷你的玉璧，你要好好守护你的国家，我要来偷你们的城池了！”

张仪说这番话时是认真的。当然啦，如果你认为，张仪仅仅是公报私仇，那可就太小看他啦。要知道，张仪根本就没得选择。楚国是当时最强大的国家，不断地联合齐、赵、魏、韩、燕等一帮小兄弟找秦国的麻烦。秦国要想吞并天下，必须得扳掉楚国这块绊脚石。

当然了，张仪也深知，楚国并没有想象中的那样难对付。上一次游说，虽然受了一些皮肉之苦，但是，楚国上上下下的虚伪和低能也给张仪留下了很深刻的印象。

而秦国当时的另外三个邻国——韩国是墙头草，赵国尚不足以与秦国抗衡，魏国已经被收拾得服服帖帖，让出了全部河西之地。只有从外强中干的领头羊楚国入手，才能从根本上破掉六国的合纵进攻。

公元前313年，张仪“跳槽”到了楚国。这下子，可把楚怀王给高兴坏了，亲自将张仪迎进国宾馆，问计于当世第一谋臣。

张仪假惺惺地对楚怀王说：“在楚国的四个邻国中，就数秦国和齐国难对付。现在，秦国正准备对齐国用兵呢。如果楚国能够投秦所好，主动与齐国解除盟约，我可以出面请求秦王献出商於一带六百里的土地，并让秦室之女嫁给大王为侍妾，与楚国永世结为兄弟之邦。这样，楚国不仅可以从秦国那里捞到好处，还可以借助秦国之力削弱齐国，没有比这更好的计策了！”

楚怀王觉得，这个计策比合纵抗秦更容易操作，也更符合楚国的利益，便满口答应。

楚国的专家、学者也都跟着起哄，宣扬跟西方秦国结交的好处，大臣们都跑来向楚怀王道贺。可是，秦国和齐国之间还隔着个魏国呢！大夫陈轸劝楚怀王不要中了秦国的烟幕弹，先表面上与齐国断交，再伺机而动。

但是，喜欢投机取巧的楚怀王早就被胜利迷惑了双眼，根本听不进陈轸的话。楚怀王把相印授给张仪，赏赐给他许多财物，派了一位将军跟着张仪到秦国去接收土地。

楚怀王为何会轻信张仪呢？

一是因为他自我感觉良好。在公元前318年担任了纵约长后，楚怀王的个人声望达到了顶点，俨然有霸相，他觉得，秦国应该怕他。

二是因为他私心太重。当时，天下形成了齐、秦、楚三大势力。但是，楚怀王并不满足于此，他做梦都想着削弱齐、秦，从中脱颖而出。

三是因为他受楚文化影响很深。楚文化中既有积极进取的一面，同时又有浪漫多情的一面，与秦惠王的一步一个脚印相比，楚怀王更倾向于亲鬼好巫，借助外力。

楚怀王哪里能够想到，“新任”相国张仪本是秦国奸细，并不跟他一条心。张仪回到秦国后，假装失足跌下车受了伤，一连三个月都没有上朝。

楚怀王以为张仪是因为他与齐国断交不够彻底，就派人到齐国去辱骂齐王。齐宣王很愤怒，斩断符节，掉过头来和秦国结交。

秦、齐建交后，张仪这才出来上朝，口称秦国只答应送给楚国六里地。楚怀王怒气填胸，出兵攻打秦国，不料却遭到了秦、齐两国军队的围殴。楚军损兵八万，大将屈匄被杀，还丢掉了丹阳和汉中。楚怀王不服，派出更多的军队去秦国挑战，结果还是没有占到半点儿便宜，无奈之下只好与秦国媾和。

四

楚国想和秦国做朋友，但是，秦国却不愿意和楚国做朋友。

公元前311年，秦国又要挟楚国，想用武关以外的土地交换黔中郡。黔中郡对楚国来说太重要了，一旦失去它，楚国立刻就会陷入秦国的包围。可是，楚怀王却说：“我不要土地，只要张仪。”秦惠王感到很难为情，张仪却自请前往楚国，并告诉秦惠王，不用为他担心，他自然有办法脱身。

理所当然，张仪一到楚国就被囚禁，楚怀王想杀掉他，以报上次被戏弄之仇。楚大夫靳尚是张仪的铁哥们儿，这家伙收了秦国的贿赂，立马跑去做楚怀王宠姬郑袖的工作。别看靳尚人品不咋的，但是他的忽悠功夫却很不一般。他骗郑袖说，秦国想拿上庸的六个县换张仪，还答应把秦女嫁给楚王为妻，选用能歌善舞的宫女做陪嫁。郑袖害怕失宠，日夜在楚怀王面前为张仪讲情。楚怀王招架不住，赦免了张仪。

从监狱一出来，张仪又跑去做楚怀王的工作。张仪对楚怀王说：“秦国的面积占了天下一半，军队锐不可当，与之作对，无异于自取灭亡。主张合纵，就如同驱赶着群羊去进攻凶猛的老虎，绝不会有好果子吃。况且，秦国拥有巴郡、蜀郡，从汶山起程，走水路到楚国只有三千多里。顺流而下，用不了十天就可以到达扞关。扞关一丢，楚国的东线全部会受到秦军的攻击，黔中、巫郡也就很难保住了。秦国兵出武关，向南边进攻，楚国的北部就会被拦腰切断。况且秦军攻打楚国，只需要三个月就可以对楚国造成危难，而楚国等待其他诸侯国的救援却需要半年以上。现在，楚国两战皆败，如果继续和秦国争斗下去定会疲惫困顿，而韩国和魏国必定会从后边捅楚国刀子，坐收渔人之利。”

张仪劝楚怀王发兵攻打宋国，去吞并泗水边上的小国。

在攻秦失败后，楚怀王从人生的顶点一下子坠落到了人生的低谷，已经不太敢相信自己的判断了，甚至于有些开始怀疑人生。他对张仪这番“苦口婆心”的劝说深表认同。张仪看看有门儿，又适时抛出了“秦楚亲善，互派人质，秦女入楚，永结兄弟之邦”的互不侵犯条约作为诱饵。楚怀王已经放了张仪，又不想让出黔中郡，只好采纳了张仪的建议，背离“合纵”，与秦国结盟。

在成功软化掉楚国之后，张仪又马不停蹄地来到韩国、齐国、赵国、燕国，说服各国连横亲秦，六国的“合纵”联盟就此瓦解。

各诸侯国的高干们整日都在忙些啥

一

互撕虽然写不进工作要点，但是，它绝对是各诸侯国高干们最拿手、干得也最卖力的一项工作。齐国是老牌强国，其他诸侯国干部队伍有的毛病，他们一样也不少。对于互撕，齐国的高干们情有独钟。

互撕在齐国源远流长，他们由第六代国君齐胡公与第七任国君齐献公之间撕起，王室成员撕后，臣子撕，臣子撕罢仍觉不过瘾，又来了个君臣互撕，前赴后继，一直撕到了齐国灭亡。这其中，最有嚼头的当推崔庆之撕。虽然崔、庆二人没有象其他人那样亲自去掐架、飙脏话。但是，他们的斗争却仍旧异常激烈。前后四年时间，齐国就杀了一个国君，灭掉了两个国相及其家族，你敢不服齐人互撕的能力？

可是，诸君且别急着夸奖，因为真正代表战国互撕水平的并非齐人，而是晋人。晋人要是撕起来，齐人提鞋都赶不上。

翻开晋国的历史，前有曲沃代翼，中有骊姬之乱，后有范氏、中行氏之乱与三家分晋。就是在另起炉灶之后，韩、赵、魏三家还耐不住寂寞，经常约架，找上门来互撕。晋人的互撕可谓是高潮迭起，一浪盖过一浪。这些都是大家耳熟能详的故事，我也就不再赘述了。

当然了，如果从大处着眼，春秋战国本就是同门兄弟之间的互撕。高处不胜寒，与诸侯国之间的互撕相比，晋人的互撕水平似乎又要降低一个档次。因而，真正够得上国家级水平的就只剩下了秦人。

不说啦，秦人说起来太累人，此处省略五万字。

二

贪污受贿与开小差，是各诸侯国高干们的拿手戏。

贪污受贿的例子比比皆是。我们这里重点介绍一下伯嚭①。伯嚭是晋国公族公孙伯纠的后裔，他的祖上多是正人君子。

伯宗在晋国遭到迫害后，他的儿子伯州犁逃到楚国做了楚大夫。伯州犁的儿子郤宛在楚国又遭到了迫害，郤宛的儿子伯嚭逃到吴国。吴王对伯嚭很感冒，伯嚭坐上了直升机，由大夫一路做到了太宰。但是，伯嚭不是个好官，他好大喜功，贪财好色，完全丢掉了祖辈的优良品质。

公元前 494 年，吴王夫差在夫椒大败越军。越王勾践带领五千甲兵躲进会稽山，派大夫文种通过伯嚭请求媾和。

文种送给伯嚭美女八名、白璧二十双、金千镒并对他说：“我们越王这条命就托付给太宰了，和议事成后，越国的所有贡品都会先经过先生之手，然后再进入王宫。”

伯嚭高兴坏了，吴王对他再好，也只是发点儿死工资，而越国则是要什么就给什么。在权衡了利弊得失之后，伯嚭决定拉越王一把。吴王听从伯嚭的意见，与越国停战，错过了拿下越国的最好时机。这之后，伯嚭又多次接受越国的贿赂，日夜在吴王面前说越国的好话。伍子胥多次劝谏吴王伐越，吴王非但不听，反而听从伯嚭之言赐死伍子胥。后来的故事大家都知道，越王勾践咸鱼翻身，灭掉了吴国。可是，让伯嚭没有想到的是，越王勾践打心眼里瞧不起吃里爬外的人，一复国就杀了伯嚭，让伯嚭空欢喜一场。

开小差的代表是申公巫臣。这个人让一个叫夏姬的女人乱了性，不专心做事，一门心事与领导和同僚争女人，还传授给吴国先进的军事技术以

---

①嚭：pǐ。

对抗楚国。呼吸到了新鲜空气的吴国，再也不甘于做蛮夷国家，他们开始与中原各国交往，并派兵征伐楚国。楚国也还其以颜色，双方互有胜负。吴王阖闾上台后，天平开始向吴国倾斜。吴军攻破楚都，伍子胥、伯嚭从墓中挖出楚平王的尸体鞭打。要不是吴国早早灭亡，说不定他们还会干出什么事情。

由此可见，贪污受贿、开小差的危害性绝不亚于互撕。

三

撩妹是不少诸侯国高干们的必修课。

春秋战国诸侯国的败亡史，看上去更像是一部撩妹史。

这其中：蔡哀侯撩的是妻妹子，浑良夫撩的是主子孔悝的母亲，华督撩的是同僚老婆，齐襄公撩的是自家妹妹，陈灵公、齐懿公、齐庄公撩的是人臣之妻，而鲁惠公、卫宣公、蔡景侯、楚平王撩的是儿媳妇。最缺乏想象力的楚庄王也是左抱郑姬，右抱越女。

作为礼仪之邦的鲁国，在撩妹方面也毫不逊色。

鲁庄公和他的儿子斑都是情场高手。当初，鲁庄公在筑台时驾临党家，看上了党氏长女，当即撸起袖子，割破手臂与党女盟誓，许诺娶她为妻。党女过门后生下了斑。

斑长大后，同样越过礼教自由恋爱，他爱上了一个梁姓人家的女子。所不同的是，斑的命运很悲催。

公元前662年的一天，斑兴冲冲地去梁家看望意中人。可是，他的白雪公主并未迎出门来。此刻，梁女正忙着与一个名叫荦[①]的养马人隔着外墙调情。这个叫荦的人正如同他名字所说的那样像牛一样壮实。斑哪儿管得了这些，他将荦狠狠地打了一顿。有道是不是冤家不聚头，鲁庄公的正妻哀姜思想也很开放，背过他与大弟庆父私通。

却说鲁庄公后宫佳丽如云，他的正妻哀姜无子，偏房叔姜是哀姜一母同胞

---

①荦：luò。

的妹妹，生有开。鲁庄公偏爱党女，一心想立斑为太子。庆父和哀姜穿一条裤子，想立开为国君。鲁庄公病重时，就立君一事征求兄弟们的意见，次弟叔牙主张拥立庆父，只有三弟季友的想法合他的心思。鲁庄公很不放心，将叔牙的想法告诉季友，于是季友以国君的名义赐死叔牙，扶立斑为君。

在守丧期间，鲁君斑居住在外公家里，这给他的政敌钻了空子。鲁庄公是八月癸亥日死的，十月己未日，庆父就安排荦在党氏家中杀死斑。季友投奔陈国，庆父扶立开为君，这就是鲁闵公。

庆父得手后，与哀姜约会更加频繁。可是，再怎么着都是私通，有没有办法让这种关系合法化呢？有，那就是自己当国君。于是庆父派一个叫卜齮的人趁鲁闵公不防备，在武闱[①]袭杀了他。这下子惹火了鲁人，鲁人想杀庆父，庆父吓得屁滚尿流地逃到了莒国。季友拥戴鲁庄公的少子申回到鲁国，继立为君，这就是鲁僖公。哀姜逃到邾国后，被他的哥哥齐桓公下令引渡回国杀死。

撩妹撩得如此惊心动魄，实在让人长见识。

四

干私活是诸侯国一些高干们日常的一项重要工作。

干私活最重要的不是才能，而是要有坏心眼。管仲、商鞅、乐毅、吴起，这些人哪个能力和水平不是一流？但是，不管口碑好与坏，他们在这方面都鲜有作为。人臣楷模周公旦就更不用说了。

干私活最卖力的是田乞父子。这两个坏家伙从一开始就操下了坏心。田乞在做大夫时，用小斗收进、大斗贷出，暗中收买百姓，当政的齐景公对他睁一只眼，闭一只眼。齐景公以为百姓们会把他当作明君尊崇。其实，他想错了，齐人根本就不买他的账，百姓把臭袜子都抛向了齐景公，让田氏把好名声赚了个盆满钵满。齐景公仙逝后，田乞原形毕露，一改当初可怜兮兮的样子，他设计除掉两位顾命大臣高昭子和国惠子，废掉晏孺子，扶立阳生为君，齐人唯他马首是瞻。田乞死后，他的儿子田常继承了先父“小斗进、大斗出”的老办

①武闱：王宫里的小门。

法，继续笼络民心，齐人甚至编写歌谣颂扬他的功德。

吃谁饭，砸谁碗，你看田乞父子，也就是陈完的后代，够损的了吧！但是，拜托了，相比田乞父子温水煮青蛙式的搞法，晋国公卿更为明目张胆、直截了当。公元前 539 年，晏婴出使晋国时，直士叔向对他哀叹说："晋国快要完了，晋平公的精力全在建造亭台楼阁上面，政权都被私家把持了！"

叔向说的一点儿没错，这些晋人根本不把晋君放在眼里，经常一言不合就发飙。比如说，公元前 514 年，晋国公族祁傒的孙子与叔向的儿子在晋君面前相互诋毁。六卿想削弱王室的力量，借机动用刑法灭了二人全族，瓜分了他们的封邑。公元前 458 年，智伯与赵鞅、韩不信、魏侈，不顾晋出公的反对，瓜分了范吉射、中行寅的领地。公元前 453 年①，赵襄子、韩康子、魏桓子又在晋哀公眼皮子底下杀死智伯，吞并了他的领地。

晋人在干私活时，连国家机器都敢动用，这样明目张胆的做法跟抢劫有什么分别呢？

五

诸侯国里还有一些高干喜欢斗鸡走狗。

不是我骗你，这些人可是真斗，而且像现在的体育运动项目一样，设有专门的科技研发机构，有科技做支撑。话说有一次，季氏与郈氏斗鸡，季氏在鸡身上撒了芥末。季平子满以为他们胜券在握，谁知郈氏玩儿得更绝。郈氏使用违禁药品了？倒没有，他们别出心裁地给鸡套上铁爪子。季平子输了比赛，很生气，辱骂郈氏："你们无视《竞赛手册》，随意上新装备，会有你们好看的！"郈氏也不是省油的灯，联合臧氏在鲁昭公面前攻讦季氏，鲁国因此发生内乱，鲁昭公流亡国外。

晋灵公童心未泯，他对斗鸡走狗这一套不感兴趣。他喜欢的是卡通画，让人将皇宫的墙壁全部涂上彩绘。后来，彩绘也看烦了，晋灵公就领上手下一帮人站在高台上用弹弓射行人，观看人们躲避弹丸时的狼狈样子。

---

①《六国年表》纪年。

宋王偃和祖先商纣王有一拼，他“面有神光，力能屈伸铁钩”，武功也很了得，东下齐国五城，南侵楚地三百里，西败强魏。眼看形势一片大好，宋王偃不由得有些飘飘然，用皮囊盛满鲜血，将它悬挂起来用箭射。每当皮囊被箭射破，鲜血便会喷薄而出，宋王偃称之为“射天”。宋王偃一味沉湎于酒色之中，遇有大臣劝谏也用箭处理，人送他外号“桀宋”。公元前 282 年，齐、魏、楚联手灭掉宋国，杀死宋王偃，瓜分了宋地。

说了半天，还没有说到狗是吧？前面提到的晋灵公就喜欢狗，他在宫苑里养了不少狗。帝王大抵都喜欢狗马奇物，夏桀、商纣、汉文帝等都有关于养狗的记录。但是，晋灵公不是玩走狗，也不是玩遛狗，而是放出恶狗咬臣子赵盾。

算啦，还是不说了，说多了会带坏大伙儿。

一场游戏的开始与结束

一

祭仲是周王朝上市公司——郑国的一名高管。

注意了，这里的“祭”读“zhài”，不读“jì”。因为人家祭仲是高管，大夫级别的，不是什么祭品。大夫这个词现在听来很不起眼，但是放在过去，那绝对高大上。而祭仲应该是高大上中的高大上，因为他还有个比大夫响亮一千倍的名号，这就是权臣，并且是“春秋第一权臣”。

权臣一词语出《晏子春秋》：“今有车百乘之家，此一国之权臣也。”比祭仲生活的那个年代晚了至少一百多年。郑国连同我们熟知的宋、蔡、陈等国均是千乘之国（中等诸侯国）。你可以想见一下，一个百乘之家的权臣有多么厉害。这也就是说，在“权臣”这个词出现之前，怎么称呼祭仲一直是个大问题。

叫“权奸”吧？肯定不行。祭仲除过爱“捣糨糊”，似乎并未弄权作恶，甚至于还有人说，他废嫡立庶是为了保全太子忽与郑国。更何况，“权奸”这个词的发明人是明朝的大思想家王守仁，比他晚生了足足两千多年。

叫“汉奸”吧？似乎也不妥。不管“汉奸”这个词是起源于汉代，还是北宋之后，都和祭仲不搭边。在祭仲生活的那个时代，生活在黄河流域一带的居民叫华夏族，不叫汉族。汉族是汉朝建立后才有的事。

叫“郑奸”吧？更显得你小肚鸡肠。不论郑也罢，宋也罢，都是周王朝设立的上市公司，给他国做事，只能算是生产要素的合理流动。比如说，孙武是齐国人，却到吴国去带兵；吴起是卫国人，却为魏国效力；乐毅是魏国人，却在燕国做将军。又比如说，商鞅是卫国人，张仪是魏国人，李斯是楚国人，等等。

还有一个词语与祭仲很匹配，而且较之权臣更为贴切。这就是最近的流行词语：股奸。“股奸”一词，特指在2015年的那轮股灾中内外勾结，故意通过做空自己祖国的股市，以此来赚钱或者达到其他目的的人。祭仲与境外势力或是其他大臣勾结，频繁废立国君，达到了做空国家、壮大自己的目的。他的这种运作模式用老观念看就叫作陪臣执国命，用新观念看就是股奸。

二

祭仲还是有两把刷子的。

祭仲第一次登上历史舞台是公元前743年。当时，郑庄公刚即位不久，小郑迫于母亲武姜的压力，将弟弟段封在京邑。

祭仲劝谏说：“京邑比国都还要大，把它封给段，将来会有大麻烦的。”

郑庄公故意打马虎眼：“这是母亲大人的意思，我不敢违抗啊！”

郑庄公的母亲因为在生他时出现难产，所以不喜爱他，而喜爱他的弟弟段。公元前722年，经过二十多年苦心准备的共叔段与武姜里应外合发动叛乱。郑庄公发兵攻打段，段逃亡到共地。郑庄公把母亲武姜安置在城颍，发誓不到黄泉永不相见。

这之后，祭仲在郑庄公的领导下又接连干了几宗大事情。

第一件事：公元前720年，祭仲奉郑庄公之命，率军进入王畿，在麦熟之际抢收了温地（今河南温县）与成周（今河南洛阳东）的麦子。秋季谷子成熟时，又抢收了这两地的谷子，弄得周王颜面尽失。

第二件事：公元前718年，祭仲与原繁、泄驾率领郑军，在北制（今河南荥阳汜水镇）一带大败卫、燕联军，成功报了上一年宋、卫、陈、蔡联军伐郑之仇。

第三件事：公元前707年，周桓王因为郑庄公不肯朝见自己，率领陈、蔡、虢、卫四国讨伐郑国，郑庄公与祭仲、高渠弥等率军应战，大败王师。战斗中，周桓王的肩膀被郑军射中。

如果沿着这条道路一直走下去，祭仲一定会成为万人敬仰的能臣的，可惜的是，他最终选择了投机，与能臣失之交臂。能臣与权臣虽说只有一字之差，其含义却有着天渊之别。能臣在于“能”，权臣在于“专”。

事实上，在郑庄公去世之前，祭仲的投机本性已现出端倪。

公元前706年，郑太子忽率军救援齐国。齐僖公想和太子忽搞一回政治联姻，却遭到了这个愣头青的拒绝。当时祭仲也在场，劝太子忽答应下这门亲事，说：“国君有很多宠妾，太子如果得不到大国的援助，将很难继位，三位公子都有可能成为国君。”太子忽没有采纳他的意见。

祭仲所说的三位公子是太子忽、忽的弟弟突和亹。文姜就是与兄长齐襄公私通，害得丈夫鲁桓公客死他乡的那位。所以说，太子忽结了这门亲，不见得就是好事情，但是不结这门亲，失去大国的帮助是板上钉钉的事。也正是由于太子忽缺少强硬后台，这才给了祭仲充足的表演空间。

三

公元前701年，郑庄公仙逝，祭仲的换君游戏也由此开始。

在短短的十几年中，祭仲和他的同行们一口气更换了四位国君。

祭仲先是拥立了太子忽。忽的母亲是邓国人，邓是个小国，给不了忽多少帮助。相反，公子突的母亲雍氏是宋国望族，深受宋君宠信。宋庄公听说祭仲拥立忽，就派人诱劫了祭仲并威胁他说：“再不立突为君，就处死你。”同时，拘捕了公子突，向他索取贿赂。祭仲为了保全性命，被迫答应了宋君的要求并与之订立了盟约。忽这个人带兵打仗似乎还可以，但是，做国君却不是一把好手，他听说祭仲要拥立自己的弟弟突为国君，立马卷铺盖走人。己亥日，祭仲带着突回国即位，是为郑厉公。

郑厉公在位四年，祭仲大权独揽，堂堂国君却要忍气吞声，看臣子脸色行事，这让郑厉公觉得很不爽，于是他暗中支使祭仲的女婿雍纠谋杀祭仲。事情败露后，郑厉公被赶出国都，祭仲迎回郑昭公忽，重新立其为国君。

郑厉公出逃后占领了栎邑。诸侯们听说郑厉公跑了，兴师讨伐郑国，没有取胜。宋国没有办法，只好送给郑厉公很多军队，让他守卫栎邑。郑厉公有了军队，再加上郑昭公对弟弟动了恻隐之心，郑国因此也不再讨伐栎邑。

可是，郑昭公的霉运并没有因为他的宽宏大量就此结束。早在郑昭公做太子时，父亲郑庄公想拜高渠弥为上卿，忽厌恶高渠弥，但是，郑庄公没有听取他的意见，最终让高渠弥做了上卿。等到郑昭公复位，高渠弥担心自己被杀，就在跟从郑昭公外出打猎时射杀了郑昭公。祭仲与高渠弥不敢迎接郑厉公回国，只好改立郑昭公的弟弟亹做国君。他就是子亹，在死后连谥号都没有。

公元前 694 年，公子亹刚刚即位就赶上齐襄公在首止召集诸侯会盟。子亹还在做公子时就和齐襄公有过节，祭仲劝他不要去。

子亹不听，说："齐强郑弱，郑厉公又流亡在外，假如我不前去参加会盟，齐国就会率领诸侯军队前来攻打郑国，并支持郑厉公回国。我不如前往，更何况，去了也不一定会受辱，落到像你所说的那步田地!"坚持带上高渠弥一起前往，精于世故的祭仲"称疾不往"，再次逃过了一劫。

子亹到首止后，因为没有向齐襄公谢罪，被齐襄公埋伏的甲兵杀死。高渠弥逃回郑国，和祭仲一起从陈国迎回了子亹的弟弟公子婴，拥立其为国君。

公元前 682 年，一代权臣祭仲终于走完了他充满传奇的一生。

四

祭仲虽然死了，可是，他开启的换君游戏还在继续。

公元前680年，郑厉公效仿宋庄公，指派手人下诱捕了大夫甫瑕，要求他帮助自己回国复位。这个甫瑕比祭仲还没有节操，答应得很痛快：“只要你们放了我，我一定会杀死郑子，迎接厉公回国。”郑厉公与他订立盟约，释放了他。六月甲子日，甫瑕杀死郑子和他的两个儿子，从栎邑迎接郑厉公突回国即位。

甫瑕忽视了一个最为重要的因素：郑厉公不是太子忽，他并没有想象中的那么好对付。连祭仲与高渠弥都不敢迎接郑厉公复位，他自己却来蹚这个浑水。结果郑厉公一上台就来找甫瑕的事。而郑厉公，即便是杀人也很有谋略，他首先将矛头对准了自己的伯父原：“我失去了国家，多年在外流亡，作为伯父，你竟然无意接纳我，未免也太过分了吧！”换君是祭仲几个所为，但经郑厉公这么一说，原本无关的全都变成了有关的。原这个人把气节看得比生命还重要，不似祭仲之流那样圆滑，他顺着郑厉公的话茬说：“侍奉国君不能有二心，这是做人臣的本分，我知道自己的罪过了。”说完便自杀了。一切均在郑厉公的计划与掌控之中。有了原这个铺垫，连争辩的理由都被郑厉公给封杀了，再处决甫瑕那就是水到渠成了。郑厉公对甫瑕说：“你侍奉国君有二心。”遂下令杀掉甫瑕。到了这个时候，甫瑕连肠子都悔青了，他说：“我不去报答郑子的恩德，却要去干这种有违人伦的事情，这实在是作死啊。”

甫瑕的自我检讨做得并不深刻，他到底没有弄明白自己为什么会死。试想，祭仲几个人先后废立了四个国君。甫瑕又接着废掉了郑子，如果任由这个游戏发展下去，那么，下一个被废掉的人会是谁呢？是郑厉公啊！精明强干的郑厉公当然不会给甫瑕这个机会，他必须采取断然措施结束这种危险的游戏。可以说，甫瑕横竖都是死，他不迎接郑厉公复位是死，迎接了还是死。

甫瑕的死，宣告了郑国的换君游戏暂时告一段落。然而，可惜得很，换君游戏就像是潘多拉的盒子，一经打开就再也收不住了。历史终将证明，郑厉公的努力是徒劳的，废立国君的游戏还将在郑国乃至春秋战国的许多国家接二连三地上演。

大佬们都是怎么疼爱老婆的

一

今天，讲给大家听的是几个老掉牙的故事。

故事的主角是三个帝王，大家的老朋友夏桀、商纣、周幽王。

这三个人弄亡了国家，千百年来被千人踩、万人骂，已经够倒霉的了，我们就不做过多批评了。大家说，我们姑且表扬他们一次如何?

大家可别忘了，古往今来，搜异猎奇一直是帝王们的必修课。即便是他们越过众多妃嫔，直接与宫女、臣妻、村妇乱来也没有什么不可以的。而且，这些被临幸过的女人非但不会恼怒，还会欢天喜地。

可是，令人费解的是，这几个荒淫无度的被国人骂了数千年的帝王竟然在妻妾的数量上都没有什么想法。单纯作为一个男人来说，他们应该都是像唐玄宗李隆基那样的疼老婆高手。下面，就让我们一起走进历史长河，看看这些末代君主是怎样以国相许、倾其所有疼爱老婆的。

二

夏桀一门心思只对施妹喜好。

夏桀是个文武全才，他可以不费吹灰之力将弯曲的铁钩拉直，完全是一副明君的料。在夏桀的父亲发在位时，各方诸侯已经不来朝贺了。夏桀即位时，夏王朝内忧外患，危机四伏，正是可以大显身手之时。可是，夏桀竟然不思进取，将他的聪明才智全部用在了享乐上。

夏桀的宠妃名叫施妹喜，是他在讨伐有施氏时得到的。夏桀十分宠爱她，特地为她建造了富丽堂皇的琼室、象廊、瑶台和玉床，日夜与施妹喜及宫女们一起饮酒作乐。高兴时，夏桀就把施妹喜抱在膝上批阅奏折。

夏桀对施妹喜言听计从，施妹喜喜欢穿男人的衣服，夏桀就让她穿着朝服假扮成官员在朝堂上嬉戏。施妹喜喜爱听缯帛撕裂的声音，夏桀就命人将国库中的缯帛全部搬出来，让宫女们一匹一匹地撕给她听。施妹喜喜爱盛大的宴会，夏桀就在宫中建造了酒池肉林。所谓肉林，就是悬挂着的肉干有如树林一般。酒池则是在一个巨大的池子里面盛满美酒。

据说，夏桀建造的这个酒池足足有五平方千米那么大，简直能称得上是湖了，你可以想见有多么壮观。只说这巨池在盛满美酒后，酒波浩荡，船只可以往来行驶。每逢宴请，三四千人齐聚在酒池旁边，只待一声令下就一齐趴在岸边，像牛群饮水一样从岸上伸出脖子狂饮。

夏桀将他的这个酒池肉林称为夜宫，带领着一大群男女杂处其中，一味狂欢，竟然一个月都想不起去上朝。太史令终古哭着进谏，夏桀很不耐烦，斥责他多管闲事，终古无奈之下投奔了商汤。

大臣关龙逄①实在看不下去了，进谏说："天子仁爱，天下才能安定。现在，百姓们都怨声载道，盼望着夏朝早些灭亡呢，你再这样下去是不会有好果子吃的。"关龙逄还向夏桀进献了一幅华夏形势分析图——黄图，借以说明形势的危机。

夏桀大骂关龙逄妖言惑众，下令将其处死，还说："君王就是天上的太阳，你听说过太阳会灭亡吗？太阳灭亡了，我才会灭亡。"

大约公元前 1620 年，夏桀得到施妹喜。大约公元前 1600 年，商汤在鸣条（今山西运城东北）击败夏军。夏桀携带着妹喜和大批珍宝逃到南巢（今安徽巢县），被商汤追上并俘获，放逐在此地。

---

①逄：音 páng。

三

帝辛（纣）也是只对苏妲己好。

帝辛这个人自幼聪敏过人，他身材魁梧，力大无比，能徒手格杀猛兽，还能把九头牛倒拉着走。帝辛继位后，重视农桑生产，国力异常强盛。他连续对东夷用兵，平定了江淮一带。

公元前1047年，帝辛在讨伐有苏部落时得到了妲己。已是垂暮之年的帝辛对这个身形纤细、骨肉匀婷的青春少女爱得不行。是啊，从三十多岁即位到六十岁时还在四处征战，他还没有享受过一天做帝王的快乐呢！

也就是从这个时候开始，帝辛放松了对异族的警惕，他的生活开始变成了另外一种样子。美丽的朝歌（今河南淇县南）齐聚了一大批来自四方的才智之士与能工巧匠，搜肠刮肚为帝辛和妲己谋划，日夜不停地建造宫廷。什么鹿台呀、瑶宫呀，均相继在京师落成。

为了庆祝，帝辛让皇家乐团团长师延穿越到春秋，与卫国著名音乐家师涓①合作，为他创作音乐。据传师延有一部专著，书名就叫作《怎样开好皇家Party》，里面收录了许多令人迷魂荡魄、心神颠倒的曲子。其中，最著名的就是《北里》。帝辛还加重赋税，把鹿台钱库的钱堆得盈盈满满的，把钜桥粮仓的粮米装得满满当当的。他派人多方搜集狗马奇物，扩建沙丘的苑台，聚集乐戏②，把池子盛满酒水，把肉悬挂起来做成肉林，让男男女女赤身裸体在其间追逐嬉戏，饮酒寻欢。奇兽异鸟，管弦丝竹，帝辛和妲己与臣子们每每流连其中，沉醉不醒，以致大家都忘掉是什么日子。

这些似乎是夏朝最后一任帝王夏桀的翻版，区别之处在于：帝辛和苏妲己似乎对科学研究更感兴趣，他们玩得要更嗨。

这两个宝贝看见有人赤脚从冰面上走过去，不明白他为什么不怕冷，就命人敲碎他的脚骨，研究他的腿脚有什么奇特之处。看见路上有孕妇经过，突发

---

①见《史记·殷本纪》："于是使师涓作新婬声，北里之舞，靡靡之乐。"
②乐戏：乐伎。

奇想命人剖开她的肚子，研究胎儿在子宫里是怎么生长的。这夫妇俩还发明了一种叫作“炮烙”的酷刑，让人顺着涂满油的铜柱子往上爬，下面则点燃熊熊炭火，受刑者每每掉落在火里被活活烧死。帝辛有个妃子是九侯的女儿，不喜淫荡之事，不愿跟他们一起玩儿。帝辛大怒，下令杀了她，并对九侯施以醢[①]刑。九侯的同事鄂侯为他争辩，也被处以脯刑，制成肉干，分给大臣们吃。

寄情于声色的帝辛在刚愎自用的道路上越滑越远，他任用被称为“邪恶之星”的费仲管理国政，杀死比干，囚禁箕子，黜免商容，弄得人心尽失。

也就在这时，地处渭水流域的周部落发展壮大。大约公元前 1046 年，周武王联合西方十一个小国对商政府发起进攻。

帝辛的应急组织能力还算不错，一下子集结了七十万兵力，两军在牧野摆开阵势。七十万兵力已经很不少了，前来挑战的周军只有区区四万多人，战车四千乘。这本是一场兵力悬殊的战斗，胜败似乎一目了然。但是，让人大跌眼镜的是，帝辛在历次征战中俘获的大批俘虏发挥了决定性作用，他们集体倒戈，周军兵不血刃攻进朝歌。帝辛拒绝投降，在鹿台自焚身亡，商朝灭亡。

史料中的记载有很多疑点。真实的情形可能是，帝辛连续对东南用兵，忽视了对西方部族的防范，而商王室内部则由于某种原因发生了内讧，比干、箕子等人向帝辛发难，让周武王钻了空子。这样似乎更能解释为什么周武王在第一次伐纣时完成了兵力集结，最终却不了了之。

四

周幽王也是只对褒姒好。

褒姒是周幽王在位上的第三年（前 779）讨伐褒国（今陕西汉中市以北）时得到的战利品。褒姒的身世非常具有传奇色彩。传说她是从前夏后氏衰败时两条神龙留下的口水，被周厉王不小心从木匣中放出来后化成了一只蜥蜴。蜥蜴窜出皇宫时正巧碰上一个六七岁的小宫女，遂像花粉授精那样不知不觉对她下了手。小宫女长到成年时离奇怀孕，生下褒姒。孩子生得如此不明不白，宫女当然不敢

①醢：音 hǎi，古代的一种酷刑，把人杀死剁成肉酱。

养，她遗弃了褒姒。褒姒被一对做小买卖的夫妻收养，后来流落到了褒国。

周幽王对褒姒一见倾心，视若掌上明珠。褒姒在进入周廷后的第二年就为周幽王生下了儿子伯服。从此，周幽王对褒姒更加宠爱，竟废去王后申氏和太子宜臼，册立褒姒为王后，立伯服为太子。

可是，褒姒有个毛病，不爱笑。周幽王想尽千方百计引逗她发笑，就是不能如愿。周室设置有烽火台和大鼓，遇有敌人来犯，就点燃烽火，向诸侯报信。虢石父给周幽王出了一个馊主意：烽火戏诸侯。

周幽王龙颜大悦，当即带着褒姒移住镐京附近的骊山，在那里举行盛大的篝火晚会。晚会举行到高潮，周幽王下令点燃烽火。刹那间火光划破漆黑的夜空，直冲云霄。远处的烽火也一个个被点燃了。

远远望去恰像是一条喷火的巨龙，夺路而去。诸侯们看到烽火，以为王室被敌人包围，连夜带领军队向着京师进发。急急忙忙赶到京师之后却不见有敌人的影子，满眼都是丝竹声。大家我看你，你看我，不明白是怎么回事。

这时，周幽王发话了："诸位爱卿辛苦了，没有敌情，你们回去吧！"诸侯们这才知道上了当，即刻偃旗息鼓，狼狈而去。看着一个个眼里布满血丝的将领和他们身后七扭八歪疲惫不堪的兵士，褒姒终于忍不住哈哈大笑。周幽王很高兴，因而多次点燃烽火。后来诸侯们都不再相信，也就不来了。

让周幽王没有想到的是，太子宜臼这个人"人品很差"，他不甘心被废，投奔了外公申侯，向他告老爹的状。申侯很生气，联合缯国、犬戎大举进攻周都镐京。情急之下，周幽王点燃烽火向诸侯国求救。诸侯们害怕再次被戏弄，没有人再来救他。周幽王是天下共主，申侯不好动手，弑君这件事只能交由犬戎人来办。公元前 771 年，犬戎攻陷镐京，在骊山脚下杀死周幽王，虏走褒姒，将周室的财宝洗劫一空。申侯得到周幽王死亡的消息后，联合鲁、许等诸侯国拥立姬宜臼继位，是为周平王。

但是，事情远没有结束，申侯的引狼入室之举让周王朝付出了惨痛的代价。公元前 770 年，为躲避犬戎侵袭，周平王在秦国军队的护送下将都城由镐京东迁至洛邑（今河南洛阳），勉强支撑起半壁江山。一件家事几乎摧毁了一个国家，中国历史由此进入了一个前所未有的混乱、分裂与动荡时期。

周王遇上的那些不开心的事

一

人人都有烦心事，大人物也不例外。

身心疲惫的周武王姬发像是得了“强迫症”。周武王在灭掉商朝后，推行以殷制殷之策，封纣王的儿子禄父于殷商故地，释放囚禁的箕子和其他关押的囚犯，表彰商朝旧臣商容，修建比干陵墓，祭奠阵亡将士。同时，开放鹿台钱库与钜桥粮仓，赈济民众，收买人心。周武王已经做得够出色的了，但他还是觉得自己做得不够好。

这一日，周武王召见九州长官，在处理完政事后，他忽然心血来潮，率领众人登上豳城（今陕西旬邑西南）附近的高山，遥望殷商旧都朝歌（今河南淇县南），纵论天下兴亡。登高怀古，难免令人伤情。周武王心潮澎湃，思绪万千，回到镐京后就失眠了。

睡不着觉，周武王也没有闲着，索性传周公旦进宫。周公旦来到周武王的住处，问他为什么半夜三更不睡觉？周武王回答说：“实话告诉你吧，从殷末到现在的这六十年，奸佞当道，民不聊生，殷商众叛亲离，这才给了我们机会。但殷朝并非一无是处。自从它建立以来，历代君王选贤任能，呕心沥血，先后任用过三百六十位名士，要不然，它也不会苟延残喘这么长时间。我还没有找到永葆国运昌盛的办法，哪能顾得上睡觉呢？”

周武王又说："我考虑很长时间了，今天总算想明白，要想求得国运长久，必须顺从天意，铲除天下的恶人，并要努力守护、防卫好西土，广施德政。洛水与伊水交汇处地势平坦，是从前有夏氏的故地。我察看了三涂、太行和恒山，回过头来再细细察看这个地方，觉得它实在是个建都的好地方。"

于是周武王移驾洛邑，亲自主持了新都的测量和规划。做完这件事情之后，他下令把战马放养于华山之南，把牛羊放养在桃林之间，军队也就地解散，刀枪入库，以此向天下人表示不再用武。

然而，周武王最终没有看到新都落成的那一天。直到周成王七年三月，周公旦才前往洛邑开始营建新都。周公旦修建的这个陪都在后来发挥了极为重要的作用，正是它保住了周朝的半壁江山。

看来，周武王的担心不无道理。

二

倒了血霉的周昭王，有可能在历史上第一次遭遇了假货。

周昭王姬瑕是一位很有想法的君主。他在位的第十六年，亲率大军，南下讨伐不太遵守纪律的楚国，获取了大量的金银财宝和铸器铭功。许是受了第一次南征成功的鼓舞，三年后，周昭王再次挥师南下。但是这一次，命运之神没有垂青周昭王，他一去不返，再也没能回到周都。

据说，周昭王率领的大军全军覆没，为维护周王脸面起见，楚人没有像处死其他战俘那样杀死他，而是送给他一艘豪华游轮。周昭王很高兴，当即带领手下人等兴高采烈地往回返。谁承想楚国人耍了个心眼，他们送给周昭王的游轮是用胶黏合的，游轮驶到江心就解体了，周昭王被活活淹死。

在民风还相对淳朴的西周时代，突然间冒出了假货，多少让人有点儿猝不及防。那一刻，周昭王的心里估计有千言万语要对楚人讲。但是，说一千道一万，他还是得接受这被坑的现实。

这一年是公元前977年，周王朝建立才几十年的时间。周政府很忌讳这件事，没有向外发布讣告，草草安葬了周昭王。后来，在周政府主持编发的内参选编上总算提到了这件事情，但是，翻过来翻过去就只一句话：“周昭王南巡没有回来。”

周昭王的死成了个谜。

三

周厉王主持下的周政府频遭手下人非议。

话说周厉王姬胡在位的第三十个年头，遇到了他人生的知己、思想非常超前激进的荣夷公。他给周厉王出了个主意，推行山林川泽专利政策，对物产实行垄断经营。按说，这是件挺好的事情，但好事未必能为所有人接受，尤其是伤及身边人利益的事。

大夫芮良夫劝谏说：“荣公这个人贪财好利，不明事理，一味地用财利引诱君王。岂不知财利是全天下人的，独占就会触怒民众。君王如果按照他说的去做，天下岂能长久？一旦荣公受到重用，周朝的江山必将毁于一旦。”

普天之下莫非王土，财利怎么会是全天下人的呢？穿越到西周时代做了周王的周厉王很不赞成芮良夫的说法，要不是芮良夫拉出《颂》和《大雅》，用先王们的事迹来压他，周厉王早命人掌这个芮国国君的嘴了。

周厉王铁了心要进行变革，他提拔荣夷公为卿士，让他掌管国事，推行山林川泽专利改革，由天子直接控制物产，不再准许国人以此谋生。国人被断了生路，公开指责、咒骂他的过失。

召公劝谏说：“赶快废除专利制吧，民众已经怨声载道了！”

周厉王怒从心生，找来一批卫国巫师监视国人，下令将那些胆敢妄议中央政府的人全部抓起来杀掉。这些“锦衣卫”工作认真负责，无可挑剔，很快就帮周厉王消除了反对之声。可是，问题紧跟着来了，诸侯们都不来京城朝见他了。周厉王怒火中烧，推行更加严苛的政令。这一下，国人再也没有人敢开口讲话了，人们路上相遇也只能互递眼神示意。

周厉王非常高兴，他对召公说：“你瞧，再没有人指责我了吧。”

召公说：“你这个办法不行，堵住民众的嘴巴比堵住奔腾的江水还要厉害。

大凡天子治理国家，一定要广开言路，听取民众的意见。这就是为什么要让公卿献诗、盲人献曲、史官献书、乐师献箴、百官进谏的原因所在。民众有嘴巴，就如同大地有山川和饶田沃野。让民众把话说出来，可以了解和考察政事的得失。如果堵住他们的嘴巴，什么事情都有可能发生，你的统治又能维持多久呢!"

周厉王不以为然，骂曰："疏个屁，如果让民众说了算，还要我这个周王做什么？你们休想打着国人的旗号要挟朕!"召公拿周厉王没有办法，只好由了他去。

周厉王的高压政策招来了国人的一致反对，他的山泽专利仅仅实行了三年，国人就群起造反。周厉王逃亡到彘地（今山西霍县东北）。

这么重要的问题怎么能交给巫师来处理呢？想革新，却又不愿扑下身子做干部群众的思想工作，真是让人匪夷所思。最终，由于推行方法出现问题，这项号称中国历史上最早的改革以失败而告终。

四

周宣王的一生一波三折。

周宣王姬静在幼年时就差点儿死于非命。那一年发生了国人暴动，周宣王的父亲周厉王抛下他独自逃跑。当时还是王太子的姬静被召公藏匿在自己家中，愤怒的国人包围了召公府邸，要求召公交出姬静。召公迫于无奈，只好用自己的儿子去顶替姬静赴死，姬静这才侥幸逃过一劫。

姬静长大成人后登上王位，他就是周宣王。周宣王修明政事，继承文王、武王、成王、康王的遗风，一度使国力得到了恢复，诸侯们又开始朝见周王了。然而，周人才看到了点儿曙光，周宣王就飘飘然，开始犯浑了。

在古代，天子与诸侯均享有籍田，天子一千亩，诸侯为百亩。每年春耕开始前，王室和郡国均要举行祭祀先农①的籍礼，由天子、诸侯装模作样地扶着耒耜在田里三推三反，行祈年②礼。其重视程度和现在每年三月份的植树造林

①先农：古代传说中最先教民耕种的农神。

②祈年：祈祷丰年。

差不多。但是，周宣王却不愿意到千亩去参加义务劳动。

虢文公劝谏周宣王说：“大王千万不可以这么做，你要是不在电视上露个脸，还叫群众怎么去耕种呢?”周宣王不听。

不参加义务劳动倒也罢了，更为可笑的是，周宣王患上了“大头病”，频繁对周边部族用兵，而且屡战屡败。

其中，最为著名的是发生在公元前789年的千亩之战，政府军被姜戎人全歼，幸亏驾车的奄父跑得快才保住了周宣王一条性命。

五

周幽王更惨，他死得不明不白。

周幽王姬宫湦是周宣王姬静的儿子周厉王姬胡的孙子，这家伙比他的爷爷和父亲还要倒霉。归根结底，周幽王是叫女人害了。周幽王的宠妃褒姒是个冷艳迷人的绝世美人，周幽王对她爱得不行，为了讨褒姒欢心，周幽王废掉王后申氏和太子宜臼，册立褒姒为王后，册立伯服为太子。

他还多次下令点燃镐京附近的烽火，引逗褒姒发笑。周幽王抱定决心要跟褒姒谈一场轰轰烈烈的恋爱，可是，家国向左，爱情向右。这样大的历史题材剧连多才多艺的唐明皇也把握不好，周幽王又焉能全身而退呢?姬宜臼对老爹的做法很不满，他借助犬戎之手杀死周幽王，自立为王。

为了爱情而丢掉性命，周幽王死得太憋屈了。

我们是否可以做这样的猜想，姬宜臼联合外人杀了老爹，却不愿背负弑君的罪名，便组织写作班子给他的老爹抹黑。于是乎，这段历史就成了我们今天看到的这个样子。周幽王背负的这个千古骂名与他的“孝顺”儿子姬宜臼不无关系。

如果真是这样，九泉之下的周幽王一定死不瞑目。

六

周桓王被诸侯们看扁了。

话分两头说，事分两面看。有得必有失，更何况是这等不光明磊落之事。

周平王姬宜臼虽然如愿以偿地夺取了王位，可是却丧失了大片国土，并且弄丢了周王天下共主的地位，让此后继位的东周诸王多半成了受气包。

说来话长。周平王时，郑庄公子承父业，做了朝廷的卿士。可是，郑庄公这个人太强势，老是顶撞领导。周平王有意擢升西虢公，削弱郑庄公的权力。郑庄公气愤不过，向周平王讨要说法，事情最终以“周郑交质”收场。

公元前 720 年，周平王死了，即位的周桓王决定遵从老爹的遗愿，让西虢公接替郑庄公。郑庄公拒绝执行命令，他既不为周平王奔丧，也不朝贺新王登基，还命人于春、秋两次侵入王室领地，抢收成熟的庄稼。

直到公元前 717 年，郑庄公才前来朝见，周桓王很生气，不以礼相待。郑庄公怀恨在心，在公元前 715 年，私自与鲁国调换了许地的田地。许田是天子用来祭祀泰山的专用田。郑庄公这么做，无异于骑在周王脖子上拉屎。更让周桓王无法接受的是，这个刺儿头竟然假托王命讨伐宋国。

周桓王气不打一处来，解除了郑庄公在朝廷的职务。你不仁，我也不义，郑庄公遂又中止了朝见。公元前 707 年，忍无可忍的周桓王征调陈、蔡、虢、卫四国军队讨伐郑国。可是，政府联军很不给力，被郑军打得落花流水，连周桓王的一只肩膀都被箭射伤。讲礼讲不通，打又打不过。周桓王只能忍气吞声灰溜溜地撤了军。

不要讥笑周桓王，因为他偶尔还能端一端君王的架子出来，而像周惠王、周襄王、周敬王、西周君这些人，已只有仰人鼻息的份儿了。

连向来很讲理的晋文公都曾召见过周襄王。害得史官在写到这段历史时，抓破脑袋才憋出来这么一句：“晋文公约周襄王到河阳打猎。”高，实在是高啊！孔子在读到这一节时也说：“《春秋》这种写法是有意隐瞒。”

高手是怎样做思想工作的

一

国人自古就有做思想工作的传统。

战国时代的淳于髡的思想工作做得极好。淳于髡这个人有个毛病：好出风头。他听说驺忌子靠着在齐威王面前卖弄鼓琴与治国的道理得到重用，就跑去找他比试。这时的驺忌子已然是相国了，但是在淳于髡的眼里，他依然是个琴手。淳于髡见了驺忌子也不客套，开门见山就“训导”他说：“你可真会说话呀！在下有一些想法，虽说是浅薄了点儿，但也想说给你听。”

相府突然闯进来这么个野蛮人，驺忌子倒是很能沉得住气。他不动声色地说：“我洗耳恭听。”

淳于髡说：“伴君如伴虎，周到无误可以身名两全，要是稍有不慎则会身败名裂。”

驺忌子说：“承蒙教诲，我会把你的话谨记在心间。”

淳于髡说：“猪油可以用来润滑车轴，但是，如果轴孔是方的，涂抹得再多也无法使它转动。”

驺忌子说：“听明白了，我会小心谨慎地侍奉君王。”

淳于髡说：“胶是用来黏合弓干的，但它却不可能让缝隙完全闭合。”

驺忌子说：“听明白了，我一定会依附于万民。”

淳于髡说：“狐皮袄即使破了，也不能用黄狗皮去补。”

驺忌子说：“听明白了，我会亲近君子，远离小人。”

淳于髡说：“大车未经校正，就不能载重；琴瑟未经调和，就会五音不齐。”

驺忌子说：“听明白了，我会认真修订法律，不使官吏徇私枉法。”

淳于髡说了五句，驺忌子对了五句，淳于髡便觉着没有再批评下去的必要了，弄不好会将比试变成研讨会，赶忙见好就收，迈着小碎步，恭恭敬敬地退了出去。淳于髡走到门外，对他的仆人说：“这个人了不得，我说了五条隐语，他都对答如流，就像是山谷的回声一样，他很快就会受封的！”

仅仅过了一年，驺忌子便被封在下邳，号为成侯。

最终，淳于髡与驺忌子战了个平手。

二

做思想工作真的需要这么复杂吗？

非也！俗话说：“响鼓不用重锤敲！”

做思想工作也要看对象，有些人的思想工作就特别容易做。

智伯率领韩、魏两家围攻晋阳，战争进行了一年多时间，仍旧没有结果。于是智伯军引汾水灌城，城墙被大水淹没得只剩下了三板高。这时，城里粮食已经吃光，人们易子而食，群臣也都有了二心。赵襄子很害怕，派相国张孟谈半夜出城，密见韩、魏高层。韩、魏两家阵前倒戈，三家联手灭了知（智）氏，瓜分了他的领地。

张孟谈到底都说了些啥？想必无非是些唇亡齿寒的大道理而已。这些老掉牙的话连《史记·赵世家》都懒得记述，我当然也没有复述的必要。需要指出的是，韩、魏两家人的思想工作并非想象中那样难做，智伯早就替张孟谈做好了。

就在赵襄子最为头疼之际，智伯带领着一帮人察看水势。当时，魏桓子为他驾车，韩康子在车右陪侍。智伯看了晋阳城的惨状得意忘形地说：“‘我原来不知道河水也可以灭亡一个国家，现在知道了。’既然晋水可以淹晋阳，汾水自然也可以淹（魏都）安邑，绛水也可以淹（韩都）平阳。”魏桓子听了，偷偷用肘臂碰了碰韩康子。韩康子会意，也用脚踩了踩魏桓子，两人就此达成了共识。

有了这个做铺垫，张孟谈成功的概率那是直线飙升。呵呵，见过坑爹的，没见过自掘坟墓，迫不及待地为自己挖坑的！

三

态度“不端正”也能做好思想工作。

公元前273年，赵、魏联军攻打韩国华阳。韩国向秦国告急，秦国置之不理。韩相国召见陈筮说：“事情紧急，希望你抱病起身，连夜去秦国求援。”

陈筮到秦国见了穰侯魏冉。穰侯说：“连手机都不打！韩国危急了吧？所以才派你来。”

陈筮将拐杖放到沙发上，不紧不慢地说：“并不是很危急呀，哪儿用得着打你手机。”说罢竟就把穰侯晾到一边，自顾自地看起了电视剧。

陈筮一副二百五的样子，穰侯却就急了，发怒道：“就你这个样子，也配作君王的使臣？你们韩国的使臣接踵而至，一个个都是来向我们告急的，你却说不危急，你葫芦里到底卖的什么药？”

陈筮说：“韩国如果真的危急，就会改变策略去归附其他的国家，因为还不是很危急，所以，就又派我来啦。”

穰侯听了，又是好气又是好笑，说：“你不必去见秦王了，我这就发兵去救援韩国。”

八天后，秦军赶到韩国，在华阳山下打败了赵、魏联军。

四

在我们的印象中，名人的思想工作恐怕是最难做的了。但是，魏相国田文告诉我们，其实一点儿都不难。

吴起在做西河郡守期间，多次以少胜多，打败秦军，一时声名鹊起，威震朝野。恰巧魏国设置相位，许多人都看好吴起。可是，最后魏国却起用不怎么知名的田文为相。

吴起心里很不爽，跑去相府对田文说："我可以和你比一比功劳吗?"

田文说："行啊!"

吴起说："统率三军，使士卒舍生忘死，敌国不敢觊觎我们，你比我如何?"

田文说："我不如你。"

吴起说："治理百官，亲附万民，充实府库，你比我如何?"

田文说："我不如你。"

吴起说："镇守西河，使秦不敢东犯，韩、赵宾服，你比我如何?"

田文说："我不如你。"

吴起说："既然这三方面你都不如我，凭什么你的职位反倒在我之上?"

田文说："君王年少，国人忧虑，大臣未附，百姓不加信任，当此之时，是把政事托付给你合适，还是托付给我更合适呢?"

吴起沉默良久说道："还是由你出任相职更合适。"

田文说："我们家乡有句名言，'歪笤帚要配破簸箕。'不是我比你高明，而是我比你更合适，这就是我的职位之所以比你高的原因。"

田文几乎兵不血刃就将滔滔雄辩的吴起打趴在地上。

五

最难做的，其实是权贵的思想工作。

公元前265年，秦国大举进犯赵国，连下三城。其时，赵王刚刚即位，太后掌权，秦国又攻得很急，赵国不得已向齐国求救。齐王趁火打劫，说："除非让长安君来齐国做人质，齐国才会出兵。"太后不肯，大臣极力进谏。太后告诫左右说："谁再敢提做人质的事，老妇就唾到他的脸上!"

左师触龙通报说，他希望拜见太后。太后怒气冲冲地等着他。触龙进了宫，颤巍巍地来到太后面前告罪说："老臣患有脚疾，腿脚不灵便，很长时间没有来拜见您了。可是又惦记太后的身体，所以一直想来看望太后。"

太后没好气地说："老妇我依靠车辇行动，方便得很。"

触龙说："饮食情况怎么样？"

太后说："勉强喝些粥。"

触龙说："老臣近来也不想吃饭，就勉强散散步，每天走上那么三四里路，多少增加了点儿食欲，身体也舒适了一些。"

太后说："老妇我做不到。"说罢，脸色稍稍缓和了些。

触龙一看有门儿，遂又套近乎，说："我的小儿子舒祺没什么出息，我老了，心里很疼爱他，可还是想给他找点儿事情做。我冒昧请求太后，让我儿子替补黑衣卫士的空缺去保卫王宫。"太后说："行啊！孩子多大了？"答："十五岁了，小是小了些，但愿在我入土前把他托付给您。"太后说："你们男人也疼爱小儿子吗？"答："超过妇人。"太后笑着说："还是妇人要更爱一些吧。"触龙说："可是，老臣觉得您疼爱燕后胜过长安君啊！"太后说："那你就错了，疼她比疼长安君差远了。"触龙说："父母疼爱子女，就应该为他们的将来考虑，想当初您送燕后远嫁的时候，哭着抓住她的脚后跟不放，可是，祭祀的时候却祷告说'千万不要让她回来'，这难道不是在为她的长远打算，希望她子子孙孙都能继承王位吗？"太后说："是啊！"触龙说："距离现在三代以前，赵国君主的子孙还有被封为侯的吗？"太后说："没有了啊！"触龙说："不只赵国，诸侯各国子孙后代的继承人还有在位的吗？"太后说："老妇没有听说过还有的。"触龙说："灾祸不是落到自己身上，就是落到子孙身上，难道说，君王受封的子孙全都不优秀吗？不是啊，是由于他们地位尊贵却没有建树，俸禄优厚却没有功劳，拥有的重器宝物太多了的缘故。现在，您凭借自己的影响让长安君尊贵，封给他肥沃的土地，赐给贵重的宝物，可是不趁这个机会让他为国立功，将来一旦您老辞别人世，长安君凭借什么在赵国立身？老臣以为，您为长安君考虑得太少了，所以，才认为您更疼爱燕后。"太后觉得触龙说得有理，于是就答应送长安君去齐国做人质。

然而，太后还是不放心，派出百辆车子随行。长安君带着一大队人马，浩浩荡荡地奔赴齐国去做人质，齐国这才发兵救援赵国。

《史记》车夫录

一

最皮干的车夫。

庆郑是晋国大夫，套的是驾驶员高级职称。这家伙开车技术很高，不但会开搭载甲兵的驷乘战车，还会开将帅的指挥车和国君打仗的戎车。不要说是飞机、舰艇，估计给他个航母开也不在话下。

公元前645年春天，秦穆公率大军讨伐晋国。晋惠公深知高技术人才不好领导，假惺惺地问庆郑：“秦军深入国境，该怎么办呢？”

晋惠公想听庆郑表忠心。但庆郑偏不，说：“秦国护送你小子回国，你却违背承诺不割地给人家。前年晋国闹饥荒，秦国不计前嫌，送来粮食援助我们。去年秦国闹饥荒，你不但不予援助，还落井下石攻打人家。现在，让秦军打到家门口，不也是咎由自取吗？”

晋惠公骂：“滚一边去，你一个赶车的，懂得啥叫政治？”

然而开战前夕，卦象显示，庆郑无论是驾车还是担任护卫，均为吉利。晋惠公不放心，说：“庆郑这家伙不听话，还是改换别人吧。”

遂改让郑人步阳为自己驾驭军车，家仆徒在车右担任护卫。晋惠公选择的是进口战车，这种战车携带的重装备多，火力强大，但问题是过于笨重，不够灵便。庆郑建议使用本土战车，晋惠公不听。

九月壬戌日，秦、晋两军在韩原展开决战。战斗中，晋惠公的战车陷入泥泞之中不能动弹。秦兵赶来，晋惠公处境窘急，招呼庆郑过来驾车。庆郑却还皮干：“不按照占卜说的去做，不就是想失败吗?”庆郑说罢就抛下晋惠公走了。晋惠公没有办法，急令梁繇靡、虢射迎击秦穆公。二人眼看就要抓住秦穆公，又被庆郑喊回来救援晋惠公。秦军绝地反击打败晋军，晋军没有抓到秦穆公不说，国家最高领导晋惠公还被秦军活捉。

秦国本想杀死晋惠公祭祀上天。但是，在晋惠公姐姐、秦穆公夫人的斡旋下，姐夫秦穆公动了恻隐之心，答应与晋国讲和，放了这个不争气的小舅子一马。晋惠公回国后，献出河西之地给秦，杀了庆郑。

二

最没有节操的车夫。

公元前607年，在春秋历史上出现了极具戏剧性的一幕。

正当郑、宋两国军队拉开架势，准备捉对厮杀时，宋军主帅华元的车夫羊斟，径直将战车开进郑军阵营，将主帅拱手送给了敌军。

事情的原委是这样的。郑国遵照盟主国楚国的意图前来攻打宋国，宋国派华元迎战。为了激励将士，华元安排人杀羊煮肉犒劳三军。可是，华元的军务实在是太忙了，他竟然忘记了给羊斟吃羊肉。

搁一般人，摊上这号鸡毛蒜皮事情大不了腹诽一番也就算了。严重一点儿的，也许会选择在夜深人静时来到华元家门口飞砖头。再恶劣点儿，会通过告黑状、偷拍、发视频来发泄不满。怎奈羊斟是个吃货，在他的眼里，吃肉比什么都重要。这个二货车夫以私废公，以最为极端的方式制造了“羊肉门”事件。

华元责问羊斟，羊斟回答说：“畴昔之羊，子为政，今日之御，我为政。”

翻译过来就是：我管你什么元帅、国君，郑国、宋国，谁对我的胃好，我就对谁负责！分羊肉的事情是你做主，开航母则是我做主。宋国就这一艘破航母，而且只有我羊斟能开得了，航母司机你都敢小瞧?

羊斟的回答出乎了所有人的意料。不光是华元，估计郑、宋两军士兵的眼珠子都掉了一地。这时候的郑国，早就从郑庄公时代的带头大哥沦落到了仰人鼻息的地步。郑国与宋国，不过是半斤八两，谁也没有取胜的绝对把握。

为了一碗羊肉竟然置国家利益于不顾，这羊斟的政治素养也实在是太差了。

但是，既然后台老板楚国发话了，郑国再不想打也得打。估计郑军司设计了N种击败宋军的方式，却唯独没有想到会是这个样子。天上突然掉下来这么个大礼包，郑军司令那个乐呵劲儿就甭提了，赶紧下令将华元囚禁，于是乎，一场生死苦战瞬间就变成了戏剧表演。可怜华元研究了一晚上的作战方案却让不经意的一碗羊肉汤给葬送了。

所谓三军易得，一帅难求。仗虽然打败了，但是主帅却不能不要。宋国与郑国紧急磋商，答应用一百辆战车、四百匹良驹赎回华元。赎金还未完全交割，华元就自己逃了回来。你还别说，华元还真值这么多钱，正是他四处斡旋，安内攘外，在强敌如林的春秋，勉强为宋国支撑起了门面。

没品是做车夫的大忌。羊斟这个人怎么看都像是个卧底，是一只老鼠坏了一锅汤。但是，羊斟还只是“坏”汤，陈王胜的车夫庄贾则是直接连汤带水都坏掉了。他在败退汝阴回到下城父时，杀死陈王胜，作为见面礼送给了秦军。

三

最牛的车夫。

公元前592年，郤克在出使齐国过程中受到了侮辱。

回国后，郤克请求晋景公攻打齐国，晋景公因为想拉拢齐国，不肯答应。郤克没有办法，只好在河内将齐国的四名使者杀死。虽然齐君一度拒绝履行条约，但是，在晋国咄咄逼人的讨伐下，两国还是结盟了。

许是上天有意眷顾这位身残志坚的同学。不久，魏文子因为年迈请求辞职并向晋景公推荐了郤克，郤克成为晋国重臣。公元前589年，齐国攻打鲁国和卫国，两国到晋国来搬救兵。晋国早就想教训下貌合神离的齐国了，派郤克率领战车八百乘前去救援鲁、卫。郤克终于迎来了报仇雪恨的机会。

六月壬申日，晋军与齐军在靡笄山下交兵。癸酉日，两军在鞍地对阵。齐顷公先发制人，带领军队杀入晋军阵营，战斗打得难分难解。就在个节骨眼儿上，郤克被流矢射中，鲜血染红了战袍。

郤克想退回营垒，他的驭手说："我一上阵，就身负两伤，尚不敢言疼，怕的是引起士卒恐慌。希望你能忍住疼痛坚持战斗。"

车夫不说则已，一说则又调起了郤克的牛劲。他下令帅车向着齐军猛冲。晋军将士为之一振，个个奋勇当先。齐军招架不住，齐顷公一看大事不妙，拔腿就跑。匆忙中，齐顷公的战车绊在树上不能前行，被晋军小将韩厥俘虏。幸亏车右卫士逢丑父急中生智，提前与他调换了位置，齐顷公这才借着下车取水的机会侥幸逃脱。

晋军一直追到马陵。齐顷公请求用宝器谢罪。郤克不答应，一定要得到耻笑他的齐顷公之母萧桐叔子，并要求齐国把田间道路全部改成东西走向，以方便晋国随时进入。面对这样苛刻的条件，齐国当然不能答应，表示如果晋国坚持这么做的话，他们只有血战到底。而郤克也不敢破坏与齐交好的国策，只得见好就收。

一个小车夫决定了一场战役的胜负，郤克的车夫成就了一段佳话。

四

最仁厚的车夫。

刘邦在平定三秦之后，率兵前去攻打项羽，被项军包围在濉水边上。汉军死伤无数，正在走投无路之际，突然发生了日食，一时间天空飞沙走石，大地一片昏暗。刘邦乘机带领十几名士兵冲出重围。

刘邦原打算向北绕道沛县，带上家人向西逃窜。无奈楚兵先他一步下手，家人均已逃散。所幸走到半路，碰见了孝惠帝和鲁元公主，就载上他们一起逃命。人困马乏，加之敌兵追得又紧，刘邦一着急就把两个孩子推下车去。刘邦接连推了好几次，每次都是夏侯婴把他们抱上车。先是慢慢跑，等到两个被吓坏了的孩子抱紧自己脖子之后，这才加鞭奔驰。刘邦很生气，几次拔剑想杀夏侯婴。夏侯婴说：“情况再危急，也不能抛下孩子们不管！”刘邦这才作罢。

我猜想，刘邦当时一定是被楚军吓蒙了，要不然他也不会做出如此禽兽之举。好在他很快就后悔了，要不然早杀掉夏侯婴独自开车跑了。刘邦逃到荥阳后收集散兵，重振军威，感念夏侯婴的救子之恩，把祈阳赐给他作为食邑。正是因为夏侯婴，刘邦才没有给后人留下笑柄。

五

最有事业心的车夫一族。

大名鼎鼎的秦氏族是靠开车上位的。相传皋陶的儿子大费懂禽语，舜帝让他驯养禽兽，赐姓嬴。大费生有两个儿子：一个名叫大廉，也就是鸟俗氏；一个名叫若木，也就是费氏。大费的两支后人驾车的水平可不是吹的。若木的玄孙费昌生活在夏桀时代，他弃夏归商，担任了商汤的车夫，在鸣条战役中帮助商汤打败了夏桀。大廉的玄孙孟戏和中衍长得鸟身人面，被太戊帝聘请来驾车。太戊帝很看重他们，还给他们娶了妻子。

中衍的后人中有个叫造父的，车开得极好，深得周穆王宠信。相传周穆王得到了骥、温骊、骅骝、騄耳（騄駬）四匹骏马，由造父驾着车到西方去巡视，乐不思蜀。

恰恰在这个时候，传来了徐偃王造反的消息。周穆王非常着急，急令造父驾车星夜兼程往回赶。造父也不含糊，驾车日行千里，很快就载着周穆王回到京城，平定了叛乱。造父立下大功，被周穆王封在赵城。

造父的六世孙奄父的经历更惊险。公元前 789 年，周宣王南下讨伐姜戎，两军在千亩交战。战斗中，周宣王带领的政府军全军覆没，奄父驾车奋勇冲出重围。要不是他跑得快，周宣王早就成了姜戎人的刀下鬼。

经过一代又一代人前赴后继、呕心沥血的艰苦努力，中衍的后人终于成长为一方诸侯，并最终称霸天下，统一六国，建立了中国历史上第一个真正意义上的集权制国家——大秦帝国。

淳于意医生的述职报告

一

西汉政府的治理效率已经相当高了。

在秦代，像项梁、项伯、张良、张耳、陈馀这样的朝廷通缉犯，尚可以四处流窜，甚或隐姓埋名到基层政府就业。但是，在汉初，想逃命已经很困难了。赤脚医生淳于意就因为不肯给权贵看病而隐匿行迹，但最后还是被挖地三尺找了出来。

淳于意早年在齐国都城的国家储备粮库任职，后来辞去官职，重操旧业，到民间行医。淳于意医术极好，能决断疑难病症，预知病人生死。

许多诸侯王慕名召请他，都被他拒绝。因此上，富豪和权贵们对他很有意见，罗织罪名，向朝廷控告他。

公元前176年，淳于意被押解往长安接受审讯。

临行前，他的五个女儿跟在传车后面哭成一片。淳于意生气地骂道："我生了一窝女子，却没有生下一个男孩子，到了紧要关头，没有一个人能够派上用场！"

父亲的话像锥子一样刺痛了淳于意小女儿缇萦的心。她毅然跟随囚车西行来到长安，向汉文帝上书说："我父亲是朝廷命官，齐国人都知道他很廉洁。在此，我不想为父亲辩白，小女子感到痛心的是，那些被处死刑的人从此将不能复生，受刑致残的人也将不再复原，即便他们想改过自新，也不可能有什么机会。我情愿进入官府为奴，以求能给父亲换取个改正过错的机会。”

汉文帝深受到感动，赦免了淳于意，并因此废除了肉刑。

二

淳于意回家后，汉文帝调阅案卷，发现手下人粗枝大叶，把许多问题都没有搞清楚，遂下诏询问淳于意：“你擅长治什么病？有没有医书？跟谁学的医？学了几年？总共为多少人治过病？治好了多少人？他们都叫啥名字？是什么地方的人？得的什么病？治疗效果如何？”

淳于意知道汉文帝不放心，立即赶写了一篇述职报告，毕恭毕敬地呈献上去。文曰：

淳于意，男，现年三十九岁。大汉临淄（今山东淄博）人。

我年轻时就喜好医学，但医术不精，后来有幸投到公乘阳庆门下。老师收我时已经七十多岁了。

他对我说：“把你之前用的医书全部扔掉，那些东西没有什么用处。我教给你黄帝、扁鹊的诊脉术和五色诊病法可以预断病人的生死，决断疑难病症，判定能否医治。还有些非常经典的药剂理论方面的书籍，也送给你。我家里富足，不缺钱，只因为我看上了你，才肯倾尽所学教你。”

阳庆老师给我开了九门课程，分别是脉书、上经、下经、五色诊、奇咳术、阴阳辩证术、药论、针灸术和房中术。这些都是我之前没有接触过的，对我的学习非常有帮助。我学了一年时间就尝试着给人看病，但是效果并不好。三年以后，我的医术修炼到了相当精妙的地步。

现在，阳庆老师故去已经有十多年了。十多年来，我的足迹遍及齐国。在看过的病中，印象比较深的有齐侍御史成、齐王的孙子、齐郎中令循、齐中御府长信、齐王太后、章武里的曹山跗、齐中尉潘满如、阳虚侯相赵章、济北王、齐北宫司空出於的夫人、前济北王的奶妈、济北王的侍女们、齐中大夫、菑川王的美人、齐丞相门客的奴仆、菑川王、齐王王后的弟弟宋建、济北王姓韩的侍女、临菑氾的女子薄吾、齐司马淳于、齐中郎破石、齐王侍医遂、安阳武都里的成开方、安陵坂里驾驶驿车的项处等二十四五例。

上述这些病人的病案、诊疗情况及康复与死亡的原因，我一并附在述职报告后面。至于其他能正确诊治、决断死愈时间，以及治疗好的病实在是太多，因为时间长了，不能完全记住，故不能一一列举。

三

淳于意医生的这份述职报告朴实无华，看似内容翔实，事例丰富，实则含糊其辞，避重就轻，缺少了汉文帝想要的东西。

汉文帝看后很是失望，为了帮助淳于意医生端正思想认识，树立批评与自我批评精神，汉文帝再次下诏询问："吹得跟真的一样。既然如此，为啥有的人得的是同一种病，却被你给治死了？"

淳于意知道汉文帝误解了，连忙上疏回答说："对天发誓，我们是讲医德的，从不收病人的红包。至于病名，这是根据脉象、阴阳五行和人体情况命名的。只有医术高明的人，才能看到相同病种之间的细微差别，而医术不高的人，看到的病则是相同的。再说了，我诊脉时也不可能全部应验。我刚出道时，老师就死去了，记录诊治情况只是为了验证得失，不断改进提高。也正是因为这个缘故，我现在才能够辨知各种疾病。"

淳于意态度看似毕恭毕敬，言辞中实则充满了不敬，汉文帝看后很恼火，又下诏询问他："我姑且相信你说的是真的，可是为什么你决断的死愈时间也有不准确的？你给我解释清楚！"

淳于意回答说："这都是因为病人平时不注意控制饮食与情绪，不遵医嘱用药，或是不恰当的针灸治疗造成的。"

汉文帝又问："照这样说，全怪病人！我姑且问你，有非法行医吗？"

淳于意回答说："我严格按照大汉朝卫生部的规定行医，之所以走出齐国地盘，给安陵的项处等人看病，是因为我当时侍奉阳虚侯，他在入朝时带我来到了长安。这个我在报告中忘记说了。"

汉文帝又问："朕想知道，齐文王生病时，你到底在哪里？"

原来前面问了这么多都是为了这个，淳于意总算明白了汉文帝的意图，老老实实回答说："齐文王患病时，我家里还很穷，正需要用钱，我靠给人治病艰难维持生计。此前赵王、胶西王、济南王和吴王都曾派人来请过我。我担心被齐文王他们收留，所以，就不断迁移户籍，四处寻访名医，钻研医术。"

汉文帝知道，淳于意是害怕进宫后做扁鹊第二，问道："这个可以理解，你说说，齐文王为啥会一病不起？"

淳于意回答说："听说齐文王气喘、头疼、看不清东西，我推想这不是病，是由于肥胖所致，根本用不着医治。脉理上说，'年二十脉气当趋。'齐文王年不满二十，脉气正当旺盛，像他这样的病，理应注意饮食，多驾车或是步行外出，开阔心胸，调和筋骨、肌肉、血脉，疏泻体内郁积的旺气。但是，他却疏于运动，选择针灸治疗，导致气血奔逐不定，病情加重而亡。"

四

汉文帝又问："你说的确实很有道理。朕还想知道，你师父阳庆又是跟谁学的医？"

淳于意回答说："这个我不知道，我只知道阳庆老师家中非常富足，他精通医术，又不肯为别人治病，外界很少有人知道他。老师还特意叮嘱我，不要让他的子孙知道我是向他学的医。"

汉文帝又问："阳庆为什么偏偏看中了你？又为什么把全部的秘方与医术传授给你？"

淳于意回答说："我一开始也不认识阳庆老师，只是年轻时试用过他的医方。后来，我到淄川唐里拜公孙光为师学医，公孙光认为我悟性很高，是棵学医的好苗子，就把我推荐给了阳庆老师。我对阳庆老师很恭敬，所以他很喜爱我。"

汉文帝又问："那些向你学过医术的人把你的本领全部学会了吗？他们都是哪里人氏？"

淳于意回答说："多少年来，我心中都有一个梦想，希望将祖国医学发扬光大，在教授学生时从不保留。临淄人宋邑前来学习五色诊，学了有一年多。济北王派太医高明、王禹向我学习经络与针灸学，学了有一年多。淄川王多次派太仓署马官冯信前来学习按摩及药理、药剂学。高永侯的家丞杜信前来学习脉诊，学了有两年多。临淄召里的唐安前来学习五色诊、奇咳术和阴阳五行学，没有学成就做了齐王的侍医。"

汉文帝又问："你给人诊治病症、决断死生，难道就没有过失误吗？"

淳于意回答说："我治病，一定要先把脉。脉象衰败，与病情不对应的不治，对应了才去治。如果没有认真把脉，也常会把需要断定死愈时间的病当成可医治的病，往往会出现差错，我不可能做到一点儿失误都没有。"

汉文帝想了想说："以后写述职报告时，多找几本参考书，不要总是移鞋掉帽子的，让朕不停地询问你。还有，朕不希望再看到医患纠纷发生！"

淳于意回答说："臣一定努力！"

淳于意按照汉文帝吩咐，潜心钻研医术，终成一代名医。

高手在民间

一

民间乃藏龙卧虎之地，有许多高手都隐身于民间。

淮阴侯韩信够牛吧？可是韩信照样也有想不明白的时候。他就是不信兔死狗烹的邪，在政治上远没有蒯通成熟。不光韩信，就连项羽、刘邦、孟明视这些大咖，也都曾经有过被民间高手教训的经历。

下面，就让我们看看这些民间高手是怎样和大腕们过招的。

二

孟明视与弦高。

说孟明视，大家可能不熟悉，如果我说，他是秦穆公的主要将领，相信大家立马会竖起大拇指：哇，牛人！将军与商人，本不是同等重量级别的选手。他们的相遇堪称狭路相逢，结局也大大出乎人们的意料。

公元前627年春天，郑国商人弦高迎来了他人生中最为出彩的时刻。

这一天，弦高准备到周都洛邑去做买卖。走到滑国时，他碰到了一队鬼鬼祟祟的秦军。原来，郑国都城的卫戍官缯贺出卖了郑国，想与秦军里应外合灭掉郑国，秦国派大将孟明视率军前来攻打郑国。秦军从公元前628年二月出发，此时已经行进了整整一年时间。

大军压境，可是郑国压根儿就没有防备。该怎么办呢？

弦高急中生智，命手下人回去通知郑君，自己毅然冒充使者去犒劳秦军。秦军此行是来偷袭的，没有想到，郑国“使者”却先他们一步到了，孟明视很吃惊，亲自接见了弦高。

孟明视问：“你叫什么名字？来干什么？”

弦高回答说：“我是郑国使臣弦高，郑君获悉将军远道而来，特派遣我来慰劳将军。我们国君说了，先前已有一队秦军帮助我们守护北门，而且我们也格外小心谨慎，将军只管放心好了！”说罢，献上四张熟牛皮和十二头肥牛。

孟明视见消息已经“走漏”，乐得卖弦高个顺水人情。孟将军初次挂帅，当然不好空手回去，想来想去干脆灭了滑国。可惜的是，大军回军途中在崤山遭到晋军伏击，全军覆没。孟明视被俘后侥幸回到秦国。孟将军没有想到的是他被弦高骗了。

江湖套路深，我要勤用功！从此之后，孟明视苦习兵法，屡败屡战，终于打败晋军，修成正果。

二

韩（蔡）生与项羽。

话说项羽进入咸阳后，杀了秦王子婴，尽携秦宫珍宝美人东归。

有个姓韩（蔡）的书生想不通，项羽为什么非要回南方，向他进谏说：“关中南依秦岭，东临黄河，有四面山河之险，土地肥沃，可以成就霸业。”

项羽也想在咸阳建都，可是，他见秦朝宫室已被战火搞得破败不堪，心里又特别地思念故乡，便打定主意东归，说：“富贵不归故乡，就像穿着华丽的衣服在夜间行走，又有谁会知道呢？”

韩（蔡）生热脸贴了冷屁股，发牢骚说：“人都说，楚人是猴子错戴了人帽子，果真如此！”

话传到项羽耳里，项羽很生气："国家刚安定下来，我建都彭城，是为了不让百姓遭受劳役之苦，你个臭书生懂得什么？观棋不语真君子，我偏不听你的，你能咋？"于是直接把韩（蔡）生扔进锅里煮了。

人都扔进锅里了，史官这才想起没问书生名字，连忙爬到锅边问："你叫什么名字啊？"

书生忍痛道："——án……ài！"

"你说什么？你到底是姓韩还是姓蔡？"

但是，书生已经化作一汪油水，再也不能言语了。

这一节，韩（蔡）生看似败了，但是事实证明，失败的是项王。没有听书生的话定都关中，不能不说是项羽一生中最大的败笔。

三

袁生与汉王刘邦。

刘邦由荥阳逃回关中，收聚残军，准备再次东进。

一个姓袁的书生劝导他说："汉楚荥阳对峙，汉军多年处于不利地位。与其在荥阳受困，不如出兵武关，项羽必定引兵南下。汉军不用理睬楚军，只管深壁高垒，固守不战，让荥阳、成皋一带的军队得到喘息。然后再派韩信等人去安抚河北赵地，将燕、齐连成一片，等到那时，再进军荥阳不迟。楚军多方防备，兵力必然分散，而汉军得到了休整，再交战就一定能够击垮楚军。"

刘邦依计出兵宛、叶，与黥布一路行进，一路收拢人马。项羽听说刘邦在宛县，果然率军南下。但是，刘邦只顾加高壁垒，并不跟他交战。正巧，彭越渡过濉水，打败楚军，项羽便率军去攻打彭越。项羽一走，刘邦便火急火燎率军进驻成皋。但此时，项羽的部队并没有经受太大的消耗。项羽打跑了彭越，又率军向西，攻下荥阳，杀死周苛、枞公，俘虏韩王信，包围了成皋。

刘邦逃出成皋，夺了张耳、韩信的兵权，想再次找项羽单挑。郎中郑忠劝刘邦说心急吃不了热豆腐，对付项羽必须用袁生说的慢炖法。于是刘邦加高壁垒，不再出战，派卢绾、刘贾率兵渡过白马津进入楚地，淮阴侯韩信东进平齐。彭越也在梁地往来袭扰楚军。而反观项羽，他却只能疲于奔命。

刘邦能够夺取天下，袁生功不可没。

四

蒯通与韩信。

蒯通是韩信的谋士。他深知天下胜负完全取决于韩信，就用隐语对韩信说："看你的面相，最多不过封侯，而且还不一定能够保住。但是，看你的背相，却贵而不可言。"韩信问："你这话是什么意思?"蒯通说："形势明摆着，楚汉相持，刘、项二人的性命全在你手里攥着。你站到哪方，哪方就会取得胜利。为今之计，不如保持中立，与他们三分天下，形成鼎足之势，这样，谁都不敢轻举妄动。凭你的能力，一定能够把齐国治理得很好!"

韩信抹不下面子，不忍为一己私利背叛刘邦，蒯通就用张耳、陈馀和文种、范蠡的故事，以及功高震主的大道理教育他，说："以交情而论，你和汉王比不上张耳与成安君；以忠诚而论，你也赶不上文种、范蠡与越王勾践。况且，你涉西河，虏魏豹，擒夏说，夺井陉，诛陈馀，取赵胁燕定齐，南破楚国二十万大军，东杀龙且，西向汉工报捷，立下了不世之功，而又谋略超群，享有震动君主的威势，拥有不能封赏的功绩，声名比天下所有人都高，你投靠哪一方，都让人放心不下!"

蒯通一下子说到了韩信心坎儿上，韩信劝他不要再说了，自己会认真考虑这件事情。可是一连数日，韩信那边都没有消息，蒯通只好又去做韩信的工作："俗话说得好，'犹豫的猛虎，不如黄蜂、蝎子；徘徊的骏马，不如稳步慢行的劣马；勇士下不了决心，不如庸夫；有舜禹之智却不张口说出来，还不如可以用手去做的聋哑人。'时机稍纵即逝，一旦丢掉就不会再来!"

韩信先是犹豫不决，后来又拒绝了蒯通。蒯通见韩信不听他的，害怕将来会连累到他，于是装疯卖傻做了巫师。

后来的事情大家都知道了：韩信先是被封为楚王，后又被贬为侯，最后为吕后所杀。蒯通则在被捕后被刘邦赦免。

应该说，在这件事上，韩信与蒯通战了个平手。以韩信的聪明，不可能猜不到结局。韩信不采纳蒯通的意见，除了内心仁慈外，还有一个鲜为人知的原因，恐怕是不想看到国家分裂。

很多重大事件其实都是一念之差。在秦末汉初，曾经有三次国家差点儿走向分裂：一次是叔孙通建言刘邦恢复六国，一次是楚、汉鸿沟议和，一次是蒯通劝说韩信自立为王。

我相信，如果再给韩信一次机会，他仍然会做出和上次相似的选择。

君子之殇

一

卫国盛产君子。

春秋时期，吴国的大贤人延陵季子在出访卫国时曾对卫国大夫蘧①瑗和史鳅说过一句非常著名的话：“卫多君子，其国无故。”能够被大贤人看好，足以说明，那个年代的卫国风气之正。

常言道：“水有源，木有根。”事情绝非偶然，卫国的始祖卫康叔姬封就是个大君子，他是周武王的同母少弟。周公主政时，管叔和蔡叔挟持武庚禄父发动暴乱。暴乱平定后，周公将殷代遗民划分成两部分。一部分封给微子启，建立宋国；另一部分封给康叔，建立卫国。受封时，卫康叔还小，周公担心他应付不了复杂的政治局面，反复告诫他要汲取殷商兴亡的经验教训，远离酒色，重用贤人、君子与长者，爱护百姓，并作了《康诰》《酒诰》和《梓材》来教导他。卫康叔不负众望，勤民谨政，使卫国得到了大治，殷代遗民从此再无造反迹象。周成王亲政后，周公举荐卫康叔为朝中司寇，周成王依允，并赏赐给卫康叔许多宝器、祭器，以表彰他的功绩。

①蘧：音 qú。

卫康叔死后，卫国又相继传了康伯、考伯、嗣伯、逮[1]伯、靖伯、贞伯六世。这几位国君均是子承父业，安分守己，虽说功绩与德行没有卫康叔那么突出，但是依然可以称得上是循规蹈矩。

二

但是，仍然有许多的卫国国君对不起“君子之国”的称号。

西周末年，朝纲败坏，卫国的第八代国君卫顷侯一看机会来了，用重金贿赂周夷王，买了个侯爵当。卫顷侯一石激起千层浪，让一向沉寂的卫国社会沉渣泛起，揭开了权力斗争的序幕，并最终将卫国带上了不归路。

卫顷侯在位十二年，去世后由他的儿子卫厘侯继位。公元前 813 年，卫厘侯去世，太子共伯余继位。卫共伯的弟弟卫和深受先君宠爱，先君在世时，赏赐给了他很多财宝，卫和用这些财宝收买武士在卫厘侯的墓地袭击卫共伯。卫共伯躲进墓道里自杀而死，卫人把他埋葬在卫厘侯的墓旁，拥立卫和为国君，这就是卫武公。

卫武公这个人，人品虽说不咋的，但是才能却没得说。他以先祖卫康叔为榜样，整饬吏治，励精图治，使卫国的局势很快安定下来。公元前 771 年，犬戎人杀死周幽王，卫武公果断出手，协助周平王平定了犬戎之乱，立下不世之功，被周平王策命为公爵。卫国历尽曲折，终于成功晋升五等爵位之首。

公元前 758 年，卫武公去世，他的儿子卫庄公扬继位。却说卫庄公在即位的第五年，娶了一位齐国女子做夫人。这个齐女长得好看是好看，但是却不能生育，卫庄公为了延续香火，又娶了一位陈国女子为妻。陈女倒是给卫庄公生下了个儿子，但是却不幸夭折了。幸好陈女的妹妹跟着姐姐嫁过来了，她给卫庄公生了个儿子叫完。完的母亲福薄，早早死了，卫庄公就让夫人齐女抚养完，并册立完为太子。卫庄公还有一个宠妾生了个儿子叫州吁，这家伙自小就是个刺儿头，爱好战阵攻杀之事。卫庄公香火不旺，自然对州吁很稀罕，任命

---

①逮：音 jié。

他为将领。

大夫石碏[1]对此很担心，劝谏卫庄公说："庶子喜好兵事，你不批评教育他，还任命他为将领，这样做非惹出大乱子不可！"卫庄公正沉浸在天伦之乐中呢，哪里能听得进去石碏说的话。

公元前735年，卫庄公去世，太子完继位，他就是卫桓公。失去了卫庄公这个保护伞，州吁仍不知收敛，骄奢淫逸，无恶不作。公元前733年，州吁愈发变得不像话，卫桓公很气愤，罢黜了他的兵权，州吁逃亡到了国外。沉寂了有十一年，州吁又勾搭上了郑国的反对派人物共叔段。公元前719年，州吁纠集各国在卫的流亡人员袭杀了卫桓公，自立为君。登上了国君之位的州吁仍旧不安分，支持共叔段反攻郑国，不断挑起事端，制造祸乱，以致卫国人非常厌恶他。大夫石碏趁机借助卫桓公母亲家陈国的力量，设计击杀了他，从邢地迎回卫桓公的弟弟卫晋，立其为国君。

从卫顷侯到卫武公，再由卫庄公到州吁，卫君终于完全抛弃了创始之初的谦谦君子做派，将浩然正气丢到了垃圾堆里。

三

州吁已经坏透顶了。但是拜托了，在卫国的历届国君中，他还不是最坏的，比他坏的大有人在，正所谓没有最坏，只有更坏。这个较州吁有过之而无不及的人就是被石碏从邢地迎回来的卫宣公卫晋。卫宣公奸淫庶母，霸占儿媳，杀死太子，丧心病狂，毁尽三观，在他的手里，卫国成为名副其实的君子坟墓。

卫宣公的夫人夷姜，原本是父亲卫庄公的妾室。卫庄公死后，卫宣公与夷姜暧昧不清，生下两个儿子，一个名叫伋，一个名叫黔牟。卫宣公登上君位后，公然立夷姜为夫人，卫伋为太子。卫宣公让右公子辅佐太子伋。右公子为太子伋娶来了一位齐国女子。齐女来到卫国，卫宣公看到未来的儿媳妇长得很

---

①碏：音 què。

漂亮，心下顿生喜爱，就自己娶过来，为太子伋另娶了一房媳妇。这位齐女就是宣姜，她为卫宣公生下了卫寿和卫朔，卫宣公让左公子辅佐他们。夷姜由此失宠，上吊自杀。

卫宣公再怎么着，毕竟是个老头子，哪里能够比得上太子伋。偏偏宣姜又是个闲不住的主儿，她看着老爸当初给她选的郎君——太子伋风流年少，人品与才能俱佳，不由得心猿意马。

但太子伋与他的父亲卫宣公完全是风马牛不相及的两类人，宣姜的示好遭到了他的断然拒绝。宣姜恼羞成怒，与公子朔共同在卫宣公面前诬陷太子伋。而卫宣公也因为夺太妻之事，对太子伋心生厌恶，早就打算废掉他。

公元前701年，齐国攻击纪国，请求卫国出兵相助，卫宣公派太子伋出使齐国，暗中却命人冒充盗贼在卫国边境截杀伋。卫宣公授给太子伋白旄使节，却告诉“盗贼”只要见到手持白旄使节的人就杀。

公子朔的哥哥卫寿知道他们的阴谋，密告太子伋，劝他还是逃走，不要去送死。太子伋不听，说：“违背父命保全自己，非君子所为。”毫不犹豫地前往齐国。

公子寿不得已，趁饯行之机将太子伋灌醉，自己拿着白旄使节，化装成太子伋赶往齐国，临走时留下话说：“我已代你前往齐国，你速去逃命。”

公子寿赶到边界，“盗贼”见到手持白旄使节的人，误以为太子伋赶到，不管三七二十一就将他杀了。公子寿被杀后，太子伋也急匆匆地赶到了，看到弟弟的尸体大哭着对“盗贼”说：“你们杀错人了，国君要杀死的人是我呀！”“盗贼”于是就又杀死了太子伋，回报卫宣公。卫宣公立公子朔为太子。

公元前700年，卫宣公去世，太子朔继位，他就是卫惠公。卫惠公当了三年国君，被左、右公子赶走。八年后，齐襄公受周王之命，率领诸侯联军护送卫惠公回到卫国。这一次，卫惠公虽然仍旧表现不咋的，但是干得很久，一直干到公元前669年死亡。

卫宣公之后，卫国江河日下，屡屡发生父子、兄弟相杀之事，政权极不稳固。西汉刘向说：“卫之宣姜，谋危太子，欲立子寿，阴设力士。寿乃俱死，卫果危殆，五世不宁，乱由姜起。”这话说得非常有道理。

第三辑
DISANJI

刨根问底

加强个人修养很重要

一

东方朔是个大牛人。

东方朔字曼倩，西汉平原郡厌次县（今山东惠民）人。跟陈平的情况差不多，东方朔从小失去爹娘，由哥嫂抚养成人。

有一首歌里唱道："没妈的孩子像棵草！"东方朔没爹没娘，但是，其心理似乎并未受到影响。他性格诙谐，机敏过人，滑稽善辩。

汉武帝即位初年，征召天下贤才，东方朔拉着架子车前去应聘。他上的奏章光是竹简就用了三千张，公车府派了两个人才扛走。汉武帝读得就更辛苦了，总共花了两个月时间才读完。东方朔的个人现实表现材料写得一点儿不谦虚。他自吹自擂，说自己自幼饱读诗书，学过击剑，而且对兵法很有研究①，相貌堂堂，文武兼备，人品高洁，诚实守信。汉武帝觉得这个人太张扬了，给了他个公车署待诏的闲差。

东方朔对这样的安排很不满意，为了能够面见汉武帝，向国家最高领导人阐明自己的志向，东方朔故意跑去恶搞给汉武帝养马的几个残疾人。结果汉武

---

①东方朔在自荐书中对个人情况作了如下介绍："少失父母，长养史嫂，年十二学书三冬，文史足用；年十五学击剑，年十六学诗书，诵二十二万言；年十九学孙吴兵法，战阵之具，钲鼓之教，亦诵二十二万言。"

帝非但没有怪罪他，反而提升他为金马门待诏。这个职位听起来有点儿唬人，其实主要任务就是哄皇帝开心。东方朔是射覆游戏高手，每猜必中，汉武帝非常赏识，很快就提拔他为常侍郎。

常言道："伴君如伴虎。"但是，陪侍工作再难也难不倒东方朔，汉武帝多次找他问话，他从未惹汉武帝不开心。不仅如此，东方朔在政治上也积极要求进步，他曾言施政得失，陈农战强国之计。然而，终其一生，东方朔也未能得到重用，因为在汉武帝的眼中东方朔不过是一个弄臣而已，重要工作从来不安排给他。

这又是为什么呢？因为东方朔这个人很不检点。东方朔跟汉武帝走得很近，汉武帝时常下诏赐他御前用饭。每次酒足饭饱，东方朔总是把吃剩下的饭菜揣在怀里带走，因此，他的衣服总是脏兮兮的。汉武帝赐给他绸绢，他也不含糊，肩扛手提，照单全收，活脱脱一副要饭吃的德行。

最要命的是，东方朔还很好色，这些绢帛、钱财全被他用在了娶老婆上面。东方朔娶老婆和别人不一样，他娶的是清一色的长安美少女。作为大汉朝一名底层公务员，东方朔的收入实在有限，所以他一般娶过来一年光景便又休掉，重新娶新的。汉武帝身边的侍臣都称他为"疯子"。

在西汉政府机关人员聚餐时，这位情场浪子就更随便了。他总是随随便便地坐着，喝到动情处便旁若无人地伏地而歌："隐居在尘世中啊，避世在金马门。既然宫廷可以隐身，何苦非要去深山老林，住那破旧的茅屋？"东方朔这样唱，主要还是对自身所处的环境（主要是官职）不满。

一次，东方朔在朝堂上喝醉了酒，直接退下裤子就尿。这也太离谱了！汉武帝身边的那些侍臣原本就嫉妒他，正愁找不到把柄呢，立马上疏弹劾他。汉武帝这次也被东方朔惹火了，下令撤了他的官职，将他贬为庶人。即使这样，汉武帝依旧舍不得东方朔，命他在宦者署待诏。

或许是酒色伤害了身体，东方朔满打满算只活了 61 岁。

临终前，他竟然破天荒地规劝汉武帝："《诗经》上说，'苍蝇喜欢篱笆，君子不信谗言。''谗言盛行，四方不宁。'希望陛下远离那些巧言令色的人，不要听信谗言。”

汉武帝听后沉思良久，说道：“没想到，东方朔也会一本正经说话！”

由此可见，东方朔在汉武帝心目中的形象有多么不正经。

二

牛人尚且如此，作为小屌丝，就更得要当心了。

当初，韩安国犯法后被关押在蒙县监狱，狱吏田甲对他百般侮弄。韩安国开玩笑说：“死灰难道就不会复燃吗？”田甲心里咯噔了一下，嘴却还硬：“死灰要是真能燃烧起来，我就撒一泡尿浇灭它。”

说来也巧，韩安国不久就补了梁国内史的空缺。田甲这下子彻底慌了，连公职也不要了，立马脚底抹油跑了。

韩安国放出话说：“田甲要是不回来就任，我就夷灭他的宗族。”

一个人能跑，但一大族人怎么跑。田甲走投无路，只好回来向韩安国负荆请罪。

韩安国说：“你可以撒尿了！”

都这样了，田甲能有什么办法？唯有硬着头皮听候发落！

岂料韩安国却笑着说：“尔等蚁辈小人，值得我大动干戈吗？”韩安国非但没有治田甲的罪，相反对他还很友好。

田甲很幸运，因为他碰到了韩安国。

但是，霸陵尉就没有这么幸运了，他碰到的是睚眦必报的李广。

李广这个人有才气，更重要的是他还很张扬。他因为在打仗时俘获了个匈奴军队的当户，就给刚出生的儿子取名为李当户。照他这个样子，那卫青、霍去病还不得给儿子取名卫相国、霍将军。

李广赋闲在家那几年，经常到南山去打猎，与已故颍阴侯的孙子居住在郊野的蓝田，有时也回城里来住。

一天晚上，李广和人在野外饮酒回来晚了。不巧的是霸陵尉也喝醉了，对李广出言不逊。

李广的随从说：“这是前将军李广。”校尉仗着酒劲说：“现任将军尚且不让通行，何况是卸任将军呢！”

拦住李广一行不让进城。李广没有办法，只好在霸陵亭将就了一晚。没过多久，匈奴入侵辽西，李广奉命和韩安国一同镇守右北平，他请求调霸陵尉到右北平工作。虽然李广本人就是行伍出身，但他还是无法原谅一个酒后失言的军人。一到军中，李广就把霸陵尉杀了。

霸陵尉大概没有想到，老实人李广也有不老实的一面。

说起来，灌夫的身份要比上述这两个人“白”一些。他先后担任过中郎将、代相、淮阳太守、太仆与燕相等职，算是个中层干部了。但是，他却还是管不住自己的嘴巴，最终因为个人修养问题落了个身首异处的悲惨结局。

灌夫嗜酒好斗，话又多，一身的臭毛病。他在担任中郎将不久，就因为犯法丢官。后来灌夫由代相调任淮阳太守，进而又被任命为太仆。

不久，灌夫就因为喝醉酒打了窦太后的兄弟窦甫。皇上护犊子，调他出任燕相，这才帮他躲过一劫。几年以后，灌夫又因犯法丢官。闲居在家的灌夫也没有闲着，他支持宗族、宾客胡作非为，横行乡里，连颍川一带的民谣都变着法诅咒他：“颍水清清，灌氏安宁；颍水浑浊，灌氏灭族。”

后来，灌夫结交上了魏其侯窦婴，成功跻身上流社会。可是，灌夫火爆的脾气依旧未改，他竟然不顾丧服在身，帮助窦婴拉拢丞相田蚡，席间却又因为田蚡傲慢无礼而出言不逊，上演了一出典型的溜钩子还想要面子的魔幻现实主义闹剧。

这一节好不容易翻过去。却说田蚡派籍福向窦婴讨要城南的一片地，本不关他什么事，窦婴也已经拒绝，可灌夫却还是控制不住情绪，大骂籍福。

叔能忍，婶婶不能忍，田蚡向皇上举报灌夫鱼肉百姓，横行乡里的糟事。灌夫也抓住了田蚡的把柄。眼看事情闹得不成样子，朋友们急忙出面调停，二人达成谅解。

公元前 131 年夏天，在田蚡娶妻的婚宴上，酒疯子灌夫再次因为他的死党窦婴遭受冷遇，使酒骂座。事件很快发酵升级，引起汉武帝关注，最终全家人都跟上灌夫掉了脑袋，还将魏其侯窦婴也搭了进去。

三

人臣是这样，做国君的也不例外。

齐襄公是个花心大萝卜。

在春秋时代，礼早就成了摆设，什么聘、纳、娶、嬖、买、烝、报与娣媵制呀，以妾为妻啦，花样百出。找女人，对国君来说并非难事。

但是，这么多的玩法仍然满足不了齐襄公的花心。齐襄公喜好的是吃窝边草。早在做太子时，齐襄公就勾搭上了自己的异母妹文姜。后来，文姜嫁给了鲁桓公，他仍旧贼心不死。

顺便解说一下，“聘”是指正常婚配，“纳”是收娶战败的诸侯妻女或流亡贵族之女，“娶”是指没有礼仪的婚配，“嬖”是收犯官妻女，“买”没有解释的必要。至于“烝”“报”是指娶庶母或叔、伯之妻，属于特殊情况。

公元前694年，齐鲁在泺地会盟。会盟结束后，蓄谋已久的齐襄公邀请鲁桓公来齐国访问，鲁桓公携夫人欣然前往，两人旧情复燃。鲁桓公吃了个哑巴亏，只有拿文姜出气。文姜找到哥哥诉苦，齐襄公做贼心虚，借饯行的机会杀了鲁桓公。

春秋的许多国君都栽在了女人身上。像齐襄公的二世孙齐懿公、五世孙齐庄公均是因为玩弄人臣的妻子丢了性命。齐襄公比他的后世子孙命好，没有在男女问题上面出乱子，然而他后来还是因为捉弄下属栽了跟头。

列位同志，你们瞧瞧，加强修养对一个人有多么重要！

虎狼之师是怎样炼成的

一

信仰是战斗力的源泉。

战神吴起，大家知道吧？吴起仿佛是为打仗而生的，在他人生的字典里面只写着两个字：战斗。

然而，吴起的军事生涯并非一帆风顺。吴起出生在卫国一个土豪家庭，为了能够出人头地，他到处拉关系、找后门，败光了万贯家财。乡邻们讥笑他，小年轻吴起火气很盛，一怒之下杀死了三十多个说风凉话的人，逃窜到鲁国，拜大思想家曾子的儿子曾申为师。不久，吴起的母亲死了，他也没有回去奔丧。对待亲人怎么能是这个态度呢？曾申觉得吴起这个人实在是太差劲儿了，就和他断绝了师生关系。

吴起没有办法，只好弃儒学兵。这一次没人干扰，吴起很顺利地拿到了军事院校的毕业证，投到季孙氏门下。就这个节骨眼儿上，上天又和吴起开起了恶意玩笑。齐军前来攻打鲁国，鲁君想起用吴起，却又因为吴起的妻子是齐国人，担心他不肯尽力。吴起求战心切，杀死妻子向鲁君表明心迹。于是鲁君拜吴起为将，而吴起也没有让鲁君失望，率军大败齐军。

在许多人看来，吴起浑身上下都是毛病：残忍、不孝、好色。

他们不知道，落魄的吴起有着一颗强大的心脏。“做不了卿相，我绝不跨入卫国半步。”这是吴起和母亲诀别时咬破臂膀发下的毒誓。为了这个誓言，他失去得太多了。他不能眼睁睁地看着机会从眼前溜走，他必须做出取舍。吴起仰天长叹：“为了信仰，我愿舍弃一切，包括妻子！”

吴起知道，这一刀下去意味着什么。但他还是坚定地举起了屠刀。从此，背井离乡的吴起，在大家的眼里成了一个不近人情、不食人间烟火的怪人。

吴起已经很拼了，但不幸的是他是三桓的人。鲁君一心想从三桓手中收回权力，重振公室雄风，而鲁相国公仪休又对百官的品行抓得很紧，在各种合力的作用下，吴起最终被鲁国抛弃。偌大一个曲阜就是容不下吴起，吴起想死的心都有了。“难道我就这样背负着骂名死去吗？不——”吴起对着夜空狂野地呼喊，他不甘心啊！

在绝望之余，吴起听说魏文侯求贤若渴，决定到魏国去碰碰运气。

在魏相李悝的力挺下，吴起在魏国受到重用。魏文侯很器重吴起，拜他为将军。身居高位的吴起没有一点儿架子，他和士兵们穿一样的衣服，吃一样的饭菜，睡觉不铺席子，行军不乘车，也不骑马，还亲自背负粮草，与士兵们打成一片。有的士兵毒疮发了，吴起就亲自为他们吸吮脓汁。

公元前 409 年至前 408 年，吴起率军连克秦国临晋（今陕西大荔）、元里（今陕西澄城），一直打到郑县（今陕西华州），逼迫秦军退守洛水。至此，魏国占领了秦国河西全部地区，并在此设立西河郡，由吴起担任郡守。

吴起在政治、军事上都取得了巨大成就。

“为了信仰，我愿舍弃一切！”吴起说到也做到了。

二

担当是战斗力的基础。

李广的担当精神历来为后世所敬仰。汉景帝时，匈奴大举入侵上郡，汉景帝派他的一名近臣跟随李广学习军事。

一次野外拉练，由这名近臣带领的骑兵小分队与三名匈奴狙击手遭遇。近臣倒是很负责，二话不说撸起袖子就打。但是，结果却让人大跌眼镜，料想中骑兵围殴步兵的情景并未出现，汉兵反遭匈奴射雕手围殴。不但近臣的手下被杀光，连他自己也被敌人打残了。

近臣孤身逃回驻地并向李广报告。李广知道他们遭遇了匈奴射雕手，立即带领一百名骑兵去追。那三个人刚刚走出几十里地，李广命令士兵从左右两侧包抄，亲自去射杀他们，当场射死了两个，活捉了一个。

李广他们刚把活捉的射雕手捆到马上，就望见数千名匈奴骑兵黑压压地朝这边扑过来。这时，匈奴骑兵也看见了汉军，他们误以为遇上了疑兵，匆忙上山摆好阵形。

李广手下的士兵也慌了，回马想跑。李广说："不要慌，匈奴人以为我们是诱兵，不敢轻举妄动。如果我们怯阵逃跑，反而会露出马脚。"

"前进——！"李广一声令下，骑兵队箭一般"嗖嗖嗖"地冲上前去，在匈奴人阵地前约莫二里的地方停下来，全体下马解鞍。匈奴人不敢轻举妄动，派一名骑白马的将军出阵试探虚实。李广当即飞身上马，带领十几名骑兵掩杀过去，射杀了那名白马将军。之后又大摇大摆地回到自己的队伍之中，下马解鞍休息，还下令全体将士也都放开缰绳，随便躺卧到草地上面。

时值日暮，匈奴人始终觉得蹊跷，但就是不敢贸然发起攻击，只能眼睁睁地看着时间一分一秒地流逝。僵持到半夜，匈奴人害怕汉军伏兵会趁着夜色袭击他们，就悄悄撤走了。天亮以后，李广才带着队伍回到驻地。

还有一次，李广与博望侯张骞兵分两路，由右北平出塞攻打匈奴。出塞后不久，李广率领的四千人马就被匈奴左贤王率领的四万骑兵包围。士兵们都很害怕，李广命令儿子李敢冲阵。李敢带领几十名骑兵直入匈奴阵中，又从敌阵左右两翼杀出，回来后向李广报告说："匈奴人不堪一击！"士兵们这才镇定下来。

李广军布成圆桶阵，面向外拒敌。匈奴人的攻势很猛，箭如雨下，汉兵死伤大半，他们的箭也快用完了，李广遂命令士兵拉满弓作为掩护，自己用大黄弩弓射击匈奴副将，接连射杀了数名敌将，匈奴军队才渐渐散开。这时，天色已晚，士兵们一个个吓得面如土色，而李广却依旧神态自若。

第二天，博望侯的军队总算赶到了，匈奴军队这才解围而去。

这之后同匈奴的几次作战，李广都没能参加。直到公元前 119 年漠北之战，在李广的再三请求下，汉武帝才勉强同意他出征。六十多岁高龄的李广在这次战役中迷路自尽，为抗击匈奴献出了他毕生的精力。

三

果敢坚毅出战斗力。

不能说，跟随李广学习军事的那名军官没有信仰。但是，一场小小的遭遇战就被三名匈奴狙击手打得满地找牙，这也未免太有点儿那个了吧。其实也难怪，在秦末汉初，匈奴一直是一支令人头疼的武装力量。

匈奴人强大的战力来源于他们良好的军事素养。

匈奴人人生的第一课就是战斗，随便拉出个儿童也能骑羊，能射杀鸟和鼠。稍大一点儿便可以射杀狐、兔，参加打猎。成年男子就更不用说了，随便拉出一个人都能拉满弓，披甲上马。

他们打仗很灵活，打得赢就打，打不赢就跑，并不以逃跑为耻。只要是他们认为有利的事，就不遗余力地去做，一点儿不受礼仪束缚。

原本的匈奴人在冒顿的调教下，变得异常强大。冒顿从月氏死里逃生，回到匈奴后受到了单于头曼的赏识，头曼拨给他一万人马。一万人虽然不是很多，但是，对冒顿来说已经足够了。

冒顿设计了一种响箭训练队伍，下令说："我的箭射向哪里，你们的箭就必须跟着射到哪里，不服从命令的就地斩首！"

冒顿用响箭射猎鸟兽，一些士兵不以为然，没有往响箭的方向射，冒顿就把这些不听话的士兵全部杀了。冒顿用响箭射自己的爱马，有些士兵心里犯嘀咕，不敢射，冒顿又杀了他们。过了些日子，冒顿又将响箭射向心爱的妻子，有些士兵心里很害怕，不敢射，冒顿就又把他们杀了。

又过了些日子，冒顿出去打猎，用响箭射击单于的爱马，手下人无不跟着他射。冒顿要的正是这种效果。冒顿跟随单于出去打猎，用响箭射向单于的头部，手下人都跟着他射，单于死于乱箭之下。紧接着，冒顿又杀死后母、弟弟和那些不听从他的人，自立为单于。冒顿在做了单于之后，东灭东胡，西逐月氏，南并楼烦和白羊，逐渐坐大，不断侵蚀、骚扰中原王朝。

公元前200年，匈奴大举进攻马邑，刘邦挟战胜项羽一统天下之余威，率兵迎击，被冒顿包围在白登山。从此，汉朝经历了长达七十余年的韬光养晦时期。直至汉武帝上台后，汉朝才逐渐从匈奴人的阴影中走出来。

四

铁的纪律是战斗力的根本保证。

“胜负在将，不在兵之多寡。”古今大凡善于用兵之人，均是点石成金的高手。兵圣孙武就为我们上演了一出“吴宫教战”的好戏。

吴王阖闾在接见孙武时说：“你的十三篇兵书，我都一一看过了，非常感兴趣，我拨给你一小队人马，你可以指挥给我看吗？”

孙子回答说：“可以。”

吴王阖闾又说：“可以用妇女试验吗？”

孙子回答：“可以。”

吴王阖闾于是将百八十名宫女交给孙子，让他指挥。孙子将宫女们分拨作为两队，让吴王阖闾最宠爱的两位侍妾担任队长，然后发给宫女们每人一支戟。命令道：“你们知道自己的心口、左右手和后背所在的位置吗？”

宫女们回答说：“这个谁不知道？”

孙子说：“知道就好，我说向前，你们就朝心口所对的方向行进；我说向左，你们就朝左手所在的方向行进；我说向右，你们就朝右手所在的方向行进；我说向后，你们就朝后行进。”

宫女们回答说：“好。”

号令宣布完毕，孙子命人摆好象征军权的斧钺，重申号令，击鼓发令，让队伍向右行进。宫女们一个个都站立在原地，哈哈大笑，不肯听从。孙子一本正经地说：“不清楚纪律，不熟悉号令，这是将领的过错。”

又三令五申，这才击鼓发令，让队伍向左行进，宫女们还是一片嘻嘻哈哈。

孙子说：“明知道号令规定，却不遵照执行，这是军官和士兵的过错。”下令斩掉左、右队长。

在台上观看的吴王，一见孙子要杀自己的爱妾，忙派人告诉孙子说：“我知道，将军善于用兵了。这两个侍妾对朕很重要，要是没有了她俩，我会吃不香、睡不好的，希望将军手下留情，不要杀她们。”

孙子说：“吴王既任命我为将，就应该知道‘将在军，君命有所不受’。”说罢斩杀了两个队长示众。

宫女们一见孙子来真的，立刻安静下来。孙子任命站在队伍最前面的两人为队长，重新击鼓发令。这一次，大家都很听话，不论是向左向右、向前向后、跪倒站起，全都符合号令要求。

孙子派人向吴王报告说：“部队已经整训好，请大王下台检阅。我相信大王就是叫她们赴汤蹈火，也是能够办得到的。”

吴王阖闾已经没有心情下来检阅了，说：“请将军停止演练回去休息吧，我就不下去察看了。”

侍妾虽然没有了，但是生活还得要继续，仗还得要打。

“妹子多的是，但将领却只有一个！”吴王阖闾在经过激烈的思想斗争后，还是起用孙子为将。而孙子也不负众望，西破强楚，北威齐晋，帮助吴王摆平诸多国际争端，显名诸侯。

五

好的体制是战斗力的灵魂所在。

魏国在战国七雄中率先实行变法，改革政治，奖励耕战，兴修水利，尤其是吴起推行的武卒制，帮助魏国建立了一支训练有素、能打硬仗的职业化军队，让魏国成为战国初期最强大的国家。

齐威王实行的是铁腕统治，他重赏即墨大夫，烹杀阿城大夫，使官吏们不敢再文过饰非，齐国大治。而且，齐威王非常重视人才建设，他不像梁惠王那样视珠宝如命，在他的眼里，贤臣良将就是珍宝。

赵武灵王注重对潜力的挖掘，他亲自与贵族和大臣们进行辩论，力排众议，推行胡服骑射，建立骑兵，唤醒了赵国士兵沉睡的内在潜能，直接将赵军打造成为战国后期唯一能够与秦军一争高下的军队。

秦军则得益于军功爵制。秦国在商鞅变法中废除了旧的世卿、世禄制，建立二十等爵制度，大力奖励军功。在秦国，凡是有军功的人均可以按照标准升爵受赏。所有士兵在战斗中只要“能得甲首一者”，便能“赏爵一级，益田一顷”。斩杀的敌人首级越多，得到的爵位就越高。没有军功，即便是出生在王族，也不能列入家族名册。有军功的，显赫荣耀；没有军功的，即使很富有，也不能显贵。对秦国民众而言，他们的政治地位完全取决于自己在战场上的表现。秦国士兵对战争的渴望和热情达到了前所未有的高度，人民勇于为国家打仗，不敢为私利争斗，社会秩序安定。

也正是从那个时候起，战争中的斩首纪录直线攀升。我们经常能够看到这样的场景：秦军士兵一只手提着人头，一只胳膊下面夹着俘虏，亡命地追杀着对手。这样的场景，想想都让人恐怖。

六

坚守是战斗力的最好注脚。

机会总是垂青有准备之人。

田单是齐国宗室远亲，在齐湣王当政时，他不过是京城临淄的一名工商所的所长，并没有什么名气。乐毅攻破齐国后，齐湣王逃出京城，退守莒地（今山东莒县一带），田单也逃到了安平。田单知道，燕军锐不可当，他让族人把车轴两端用铁皮箍上，随时做好撤离准备。果不其然，燕军很快就攻破了安平，齐人争相逃命，可是，许多人都因为车轴出了问题被燕军俘虏，只有田单和他的族人得以向东逃脱，退守即墨（今山东平度东南）。

此时，齐国除莒地和即墨之外，悉数被燕军控制。燕军首先调集军队，攻打齐湣王所在的莒城。前来救援齐国的楚将淖齿杀了齐湣王，死守莒城，燕军接连几年都没能攻打下来。齐军无奈之下掉头向东，全力围攻即墨。即墨守将出城迎战，战败被杀，大家推举田单为将，共守即墨。

不久，燕昭王去世，燕惠王即位。燕惠王在做太子时就和乐毅有过节，田单抓住机会，派人到燕国进行离间活动。

燕惠王中计，撤掉名将乐毅，换上骑劫。田单又接连用计，激将燕军割齐国降卒的鼻子，扒齐人的祖坟，并大肆渲染飞鸟啄食祭品是因为将有神仙下凡帮助齐国。末了，又派人到骑劫那里去诈降。

燕军果然被麻痹，田单知道时机成熟了，亲自带领手下加固工事，把自己的妻妾都编在队伍之中，把全部食物都拿出来犒劳士兵。

他命令精锐部队埋伏起来，只让老弱妇女上城防守。又暗中收集了一千多头牛，用大红缎子裹住牛身，绘满五彩龙纹，并给牛角绑上利刃，牛尾绑上用油浸过的芦苇。到了后半夜，燕军睡得正香，田单命人悄悄在城墙上凿开几十个洞。只听一声令下，士兵们点燃芦苇，一千多头火牛发疯了似的冲向燕军，连夜空都被火光照得一片通红。燕军不明就里，惊慌失措，被火牛触者非死即伤。齐军五千精兵紧随火牛之后，掩杀过来。只听城里鼓声如雷，连老弱妇孺都敲响铜器，赶来助威。一时间，喊声震天，燕军一个个被吓破了胆，落荒而逃。混战中，燕军主帅骑劫也被齐人斩杀。

田单一鼓作气，收复了齐国丢掉的七十多座城池，到莒城迎回齐襄王。齐襄王返回都城临淄，封田单为安平君。

求刘邦的心理阴影面积

一

不知道大家注意过没有，在汉初的历史上，存在着这样一个有趣的现象：在世人公认的大咖中，凡是对刘邦忠心耿耿，言听计从的，多半没有好下场。反过来，敢于当面顶撞，给予他差评的，却大都得到了奖赏。

汉初三杰之一的韩信，是刘邦非常器重的一个人。然而，对皇权并无非分之想，政治理想仅限于出将入相的韩信，除了伸手索要过假齐王，在鸿沟议和后，与彭越没有按时到达作战地点外，似乎没有做过其他对不起刘邦的事情。相反，刘邦还两次冲进韩信军营，夺了他的兵权。可是，韩信最终还是没能逃脱兔死狗烹的厄运，在被贬为淮阴侯后，又被吕后骗至长乐宫杀害，夷灭三族。

彭越是刘邦的铁杆粉丝，他在魏地起兵后不久就归附刘邦，死心塌地为他卖命。在楚汉战争中，彭越率部往来游击，神出鬼没袭扰楚军，立下了汗马功劳。可是，因为留侯张良无意中的一句话："彭越平定了梁地，战功累累，本来是可以封王的。可是，当初你因为魏豹的缘故，却只任命他做了魏相国。……彭越内心其实也想称王……"就在刘邦心里播下了仇恨的种子。后来，彭越因为征调兵马的事情开罪刘邦，被以"反形已具"的罪名夷灭三族，枭首示众。

英布是在楚汉战争进行到焦灼状态下，背叛项羽、投靠刘邦的。英布归顺后，还诱降了楚国大司马周殷，二人分别率军到垓下与汉军会合，攻打楚军，帮了刘邦的大忙。

与韩信、彭越不同，英布原本就不是刘邦阵营的人。在韩信、彭越被接连诛杀后，英布害怕到了极点，暗中集结军队，准备应战。后来，英布因为爱妾与他的中大夫贲赫暧昧不清，鬼使神差，起兵反汉，战败逃亡后被杀。

与上述三位大咖不同，雍齿向来不受刘邦待见。他在刘邦最困难的时候献出丰县，投靠周市，后来又投靠赵王，几经反复后才又投降刘邦。雍齿曾不止一次当面让刘邦难堪，刘邦对他恨得牙痒痒，很想一杀了之，只是一直没有找到机会。可是，在汉朝建立后论功行赏时，雍齿却是一般臣子中最先得到赏赐的。

为啥呢？因为韩信、彭越、英布这些人太强大了，强大到让人看不懂，不放心。而像雍齿这样的人几乎对刘邦构不成威胁。

我相信有许多回，当刘邦半夜从睡梦中惊醒时都会反复问自己一句话：他们为什么还不造反呢？他们是要等到我死后才造反吗？他们到底想要干什么呀？

依照刘某人的逻辑，他们都是应该反的呀！他们害得刘某人吃不香、睡不好。等到他们一个个都“反”了时，刘某人的处理也很有讲究：韩信和彭越被夷灭三族，英布只是消灭了事——在内心深处，刘邦还是认为，英布同志是可以造反的，但是，韩信、彭越却坚决不行，因为他们一直就是自己的铁杆哥们儿。

大家不必大惊小怪，因为作为刘邦的臣子，必须首先要回答一道难题：求刘邦的心理阴影面积是多少？

二

关于这个问题，张良最先给出了答案。

他的答案是：不能让刘某人感觉到压力。

刘邦很懂张良，张良同时也很懂刘邦，二人可谓是珠联璧合。因而在刘邦起兵初期，张良还能直言劝谏。可是，等到刘邦被分封为汉王之后，就很少能够看到张良劝谏的身影了。每次都是在刘邦走投无路，向张良问计之后，他才侃侃而谈。在刘邦的面前，张良谦虚得就像是一位小学生。

最具有代表性的一次是，刘邦在彭城几乎全军覆没，丢下老父、妻子、儿女，只带着张良等数十骑逃出重围。刘邦心有不甘，询问手下人等，谁能够同他一起成就霸业？张良进言说，九江王黥布、出身江洋大盗的彭越、汉将韩信三人可堪重用。我想，这些话应该是张良深思熟虑后的结果，绝不是在刘邦问计后才临时起意，而此前他之所以不说，还是在等待时机。

而且，张良不恋权位，在功成名就后便退隐黄袍山（今湖北通城东南）。

韩信的回答是：你不是想要天下吗？那么，我就全力以赴帮助你打天下！

韩信将自己打扮成了战神。刘邦出兵关中，韩信领军暗度陈仓，帮助刘邦还定三秦。刘邦惨败彭城，退至荥阳，韩信即刻前往荥阳前线救援，并在京城和索城之间击退楚军，帮助刘邦稳住了阵脚。

紧接着，韩信采用木罂缻①渡过黄河，突袭安邑，平定了魏国。背水一战击败代、赵。之后，又北上降服燕国。率兵进击齐国，攻下临淄。最后，会师垓下，十面埋伏，大破楚军，迫使项羽自刎。

可惜韩信只答对了一半，因为他只回答了如何打天下的问题，没有考虑刘邦将要如何守天下的问题。所以，在蒯通说他计谋出众，世上少有，会威胁到君主威势，持有不能封赏的功绩，劝他与刘邦和项羽三分天下、鼎足而立时，

---

①罂缻：古代一种大肚子小口儿的盛酒瓦器。

韩信不以为然，自认为功勋卓著，刘邦不会加害自己。

萧何的回答是：不管你对我怎么样，我都小心翼翼侍奉你。

事实上，萧何一开始也回答错了。但是，他很快就在鲍生、召平和另一个不知名的说客的指点下，有意识地进行了纠偏。

与韩信等人不同，萧何没有到前线去冲锋陷阵，而是留守关中，负责为前线部队供应粮草和补充兵员。

公元前204年，刘邦与项羽在京、索之间相持不下，担心萧何尾大不掉，屡次派遣使臣回到后方慰劳萧何。萧何当时尚蒙在鼓里，并未发现什么异常。一个姓鲍的书生对萧何说："汉王在外风餐露宿，他之所以一反常态，派遣使者慰劳你，是因为对你起了疑心。你不如将亲族中能打仗的人都派往前线，这样，汉王才会信任你。"

萧何恍然大悟，依计而行，刘邦果然很高兴。

公元前196年，刘邦亲率大军前去平定陈豨叛乱。平叛还未结束，吕后就采用丞相萧何的计策诛杀了韩信。消息传到军中，刘邦心里又是喜又是忧：喜的是，韩信死了，悬在心中的一块石头终于落地了；忧的是，在灭掉韩信后，萧何已经悄悄坐大。思量再三，刘邦派遣使臣拜萧何为相国，加封食邑五千户，并派士卒五百人、都尉一人作为萧何的护卫。众人都前来祝贺，召平却跑来吊丧。

召平说："相国就要大祸临头了！皇上忍受风吹日晒，在外苦战，你留守关中，没有冲锋陷阵，之所以增加你的封邑，并设置护卫，是因为新近谋反的淮阴侯死了，他又开始怀疑你了。设置卫队保卫你，并不是因为宠幸你。希望你辞让不受，并拿出全部家私财物资助军队，这样，皇上心里才会高兴。"

萧何认为召平说得很对，采纳了他的计策，刘邦果然满心欢喜。

往后一年，黥布叛乱，刘邦亲率大军前去征讨。其间，刘邦数次派人询问萧何在做什么？使者总是回说，萧相国爱民如子，把自己的全部家财都捐做军用，他所做的和讨伐陈豨叛乱时一模一样。刘邦听了，总是默不作声。

有一个门客对萧何说："丞相离满门抄斩不远啦！"

萧何大惊，忙问其故。门客说："你高居相位，功劳第一，还有什么职位可以再封给你呢？况且，你一入关就深得民心，到现在已经十多年了，百姓都归附你，你却还在孜孜不倦地做事，博得他们的爱戴。皇上之所以几次询问你的动向，就是害怕你颠覆关中啊！你为何不以低价、赊借来强买田地，败坏自己的名声？只有这样，才能让皇上放心。"

萧何没有办法，只好动手抹黑自己。

但萧何终于还是抑制不住自己的冲动，为民众请求上林苑之地，招致牢狱之灾。萧何能有此举，说明他童心未泯。他的这一着棋不但洗清了自己，更是将刘邦推进了两难境地，连刘皇帝本人都无可奈何地说："这事就算了吧，说来说去，我不过是桀、纣那样的君主，而你则是个贤相。"

在比较了以上三个人的回答之后，你会发现，韩信是最单纯的。但是，他却被刘邦想成了最复杂的那个人。

这足以说明，刘邦的心理阴影面积实在是太大了。萧何的所作所为则进一步说明，在刘邦手下为臣，非常有必要配备一个强大的心理学团队。

三

有一个叫刘敬的小屌丝将刘邦的心里琢磨透了，他给出的答案是：只要你不对皇权构成威胁，便可以肆无忌惮地给予刘邦差评。

敢给予大人物差评，不仅是一种智慧，更重要的是，还是一种担当。你看，晏婴给了孔子差评，结果齐襄公直接将孔子拉黑。那孔大圣人身上的策士之风着实令人讨厌，等到这种风气传到了李斯那里就完全演变成了见风使舵。小屌丝刘敬继承了晏婴的担当。在"大咖"们挨整的挨整，受死的受死，退隐的退隐的艰苦环境下，他毅然决然地选择了开展批评与自我批评。

刘敬是齐国人，本名娄敬。公元前 202 年，刘敬到陇西戍守边塞，路过洛阳时，他穿上羊皮袄，弃车步行，通过虞将军去求见刘邦。刘邦问刘敬有什么事？刘敬回答说：“陛下定都洛阳，难道是想要跟周朝一比高下吗？”

刘邦说：“是啊。”

刘敬说：“这也太离谱儿了吧！周朝的先祖是后稷，被舜封在邰地，积德累善十几代。公刘为躲避夏桀迁居豳地，周太王又因为躲避狄人侵扰，离开豳地移居岐山，国人都争相跟随他到了岐山。周文王担任西伯①后，成功化解掉虞、芮两国的争端，这才开始承受天命，吕望、伯夷也由海滨回来归附他。周武王伐纣时，事先并没有约定，自发来到孟津会盟的诸侯就有八百人之多，大家都说，‘殷纣可以讨伐了’，于是就灭掉了殷。周成王即位，有周公这些人辅佐，遂营建成周洛邑，将它作为天下的中心，四方诸侯前来交纳贡物赋税，道路都是均等的。这样做，有利有弊。利是君主有仁德可以一统天下，弊是一旦仁德缺失，很快就会覆灭。大凡建都于此，都是寄希望于施行德政来感召人民，而不是想凭险据守，骄奢淫逸，欺压人民。在周朝鼎盛时期，天下和睦，四方各族心向洛邑，不用一兵驻守，不用一卒出战，八方外族大国无不归顺臣服，进献贡物赋税，共同侍奉周天子。但是，到了周朝衰败时期，竟又分成了西周和东周两个小国，天下诸侯再也不来朝拜周天子了，周室已经不能控制天下。这并不是它的恩德减少了，而是形势转弱了啊！”

刘敬说：“陛下从沛县丰邑起兵，带领三千士卒，席卷蜀、汉，平定三秦，与项羽决战于荥阳，双方为争夺成皋之险，大战七十次，小战四十次，致使天下百姓血流成河，父子枯骨曝于荒郊，尸横遍野，不可胜数，悲惨的哭声不绝于耳，伤残者还没有痊愈，在这种情况下，却幻想同成康盛世相比，这岂不是不自量力吗？更何况，秦地被山带河，四面边塞可以作为坚固的防线，即使突发危急情况，百万雄兵也足以应付一切。凭借秦国原有的基础，又以肥沃的土地作为依托，这就是人们所说的‘天府’之地啊！假如陛下进入函谷关，在那里建都，即使崤山以东发生祸乱，秦国原有的地方也是可以保全的。与别人搏

①西伯：西方诸侯之长。

斗，不卡住他的咽喉，却避重就轻去打击他的背部，是不能够完胜的。进入函谷关内建都，据有秦国原有的疆土就是掐住了天下的咽喉，并击打它的后背啊！”

刘邦征求大臣们的意见，群臣均是崤山以东人，争先恐后地说，周朝延续了数百年，而秦朝只历经两世就灭亡了，不如建都在周朝原来的都城，刘邦犹豫不决。在留侯张良言明入关建都有利后，刘邦即日起驾，西行前往关中建都。

刘邦很高兴，赐娄敬姓刘，授给他郎中官职，称号奉春君。

四

与其说刘敬喜欢找刘邦的茬，倒不如说是刘敬比那些喜欢点赞、跟帖的唯唯诺诺之臣更懂刘邦。但是，一而再再而三地当面顶撞刘邦，总是有风险的。这不，刘敬就差点儿马失前蹄，死于非命。

公元前200年，韩王信叛汉，刘邦亲率大军前去讨伐。大军到达晋阳，得知韩王信暗中与匈奴勾结，准备共同抗击汉军。刘邦大怒，派人出使匈奴，探听底细。匈奴人将他们能征善战的士兵和肥壮的牛马都藏匿了起来，只剩下些老弱残兵和瘦弱的战马牛骡。使臣前后去了十余批，都说匈奴可以攻击。

刘邦还是不放心，派刘敬再次出使匈奴。

刘敬回来报告说：“两国交兵，在这个节骨眼儿上应该炫耀自己的长处才是。但我到了那里，却只看到些瘦弱的牛马和老弱的士兵，这一定是匈奴人故意显露自己的短处，想出其不意制胜，千万不能上他们的当啊！”

这时，二十万汉军已经越过了句注山，想停都停不下来了。刘邦大发雷霆，斥责刘敬：“齐虏①小儿，你凭着摇唇鼓舌捞了个官做，现在竟敢信口开河，阻挠我大军出征。”遂下令将刘敬铐起来，就地拘禁在广武。

①齐虏：虏本是中国古代对北方外族的贬称。因刘敬是齐国人，故刘邦称其为齐虏。

收拾完刘敬，刘邦也出发了。大军到达平城，被匈奴人围困在白登山，七天之后才侥幸解围。刘邦回到广武后，便赦免了刘敬并对他说：“我不听你的意见，这才在平城遭到围困。我已经将前面那十来批出使匈奴的人尽行斩首。”同时，赏赐刘敬食邑两千户，封关内侯，称号建信侯。

刘敬是幸运的，但是同为直士的田丰却就惨了，因为他的主子袁绍心理比刘邦阴暗多了。田丰为人刚直，曾数次向袁绍进言而不被采纳，非但没有捞到什么好处，反而落下了个“刚而犯上”的名声。官渡之战前夕，田丰因为谏阻袁绍征伐曹操，被袁绍下令囚禁。当袁绍败讯传来时，狱众祝贺田丰可以免除牢狱之灾了，但是，田丰却敏锐地意识到，自己的人生之路走到了尽头。他说：“袁公内忌外宽，如果他得胜，一定能赦免我，现在既然打败了，我不指望活命了。”果不其然，袁绍回来后就杀了田丰。

刘邦在撤出平城，返回朝廷后，向刘敬询问对策。刘敬说：“汉朝天下刚刚平定，士兵多年征战，疲惫不堪，对匈奴不宜使用武力。”他建言刘邦采用和亲政策，用仁德感化匈奴。刘邦采纳了刘敬的建议，派遣他前往匈奴议和联姻。

刘敬出使匈奴回来，又劝谏刘邦充实关中。刘邦遂命刘敬把齐国的田氏各族和楚国的昭、屈、景三大宗族，燕、赵、韩、魏等国的后裔，以及豪门名家等十万余人迁移到关中定居，以防备匈奴，加强中央统治。

到手的好牌何以打烂了

读完《史记·李斯列传》，心里久久不能释然，为李斯，更为大秦王朝。

何也？因为历史原本不该如此。

我们还是先看看牌面吧：

始皇帝：大王。

公子扶苏：小王。

内史蒙恬：2。

上卿蒙毅：2。

丞相李斯：2。

公子胡亥：A。

中车府令赵高：3。

在这里，秦始皇、扶苏是大王和小王；蒙恬、蒙毅、李斯均是主牌；而公子胡亥充其量只能算是个A，类似于他这样可以成为A的还有二十多个；至于赵高，不过是为皇帝执掌乘舆的后勤官员，地位卑贱得不能再卑贱了。除了中车府令这个头衔能唬住那些不明就里的人之外，并无什么可怕之处。应该说，这是一副难得的好牌。然而，好牌也有打输的时候，因为出牌人与玩法同样重要。

闲话少说，我们且看他们是怎么个玩法。

秦始皇玩的是斗地主。在始皇帝手里，蒙氏兄弟深受宠信，一个主内，一个主外，权倾朝野，即便是丞相李斯，也要让他们三分。至于赵高，根本就没有将他作数。面对这样一副好牌，始皇帝至少有如下几种出牌方法：

a. 先出大王，由小王说了算；

b. 出炸弹，即大、小王先出，由蒙毅、李斯择贤而立；

c. 先出3，用2压，即派赵高去祭山，让蒙毅、李斯留下来照顾自己。

应该说，这副牌不管怎么出，赵高、胡亥他们都没有翻盘的机会。然而，秦始皇却选择了最为脑残的一种打法：接连打出了两个2，蒙氏兄弟一个被派去镇守边关，另一个被派去祭山。

事实上，秦始皇这样出也没有错，因为按照他设定的玩法，牌局仍在掌控之中，可问题是这样出是有风险的——虽然他本人一千个不情愿，但是，大王不得不先出了，而在剩下的牌里面，二王看似最大，但实则无用。更为严重的是，他高估了赵高与胡亥的道德水准。果不其然，秦始皇一死，赵高他们立即就改变了玩法。

在赵高的撺掇之下，胡亥改玩起了跑得快。游戏规则一经改变，牌势立马就发生了逆转。原先看似卑贱无比、毫不起眼的小3（赵高）瞬间上位成为主牌，三个2（李斯、蒙恬、蒙毅）立马变成了刀下菜。

在改变了玩法之后，赵高随手打了一手“三带二”：胡、李、赵+使者+李斯的门客。风云突变，可怜蒙氏兄弟与公子扶苏干瞪眼没有办法，只能眼睁睁地看着别人在自己面前欢呼雀跃。

牌打至末尾，赵高又使出了一招：弃王，劝秦二世远离皇宫去禳灾，而秦二世居然听信了他，搬到望夷宫去居住。在王打出之后，赵高当仁不让地成了主宰。于是乎，秦王朝终于灰飞烟灭。

天阉之人，就是心狠手辣。赵高的这手牌看似无解，但其实还存有变数。

变数之一在李斯。

在《史记·李斯列传》中，赵高对李斯有问：“你自己度量一下，与蒙恬将军相比，谁的能力更强，功劳更高，更为深谋远虑？谁未得罪天下百姓而更受拥戴？谁与长子扶苏的关系更好？”

我们这里不妨套用赵高的话也向李斯发问："你自己度量一下，与中车府令赵高相比，谁更卑鄙，更虚荣，更不守诚信？谁会为了名利抛弃天下百姓？谁与公子胡亥的关系更好？"

多问两句，形势自然明了。难道说，当初李斯就没有考虑过这些问题吗？李斯当然考虑过了。可问题是，李斯仍然沿用惯性思维看待一切，他和秦始皇均犯了同一个毛病：大意。都开始玩跑得快了，还分不清 3 大还是 2 大，活该被腰斩于市。贪图禄位的李斯到头来将自己也绕了进去，真是悲哀。

变数之二在蒙恬。

你赵高不是要玩跑得快吗？可别忘了，我手下有雄师百万，我出一手"顺子"，你吃得消吗？赵高是谁，小人是也！小人最善于琢磨人性的弱点，赵高正是猜准了李斯会倒向自己，而扶苏、蒙氏兄弟这些人不屑出此下作手段，这才安心玩起了跑得快，要不然给他一百个胆子，他也不敢这么玩儿。

变数之三在秦二世。

指望秦二世，别逗了，他心里想的是如何填满自己的欲壑，哪有工夫去为国家着想？秦二世放手不管，那么就只有寄希望于李斯了。可问题是李斯在关键时候竟然置国家于不顾，听之任之。甚至于在秦二世责怪他讨贼不力时竟然混淆是非，上书曲意逢迎，为秦二世的享乐寻找理论依据。只是到后来，在祸及自身时才被动反击，而此时大势已去，再挣扎也是徒劳。

李斯为何斗不过赵高？这是因为李斯的现实主义其实是不彻底的。他只明白仓鼠和厕鼠的区别，却没有看到仓鼠的优越日子全是猫给予的。一旦猫不高兴，仓鼠的好日子也就到头了。因而在他的心里，其实一直藏着一份封王封侯以求显贵的理想。一心追求荣华富贵，却忽略了外部环境，这是李斯视野的局限性。而在赵高的人生字典里只有利益两个字，完全没有道德和节操可言，谁挡住了他的道路，谁就是他的敌人。现实主义败给机会主义、利己主义，这是必然。

憋屈，实在是憋屈！到手的一副好牌被李斯与胡亥、赵高之流打成了这样，你能说秦王朝死得不憋屈？然而，更憋屈的还在后面，一个横扫六国，统一了文字、度量衡，修筑了长城、秦驰道，奠定了法治和郡县制的伟大王朝却被世人冠以“暴秦”的名称并钉在了历史的耻辱柱上，这怎能不令人叹惋？

那么，儒家眼里的暴秦到底是什么样子呢？我们从《史记·张耳陈馀列传》中可以找到答案：“夫秦为无道，破人国家，灭人社稷，绝人后世，罢百姓之力，尽百姓之财……”这是当时最为流行的看法。这其中，修筑长城、驰道，耗尽民力只是修饰语。认为天下是六国的，名分不正才是主因。

原本就危机重重，再加上秦二世胡亥变本加厉，终于让秦王朝偏离了法治的轨道，在黑暗的道路上愈滑愈远。就连公子高在情急之下请死时，胡氏集团的得力干将赵高自己都说：“人臣当忧死而不暇，何变之得谋！”

人臣们人人自危，忙于自保，连图谋反叛的工夫都没有，暴秦自然也就实至名归了。可以这样说，秦王朝之所以这么快灭亡，是正名分失败与暴政叠加的结果。

唉，不说了，说多了满眼都是泪！

鸡蛋是怎样碰上石头的

一

敢于和大咖掰手腕是一种勇气。

小号叫阵大腕儿，屌丝叫板大牌，小人物摊牌权贵，这些故事都很励志，是我们平常人喜爱看的游戏。但是，做游戏总得要讲规则，亮剑大腕儿的前提是要做足功课，修炼好硬实力，否则，极有可能沦为鸡蛋碰石头的笑话。实力是最大的政治，承认差距既是尊重对手，也是对自己负责。

东周肇始，诸侯争霸，群雄你方唱罢我登台，拼的全是实力。可惜的是，并不是每个人都明白这个道理。其间，就有那么一个国小人蛮、不自量力的国家拧着脖子与大国叫板，最终导致亡国。

这个国家就是位于河南上蔡县一带的蔡国。

二

鸡蛋碰石头，是因为它的想法太多。

蔡国的祖上是周文王的第五子、周武王的弟弟蔡叔度。周武王灭掉商朝后，将叔鲜分封在管地，叔度分封在蔡地，并让二人担任武庚禄父的相国，协助他治理殷国。到了周成王手里，蔡叔度因为怀疑摄政的周公旦会加害周成王，与哥哥叔鲜联合武庚禄父发动叛乱，失败后被流放。

事实上，对于周公摄政这件事，同宗室的召公奭也是很有看法的。

所不同的是，在周公写作了《君奭》，告诉他自己想要做伊尹、伊陟、臣扈、巫贤、甘般那样的辅国贤臣后，召公的态度居然来了个一百八十度大转弯，表示非常理解，不再深究。而老三管叔鲜和老五蔡叔度仍旧对老四周公旦不放心，悍然发动叛乱。

蔡叔度后来死在了流放地，他的儿子胡弃恶从善，又被封在蔡地。

可是，二度受封的蔡人并未汲取教训，当君位传到第十三代国君蔡哀侯手里时，蔡国的大头病又犯了。公元前684年，息侯迎娶陈国女子为妻。这三个国家，陈国在西北，蔡国居中，息国在西南，基本上呈半弧形状，由陈国去息国需要经过蔡国。而蔡国与息国又同为姬姓，关系较其他诸侯国亲近些。然而，当息夫人出嫁路过蔡国时，蔡哀侯却还是控制不住自己的一颗花心，用轻佻的言语挑逗她。息侯大怒，假意请求楚文王发兵攻打息国，实则为蔡国设下了一个圈套。就在不明就里的蔡国出兵援救息国之际，楚军乘虚而入，占领蔡国，俘获了蔡哀侯。

蔡哀侯被扣留在楚国九年，最终客死他乡。

三

鸡蛋碰石头，是因为它不知深浅。

这一次，蔡国虽然得罪的是弱小的息国，可是已经受到重创。然而，后继位的蔡缪侯仍旧不思悔改，又因为袒护妹妹而招惹上了如日中天的齐国。

公元前657年，齐桓公与夫人蔡姬在水上游玩。蔡姬年轻活泼，十足的一个小女人。她知道齐桓公不熟悉水性，就想玩一把恶作剧，故意摇晃船只，逗齐桓公开心。齐桓公吓得面如土色，喝令她停止。蔡姬正玩到兴头儿上，早将霸主夫人的身份丢到了九霄云外，哪能听得进去呢？齐桓公很生气，下船后就将蔡姬送回娘家。

这本是一桩夫妻之间闹别扭的小事，更何况，一边是童心未泯的小夫人，一边是老成持重的政治家，二人之间明显存在着代沟。齐桓公疼还疼不过来呢，哪舍得就此休掉蔡姬？他只不过是想借此机会教训一下蔡姬，除去她身上的乖戾之气。我想，蔡缪侯如果聪明的话，就应该学习齐桓公，看看他是怎么处置与庆父私通的妹妹哀姜的，毕竟那件事情才过去不到两年，毕竟你蔡缪侯的面子与齐桓公的面子相比，并不算什么。可是，心气狭小的蔡缪侯竟然动了气，迫不及待地将蔡姬另嫁他人。

看到此处，大家是不是也在笑话蔡缪侯单纯：没有拿到正式休书，就敢拿霸主开涮，活腻味了不是？这孩子，真是不知道春秋的水有多深。他以为蔡国是诸侯国，齐国也是诸侯国，而蔡国又与周室是同宗，上面有周王罩着，就想入非非地欺负齐国。齐桓公当然咽不下这口气，怒不可遏，兴兵讨伐蔡国。

当时，齐桓公风头正劲，蔡缪侯以卵击石，公然挑战霸主，其结果可想而知：蔡国军队溃退，蔡缪侯做了俘虏。一个小辈，自己没有两把刷子不说，还不合时宜地挑战大佬，不是找抽是什么？关键时刻，多亏诸侯各国的兄弟们拉了他一把，集体向齐桓公求情，蔡缪侯这才被释放回国。

四

鸡蛋碰石头，是因为它自认为很硬。

被接连修理的蔡国总算有所收敛，平静了将近一百三十年。公元前 531 年，蔡国又因为内乱一度为楚国所灭。所幸的是，在楚国灭掉蔡国三年之后，楚公子弃疾杀害楚灵王，代立为君。楚平王弃疾因为自己的王位来路不明，急需拉拢诸侯，树立形象，这才同意蔡国及与它一前一后被灭掉的陈国复国。

按说经历了亡国之痛，应该自省自励才是。可是，蔡人心胸狭窄，意气用事的老毛病还是未改。仅仅传了三世，蔡昭侯就又因为一件裘皮衣，与楚相子常结怨。

说起来全是鸡毛蒜皮的事：蔡昭侯去楚国访问时带了两件华美的裘皮衣，一件献给了楚昭王，另一件留着自己穿。楚令尹子常也想要一份纪念品。蔡昭侯不给，说："国家元首出访，礼物只送国君，不送臣子。"子常很生气，向楚昭王打小报告诬陷蔡昭侯，楚昭王扣留了蔡昭侯。蔡昭侯在楚国待了三年，总算弄清楚了其中原委，就把自己那件裘皮衣送给了子常。子常这才向楚昭王上言，放蔡昭侯回国。

虽则蔡弱楚强，但是，蔡人还是念念不忘教训楚国，他们请求晋国帮自己出气。为了讨好晋国，蔡国遵照晋君的意图灭掉了沈国，这下子触怒了沈国的宗主国楚国，楚昭王发兵攻打蔡国。晋国发动十八路诸侯，准备为蔡国“伸张正义”。无奈中行寅向蔡昭侯索贿不成，从中作梗，此事最终不了了之。情急之下，蔡昭侯把自己的儿子送到吴国去做人质，请求吴国出兵救援。

时间是公元前506年，吴国在伍子胥的辅佐下达到了鼎盛时期，君臣上下对素有过节的楚国早就忍无可忍，自然满口答应。

他们又联合了唐国。到了冬天，蔡昭侯与吴王阖闾攻破楚国，进入楚都郢城，楚昭王仓皇出逃，子常也逃奔到了郑国。然而，事情并未完全按照蔡昭侯的预想发展。公元前505年，吴军在秦军的压迫及内乱干扰下撤出楚国，楚昭王复国。两年后，刚刚缓过气来的楚国在令尹的鼓动下，决心向蔡国报仇雪恨。楚相在向民众作报告时泣不成声，群情激昂，蔡昭侯听说后就吓尿了。

公元前493年，楚国出兵讨伐蔡国，蔡国告急。吴王认为蔡国都城距离吴国太远，为了保全蔡国，趁救援的机会将蔡国的都城迁到了距离本国更近的州来。

蔡昭侯一心依附吴国，但是，大夫们却不跟他一条心。他们正密谋着脱离几近疯狂的吴国战车。公元前491年，蔡昭侯将要前去会见吴王夫差，大夫们担心蔡昭侯答应吴国再次迁都，遂将他杀死。

迁都、立新君，其实这些都不是事。要命的是，蔡国的保护伞吴国此时也已经开始走下坡路，自顾不暇。公元前473年，越国灭掉了吴国。仅仅过了二十六年，苟延残喘的蔡国便为楚惠王所灭，蔡侯齐出逃。图一时之快，不自量力地与楚人作对的蔡人，终于吞下了亡国的苦果。

五

鸡蛋碰石头，还因为它鼠目寸光。

无独有偶，同是小国的曹国也犯了夜郎自大的毛病。

公元前 637 年，晋公子重耳逃亡路过曹国。重耳是一个很有抱负的人，连齐桓公都不愿意开罪于他，将宗室之女许配给他为妻，而曹共公却不知哪里来的勇气，不仅表现得很不友好，甚至因为好奇，借着重耳洗澡的机会观看他的骈胁（畸形的肋骨）。喜好八卦、鼠目寸光的曹共公大概没有想到过，一年之后，六十二岁的重耳竟然取代他的侄子晋怀公成为晋国国君。而这个曾经被他看扁了的大龄青年，其实并不简单，他上任后率兵勤王，护送周天子回京，平定周室内乱，眨眼工夫就成为许多诸侯国国君梦寐以求的霸主。

公元前 632 年，晋文公重耳终于发兵讨伐曹国，将曹共公掳掠到了晋国。曹共公虽然蠢，但是运气却不赖。

有人劝谏晋文公说："昔日齐桓公大会诸侯，连异姓国都帮助他们复国；现在你却囚禁曹君，灭掉同姓国家。你这样做，还怎么号令天下诸侯呢?"

晋文公深以为然，释放曹共公回国。

要不是晋文公手下留情，只怕曹国在这个时候就灭亡了。然而，曹国最终也没能长久，在公元前 487 年便为宋国所灭。曹国之所以灭亡，是因为曹伯陈起用了一个叫公孙强的人。这家伙是个好战分子，他煽动曹伯称霸诸侯，而曹伯竟然真的听从他的建议，背叛盟国晋国，向比它强大百倍的宋国发动进攻。

相较之下，楚成王则要明智得多。楚成王既没有像郑文公那样，因为诸侯中逃亡的公子路过太多就摆谱，更没有因为楚国强大，就像曹共公那样羞辱重耳，而是坚持用诸侯的礼仪接待重耳，为楚国捞到了退避三舍的好处。就是曹共公的臣子釐负羁也比他有远见，他暗中结好重耳，给重耳大开方便之门。在晋军攻破曹国时，唯独对釐负羁家族的居住地秋毫无犯。

所以说，做人要低调谦虚，不要意气用事，随意挑战规则。否则，连自己是怎么死的都不知道。

说不清的真相

一

总有一些历史人物会在无形中被人抹黑。

吕不韦是韩国都城阳翟著名的商人。这个人很有经济头脑，他一年四季都乘坐着飞机在各诸侯国之间飞来飞去，低价买进，高价卖出，积累的资产有上千金之多。

秦太子安国君有二十多个儿子，子楚排行正中，因为母亲不受宠爱，他被派到赵国去做人质。吕不韦刚到邯郸做生意，见到子楚，立刻意识到这是一件奇货，可以囤积居奇，以待高价售出，便毫不犹豫地由商业投机转向了政治投机。吕不韦进行的这项投资活动，引发了人们一系列的疑问。

二

问题 A：子楚到底算不算奇货？

答：这个问题很难说清楚，关键是你怎么看待“奇货”。

首先，从《史记·吕不韦列传》看，子楚并非什么奇货。

子楚政治前景黯淡。子楚是秦王庶出的孙子，他在赵国生活潦倒，混得很不开心，不但“车乘进用不饶，居处困”不说，还因为秦国多次攻打赵国而不受礼遇。选择投资子楚，风险极大。

子楚才能平平。面对自己所处的不利境地，子楚一筹莫展，一句“然，为之奈何?”将子楚的平庸无能暴露无遗。而在吕不韦紧锣密鼓的运作中，子楚更是无所作为。平心而论，子楚算不上是好的投资品种。

子楚没有廉耻。子楚在得到安国君与华阳夫人的允诺后，竟然觊觎吕不韦的爱妾赵姬。“从不韦饮，见而说之，因起为寿，请之。”从这一连串的动作中看不出子楚有丝毫的难为情。选择子楚投资，成本太高。

其次，子楚可以是奇货。

不要说现实中的子楚并非《史记・吕不韦列传》中记载的那样平庸，单是秦王庶孙这个身份就很值钱。毕竟子楚是安国君二十多个儿子中的一个，具备成为奇货的可能，尤其是在高攀不上安国君其他儿子的情况下，投资子楚也是个不错的选择。更为重要的是，只要运气好，操作得当，就存在着乌鸡变凤凰的可能。

再次，子楚必须是奇货。

子楚到底是什么货色，吕不韦心里最清楚，可问题是，抛弃了子楚这枚看似普通的棋子，吕不韦的政治企图极有可能化为泡影。这对于一个有着巨大政治野心的人来说，实在不能算是明智选择。而利用子楚豪赌一把，兴许还能换来双赢。因而子楚纵然是 ST 股，吕不韦也只能将他当作潜力股来炒了。

三

问题 B：秦王政到底是不是吕不韦的儿子?

答：关于这个问题，历来众说纷纭，我个人倾向于不是。

首先，吕不韦只有五成胜算。当时，秦昭王尚在人世，即便是安国君自己，也只是太子身份。子楚想要成为秦王，除了祈祷老爹不犯错误，不丢掉太子位置，还需要具备一定的政治智慧，始终如一地对付好华阳夫人。同时，他还必须有一副好身板，保证能够活过老爹安国君。你看，秦昭王身体就棒极了，他活了七十五岁，硬生生将安国君的美好年华消耗殆尽。吕不韦对形势了如指掌，作为一个唯利是图的商人，他不大可能套得太深，拿自己的爱妾做交易。

其次，没有必要，亦无可能。单从技术层面讲，吕不韦想知道赵姬怀孕与否，需要一些时日。也就是说，等到吕不韦知道赵姬有身孕时，赵姬怀孕肯定已经不是一天两天了。反过来，在子楚这边看来，“至大期”生产已无可能。

再退一步讲，即便赵姬可以瞒过子楚，又怎能瞒得了世人？有着大智慧的吕不韦不大可能耍小聪明，冒着前功尽弃的风险，献给子楚一个怀有身孕的赵姬。当然了，还有最重要的一个问题，这么重大隐秘的事情怎么会搞得满城风雨、路人皆知呢？

再次，立后的希望相当渺茫。即便吕不韦愿意用赵姬从事套利活动，也需要赵姬和子楚的配合。别忘了，子楚夫人乃“赵豪家女也”，她即便是喜好歌舞，也应该不会没有一点廉耻，吕不韦也应该不会这么无所顾忌。而在得到了吕不韦资助与安国君夫妇的厚馈后，“名誉益盛于诸侯”的子楚，应该不会聘一个姬妾。换句话说，子楚对赵姬可能会“见而说之”，并笑纳了她，但是，不见得就一定会立她为夫人。聘与娶，其实是有天渊之别的。除非吕不韦脑袋叫驴踢了，否则他不会干这种赔了夫人又折兵的事！

四

问题C：嫪毐是吕不韦进献给太后的吗？

答：有可能，但是可能性极小。

理由一：吕不韦与太后有可能一拍即合。

如果前面的献姬之说属实，那么，赵姬原本就是吕不韦的女人，在秦庄襄王驾崩之后，独守空房的赵姬与吕不韦难免旧情复燃。即便太后当初不是他的姬妾，面对太后的主动投怀送抱，吕不韦也不大可能会拒绝。所以说，不管是旧情难舍的主动，还是不愿开罪太后的被动，吕不韦都有可能与太后有染。但是，这事毕竟是有风险的，尤其是随着时间的推移，秦王政在一天天长大，说不定哪天，这段孽缘会成为一颗定时炸弹，给他们带来灭顶之灾。聪敏过人的吕不韦和赵姬不可能意识不到这一点，为长远计，他们有可能会收手，这是最好的结局。次一点的结局是继续维持情人关系。对吕不韦来说，这也多少算是对今日之情人、昔日之爱妾的一个交代。最坏的结局则如《史记·吕不韦列传》中所说，由吕不韦出面寻找一名壮汉，吸引太后上钩。

理由二：吕不韦与太后的方法太过奇绝。

在进献嫪毐一事上，吕不韦的方法是举行性功能表演。时常在家中放纵淫乐，让嫪毐引诱太后。太后的方法则是“诈以宫刑”。由吕不韦安排人状告嫪毐，判处腐刑，再由太后暗中送礼物给主持宫刑的官吏放嫪毐一马，拔去他的胡须装扮成宦者模样，选进宫中伺候太后。在这里，无论是“阴关桐轮而行”，还是“拔其须眉为宦者”，均是高难度的技术活。且不说，吕不韦暗地里下了多少工夫，是如何从芸芸众生中遴选出这样一位超级猛男的，单是用阳物做杂技表演就不现实；还有那胡须，即便一时能拔得掉，后面再长出来，尤其是在初露头时，是怎么个拔法？这几件事，都令人匪夷所思，难以望其项背。

理由三：即便私通者是嫪毐，吕不韦也脱不了干系。

安排嫪毐与太后私通，与吕不韦自己与太后私通，只有方便与不方便之分，事情败露后的罪责其实并无多大区别。作为一个两朝相国，被国君尊称为仲父，权倾朝野、如日中天的大政治家吕不韦应该不会不明白这一点。因而站在吕不韦的角度讲，他有可能自己冒点儿风险去同太后私通，也不大会把便宜让给嫪毐，让自己来背黑锅。再退一步说，如果嫪毐果真是吕不韦安排的，那么，面对太后与嫪毐不讲政治的蠢蠢欲动，吕不韦一定会想尽千方百计来阻止。吕不韦更不会愚蠢到让一个舍人的风头盖过自身，并让他日渐膨胀的权力欲伤害到身家性命。

五

在回答完上述三个问题后，我们不禁要问：既然存在着这么多的不确定性与不可能性，《史记·吕不韦列传》为什么还要如此安排呢？

这个问题其实倒也挺简单：一方面，在汉取秦而代之后，出于强调皇权正统性的考虑，统治者需要对秦王朝进行丑化，而把秦始皇说成是吕不韦的儿子，无疑是最有效、最直接的方式了。

一方面，如此这般处理，能以小见大，起到出其不意的效果，秦王朝统治者骄横残暴、荒淫无道的作风就会坐实，为千夫所指。

另一方面，安排统一六国的主要功臣之一吕不韦来窃取强秦的胜利果实，不但对秦王朝是莫大的讽刺，而且从子楚到秦始皇，从吕不韦到赵姬，均被污辱得一文不值，这对六国遗民来说，的确是一件大快人心的事情。

有了这样坚实的思想基础，简直不需要太多的说教，大家便都对秦王是吕不韦的儿子深信不疑了，尤其是那些六国遗民。

所谓“兄弟同心，其利断金。”西汉政府和六国遗民携手给吕不韦甩了一口大锅!

古人是怎么刷朋友圈的

一

古人其实也是很爱刷朋友圈的。

汉朝的第一任皇帝刘邦就是个“手机控”。他深坐宫中，动不动就会来上那么几条。刘皇帝刷朋友圈的热情丝毫不逊于今人。

公元前202年五月，天下初定。刘邦在洛阳南宫摆酒设宴，慰劳大臣们。

席间，刘邦望着一帮酒气熏天的小兄弟，心潮起伏，思绪万千，不由得打开手机刷了一条朋友圈：“我想跟弟兄们说几句掏心窝子的话。你们说，大哥我为什么能够夺取天下？而项氏又为什么会失败呢？”

大家正喝到兴头儿上，都假装没有看见。

高起和王陵是直性子，撂下酒杯回复说：“陛下待人傲慢，而且时常侮辱人。项羽待人仁厚，尊重大臣。按理说，胜负一目了然。可是，话又说回来，陛下将得到的土地都封给了将领，这是与天下人同呼吸、共命运。而项羽恰恰相反，他嫉贤妒能，不看重贤才，打了胜仗不封赏，夺下了土地舍不得分封，这就是他之所以失去天下的原因。”

刘邦回复说：“你们这是只知其一，不知其二。人才是决定战争走势的关键。要说运筹帷幄，决胜千里，我不如子房；镇守国家，安抚百姓，供给粮饷，畅通粮道，我不如萧何；统率百万之兵，战必胜，攻必克，我不如韩信。这三个人都是人中豪杰，他们有幸能为我所用，这是我之所以夺取天下的原因所在。项羽有一个范增却不加信用，这是他之所以被我擒杀的原因。”

“陛下圣明!”群臣一片点赞声。

刘皇帝在高兴时刷朋友圈，有了烦心事时也刷朋友圈。

他发的：“亲们，我们到底该在哪里建都呢？洛阳还是长安?!”就引来了臣子们的热议。大家伙儿群情激昂，就差动手打那个异类刘敬了。最后，还是张良一锤定音，帮刘邦摆平了这事。

刘皇帝刷的最著名的朋友圈当属“产业论”。

公元前198年，未央宫落成，迁入新居的刘皇帝开心得不行，在前殿大宴群臣。刘皇帝双手捧着玲珑剔透的玉卮①，起身给太上皇祝寿。

一放下酒杯，立即就刷了一条朋友圈：“当初老爸说我是个二流子，成不了气候，不如二哥刘仲有出息。大家说说，现在是我的家业大，还是刘仲的家业大?”群臣秒回复：万岁！万岁!！万万岁!!！并附上一堆笑脸。

二

大人物爱刷朋友圈，小人物也是如此。

齐相晏子的车夫经常在朋友圈里晒自己的开车照。车夫的妻子感到很好奇，一次车夫又驾车外出，妻子悄悄从门缝里偷看丈夫。这一看不要紧，只见她的丈夫坐在轩盖下面，挥舞着鞭子，赶着驷马轩车，显得神气十足。

车夫下班回家，妻子就跟他提出离婚。车夫不解：“过得好好的，为什么要离婚呢?”

妻子回答说：“我脸上挂不住！你看人家晏子，身高不过六尺，位居齐相，在国际上也很有名气。但我看他不事张扬，没有一点儿架子，一副甘居人下的样子。你再看看你，足足有八尺高，开个车也活灵活现的，就好像做相国的是你而不是晏子。就冲你这副德行，还过个什么劲呀?”

①玉卮：玉制的酒杯。

车夫深深认识到了自己的错误，再也不在朋友圈中晒开车照了。晏子注意到了车夫的变化，问他个中原委，车夫据实相告。“真老实人也！”晏子说，“国君说了，不能让老实人吃亏！”就推荐他做了大夫。

一个地位卑贱、悔过自新的车夫都能够得到提拔重用，这让司马迁艳羡不已，直接在文章结尾处写道：“假使晏子还活着，就是让我挥舞着鞭子替他赶车，那也是件非常令人高兴和向往的事啊！”

三

投降派的朋友圈最没有节操。

当初，叔孙通投降汉王时，跟随他的弟子有一百多人。可是，叔孙通从来不向刘邦举荐他们，他所推荐的皆是些偷鸡摸狗之徒。弟子们背地里刷朋友圈骂他：“我们跟着先生这么多年，原想投降后能够捞个一官半职，谁承想，他非但不举荐我们，还专捡那些大奸之人举荐，这是哪门子道理？”

叔孙通在圈子里回复说：“汉王正冒着枪林弹雨，争夺天下，试问各位弟子，有谁能打得了仗？汉王这时候需要的是能够斩将夺旗、冒死厮杀的勇士。各位姑且等等，不要心急，我不会忘记你们的。”

大家一听在理，也就不再发牢骚。

天下归于一统，叔孙通奉命订制入朝礼仪。鲁地有两个儒生认为时机尚不成熟，不愿违心响应朝廷征召，叔孙通竟然刷朋友圈嘲笑他们：“塞心啊！这群鄙陋儒生，何时才能懂得时势的变迁呢？！”

叔孙通订立的朝仪制度糅合了古礼与秦仪，让刘皇帝享受到了莫大的尊敬。刘皇帝非常开心，授给叔孙通太常的职位，赐金五百斤。叔孙通趁机为弟子们求官，刘皇帝将他们全部封为郎官。

叔孙通出宫后，将五百金一分不少地分赠给弟子。弟子们拿了黄金，一个个高兴得合不拢嘴。这一高兴，不由得又纷纷刷朋友圈说：“叔孙先生真乃无所不能，无所不知的大圣人耶！”

四

有人爱刷朋友圈，就有人爱看朋友圈。

陆贾是个大学者，精通诗书，文采出众，而且著述颇丰，最是那滔滔雄辩，连一向厌恶文人的刘皇帝都敬他三分。陆贾这家伙有个毛病，喜欢研究别人的朋友圈，不管是刷谁的朋友圈，他都想挤进去看上一眼。我给你这么说吧，在大汉朝，就没有他看不成的朋友圈，十足的一个黑客角色。

话说吕太后掌权时期，吕家人势力很大，大有窃取天下之意。右丞相陈平为此忧心忡忡，经常刷朋友圈解闷。当然啦，陈平这个朋友圈是上了锁的，要不然，陈平早就死八十回了。可是，这个也难不住陆贾。

一次，陆贾前去相府请安，径直坐到陈平身边。当此时陈平正在沉思，没有发觉他的到来。

陆贾问："丞相为何事如此忧虑呢？"

陈平吃了一惊，说："你且猜猜看！"

陆贾说："你身居右丞相之职，享有三万户的食邑，可以说，富贵到了无以复加的地步。应该说，在这方面没有什么要求了。你是虑患诸吕，在为幼主担忧！"

陈平说："你猜得很对，依你看，这事该怎么办好呢？"

陆贾说："天下平安无事，要注意丞相；天下动乱不安，要注意大将。将相和，士人就会归附；士人归附，那么，纵使天下有变，国家也不致分裂。为国家大计考虑，事情都在你和周勃两个人的掌控之中。我常想把这些话讲给太尉听，但是，他总是跟我开玩笑，没个正经。你为什么不交好太尉，与他结成联盟呢？"

陈平一拍脑袋："对呀，我怎么就没有想到这一茬呢！"

陈平采纳了陆贾的计策，拿出五百金为绛侯周勃祝寿，并为他准备了盛大的歌舞宴会。周勃也以同样的方式回报陈平。二人同心协力，共同对付诸吕。为了感谢陆贾，陈平送给他一百个奴婢、五十乘车马和五百万钱。

陆贾这一回发大发了。

太中大夫陆贾到底有多富有

一

陆贾是个有钱人，而且不是一般的有钱。

我知道，一提到当官的，有些人就开始浮想联翩。其实，陆贾的级别并不算特别高，太中大夫秩比二千石。比二千石次于二千石，月钱五千，米三十四斛，较郡守的真二千石少一些，大体上相当于中二千石的一半。

太中大夫掌顾问应对，参谋议政，奉诏出使，是一份实打实的苦差事。

大凡体制圈内的人都明白，尽管职级待遇差不了多少，但是陆贾担任的这个职位与作为地方大员的郡守实在是不可同日而语。更何况，陆贾参加革命后，一直跟随在刘邦左右，充当幕僚，出使诸侯国。太中大夫是他出使南越归来后才得到的。虽然同在刘邦手下做事，但是，他的收入水平估计会被战友陈平甩出几条街。

陆贾是个大文化人，在汉代第一个力倡儒学，但是，他的稿费收入却少到不可想象的地步。陆贾曾经受命向刘邦进献论述秦亡汉兴与天下得失方面的文章十二篇。陆贾每写完一篇，就上奏给高帝刘邦，刘邦阅后无不击掌叫好，龙颜大悦，左右群臣山呼万岁，称之为“新语”。但是，仅此而已。奈何陆贾的战友都是些大老粗，不懂得尊重作家的劳动，他们不知道思想是要付费的，只一味地狂赞、竖拇指，没有一个人肯掏腰包打赏。

那么，问题来了：陆贾的钱财是从哪里来的呢？

答曰：主要来自于赏赐。

陆贾在奉命出使南越时，对南越王尉他动之以情，晓之以理，说得尉他心花怒放，接受了汉廷赐封。尉他挽留陆贾宴饮数月，并送给他一橐①价值千金的宝物，赠送的其他礼物也价值千金。

西汉政府没有实行《公务活动礼品礼金登记制度》，收来的这些东西自然而然地归陆贾个人所有，陆贾这次出访等于是赚了两千金。

吕后掌权时，陆贾又为丞相陈平指点迷津，建议他与太尉周勃联手，建立反吕同盟。陆贾还数次为陈平出谋划策，对付吕氏。陈平很高兴，以“饮食费”为名，送给陆贾奴婢、车马和钱。

一下子得到了很多财物，陆贾能不富得流油吗？

二

事实上，在得到第一笔奖赏后，陆贾就发了。

话说孝惠帝时，吕后当权，陆贾觉得太中大夫这份工作实在是没办法干了，就称病辞职。

陆贾这时候刚刚五十岁出头②，好不容易跻身京城长安，今后的路还很长。他当然不愿意再回楚地去了。好畤③一带土地肥沃，距离京城不是很远，陆贾觉得这里适宜定居，就举家迁到这里。

陆贾生有五个儿子，他把出使南越时得到的宝物拿出来变卖了一千金，平均分给五个儿子，让他们从事生产。陆贾自己则时常乘坐着驷马高车，佩带着价值百金的宝剑，载着由十个歌舞手、琴瑟手和鼓手组成的小型乐团，到处举办音乐会。

陆贾不但活得潇洒，心态也相当好。他对五个儿子说：“丑话说在前头，

---

①橐：囊也，小袋。小而有底曰橐，大而无底曰囊。

②陆贾约出生于公元前240年，卒于汉文帝前元十年（前170）。

③好畤：治所在今陕西乾县东。

我给你们的两百金可不是白给。我出游经过你们谁家时，谁都要管我的人马吃饱喝足，并按照我的要求来。我每十天换一家，最后死在谁家，宝剑、车骑及侍从就归谁家所有。你老子是个大忙人，还要到其他朋友那儿去做客，所以一年之中你们也轮不到几回。再说，见得多了也就不新鲜了，免得你们厌烦我。”

有了两千金，就一口气在京城附近买了五套商品房，分给五个孩子每人两百金。而且连工作也不要了，整日挎着一把宝剑，拉着侍从、乐队东游西逛。能够活到这个份儿上，只怕许多人都会心生羡慕。好运来了挡不住，不久，陈平又锦上添花，送给陆贾许多奴婢、车马和钱，陆贾的土豪味儿便更加浓了。

陆贾不但富有，还挣足了面子。不说别的，单说当初尉他送的这两千金礼品。价值千金的小袋宝物，这个倒还好说，但千金的“他送”就必须得一个车队来拉运了。一辆开道车与数十辆满载侍从、财物的客货车簇拥着一辆豪华轿车。可以想见，陆贾出使南越回来时的场面有多么壮观，多么刺激。

三

那么，陆土豪到底有多么有钱呢？

下面，我们就做一回陆贾的管家，替他老人家算一算。

事先声明，秦汉时，人们所说的金不是黄金，而是指黄铜，两千金即两千斤铜。汉代一斤为两百四十八克，两千斤即四十九万六千克，相当于现在的九百九十二斤。

“古者以金重一斤，若今万钱矣。①”一金万钱，两千金就是两千万钱，这个还真不少。

这两千金的购买力也是相当可观的。

据《史记·货殖列传》记载，在汉代，正常情况下，每斗米值钱三十至八十钱，所谓“二十病农，九十病末”。《汉书·律历志》曰：“三十斤为钧，四钧为石。”由此可知，一石为一百二十斤，一斗为十二斤。

林甘泉主编的《中国经济通史》也说：“汉代一市斗为13.5斤。”反正差

①见东汉何休注《春秋公羊传》：“百金，犹百万也，古者以金重一斤，若今万钱矣。”

不离。按每斗米六十钱计，一斤米约值五钱，一金约合米两千斤。两千金约合米四百万斤。

又据《汉书·王莽传》记载：“秦为无道，厚赋税以自供奉……又置奴婢之市，与牛马同栏。”

汉代市上往往设有专门的奴市，或是将奴婢与牛马同栏出售，价格一般为一两万钱，约与一到两亩膏腴田地的售价相当。依照这个价格计算，陈丞相送给陆贾的一百个奴婢约合钱两百万。

只有五十辆车马不好计算。但是，这个也有办法。

据《史记·司马相如列传》记载，相如同文君回到临邛时，把自己的车马全部卖掉，盘下一家酒店，做起小买卖。由此可知，一辆车马大约可以购买一家小型酒店。

这个有点儿抽象，我们不妨换一种算法。话说孔子非常喜欢他的学生颜回，颜回早死，家里买不起好棺材，他的父亲请求孔子卖掉车子，为颜回买副棺椁。一副好棺材怎么说也得六七万钱吧。联想到孔子好面子，他的车马也要讲究一些，所以，一辆车马怎么着也值五万钱。五十辆车马差不多是三百万钱。

综上所述，陆贾得到的奖赏大约有三千万钱，计三千金。这可不是个小数目，它相当于三十户中等水准人家的产业。

四

有了这么多钱的陆贾，到底能富有到什么程度呢？

我们不妨来做个类比：说卓王孙嫌司马相如夫妻丢人现眼，分给他们奴仆一百人，钱一百万，嫁妆一份。卓文君和司马相如回到成都，置办田宅，摇身一变成了富人。

这点儿家产就可以称得上是富人，陆贾不知要比司马相如夫妻阔绰多少倍。我们姑且将卓文君的嫁妆折价三百万至五百万钱，一百奴仆计两百万钱，再加上钱一百万，司马相如夫妻的财产约有六百万至八百万钱。陆贾的这些收入，相当于四到五户司马相如这样的富户家庭财产的总和，这还没有计算俸银。

与诸侯相比呢？据《史记·货殖列传》记载，有封邑的人享受租税，每户每年缴纳两百钱。千户封君，每年租税收入可达二十万钱，朝觐君王、访问诸侯和祭祀供奉的费用都要从这里面开支。庶民百姓如农、工、商、贾，若家有一万钱，每年可得利息两千钱。拥有一百万钱的人家，每年可得利息二十万钱，可以满足雇工和租税徭赋的开支。单是陆贾的两千金，就可以维持一个千户封君的生活水平。即便是陆贾将其中的一千金分了，另外一千金为不动产，陈平给的五百万钱，也足够他花二十多年的了。

那么，封君的生活又是什么样子呢？

说淮南王刘长犯事后，汉文帝曾就他的日用消耗下诏说："计食长，给肉日五斤，酒二斗……"对一个落魄的王爷都如此照顾，走红时就更不必说了。所以说，只要陆贾本人乐意，他的生活完全可以比得到两千金时再上一个档次，好到无法想象。

牛，真是太牛了呀！

《史记》中的这些牛人，为何娶个老婆也不按常理出牌

一

在今天的许多人看来，为娶媳妇发愁是穷人的事。其实不然。古代许多的牛人在这方面也无解。今天，我们要聊的这几位在娶媳妇时，就都没有按常理出牌。为啥呢？按照常理出牌，他们根本没有戏！

在如何出牌方面，前人是有过沉痛教训的。

申公巫臣知道吧？这个人很有才干，曾辅佐过楚庄王和晋景公，他身上的故事很多。可是，申公巫臣有个毛病，好色，总觉着老婆不够多。为了能够把夏姬弄到手，他又是阻拦别人，又是叛逃，使尽了浑身解数。亏得他脸皮厚，运气也够好。这事要是让别人摊上，还不给整黄了。

闲话少说。现在我们就穿越到春秋战国，看看牛人们是如何突破常规，处理娶亲大事的。郑重声明：排名不分先后。

二

第一位：陈平

难度系数：6

陈平是个苦孩子，自小没爹没娘，家里又穷，与哥哥陈伯一家人生活在一

起。以陈平家的经济条件，不要说是买车、买房，怕是连三金都打理不起。所以，到了该娶媳妇的年龄，陈平还是光棍儿一条。

也难怪，陈平书没有念成不说，还不热爱生产劳动，哪个有钱人家愿意把女子嫁给他这样一个溜光锤子。按说，找个门当户对人家的女子，不要车队呀啥的，骑个破自行车，照样也能把婚结了。奈何人家陈平讲礼仪，找不到有钱人家贴赔钱财搞仪式，就绝不结婚。于是乎，这事就一直这么拖着。

天无绝人之路。

当地有个富户张负，他有个孙女克夫，连嫁五次都把丈夫克死了，一时找不到合适的人家。陈平有意，张负看小伙儿长得也体面，于是这事就成了。由张负出钱，陈平出面买酒买肉，风风光光给两人把婚事办了。

陈平这样做纯粹是为了面子。

三

第二位：司马相如

难度系数：8

司马相如是性情中人，他仰慕蔺相如的为人，大学毕业后特意改名相如。后来，司马相如又因为工作不称心，跑到梁国去跟人开办网站[①]，写了《子虚赋》。梁孝王死后，司马相如来到好友王吉主政的临邛找活干。

跟陈平一样，司马相如也是个婚姻困难户。

在临邛，他瞄上了卓王孙的女子。按照常理，司马相如应该下个聘礼，明媒正娶才是。但是，他却反其道而行之。而他的好友临邛县令王吉竟然不顾官德，跟他演双簧捉弄人家姑娘。

事情是这样的。司马相如来临邛时带着个车队，一伙儿人就下榻在全县最

①见：《史记·司马相如列传》“梁孝王令与诸生同舍，相如得与诸生游士居数岁，乃著《子虚赋》。”

豪华的宾馆——都亭，把一县人的眼睛都亮瞎了。偏偏王吉对文化人又很敬重，天天都过来拜访他。开始时，司马相如还以礼相见，后来他就烦了，称病不见。但是，王吉宁愿吃闭门羹也要见他。

临邛的富人很多，随便拉出一家就有成百上千的雇工（注：卓王孙家有雇工八百人，程郑家也有数百人）。他们觉得，司马相如是个神人，很想结交他。经过一番协商，这些人决定由最有钱的卓家出面宴请他。到了请客的这一天，当地有头有脸的人来了上百人，王县令也早早到了，但就是不见司马相如现身。名人爱摆谱儿，这个大家伙儿都知道，于是乎，这伙儿人就这么长着脖子等呀等。

到了正午时分，司马相如还是没有来，大家伙儿这下急了，立马开会讨论。大家研究来研究去，才发现是方案出了纰漏，立马派人开着宝马车去迎请。但是，司马相如并不领情，推托有病来不了了。王县令只好亲自登门，强请他来。司马相如风度翩翩，仪表堂堂，一到场就把所有人都震住了。

酒喝到兴头儿上，王县令抱过琴来，请司马相如露一手。

司马相如知道卓王孙的女儿卓文君新近死了丈夫，也很喜欢音乐，佯装推辞一番之后就答应了。而且，他特意弹奏了一曲《凤求凰》来挑逗卓文君。卓文君听到琴声，从门缝里偷偷看他。这不瞧不要紧，一瞧，卓文君便为司马相如的风度所倾倒，生怕帅哥不知道自己对他也有心。

宴会结束后，司马相如派人重赏卓文君的贴身丫鬟，并通过她向卓文君转达爱慕之情。卓文君得到消息，连夜逃出家门，同司马相如私奔回成都老家。

进了家门一看，卓文君不由得傻眼了。原来，这个死不要脸的司马相如把她给骗了。司马相如家徒四壁，除过坐骑，啥也没有。比贫穷更可怕的是认命！夫妻俩变卖掉车马，回临邛开了一家小酒馆，靠卖酒度日。卓王孙脸上过不去，资助给女儿、女婿不少钱物。二人回成都置买田地房产，摇身一变成了富人。

司马相如是家穷，怕错过了意中人，才出此下策。

四

第三位：华督

难度系数：10

华姓的始祖华督是宋国第十一任国君宋戴公[1]的孙子，担任太宰职务，在宋国很有些势力。公元前711年的一天，宋桓公的托孤大臣、大司马孔父嘉的妻子在外出兜风时，与华督不期而遇。

华督眼巴巴地看着一位风姿绰约的女子从远处缓缓地走到眼前，又慢慢地消失在道路的尽头。

“漂亮，真是太漂亮了！”华督看得眼珠子都掉到了地上。

这一晚，华督失眠了。华督连夜写了一首情诗《看见司马府的轿车就不可救药地爱上了你》：“妇家高楼连苑起，华督含情明光里。望见轿车双泪垂，恨不相逢未娶时。”通过渠水寄到孔父嘉家里。

让华督没有想到的是，孔父嘉的妻子没有收到这首情诗。还有一种说法是，她收到信了，但一时拿捏不准是否需要回信。总之，华督左等等不到回信，右等等不到回信，心里万分焦急。按照常理，华督理应再写上一两首情诗寄过去，或者是知难而退，就此收手。可是这家伙竟然恶向胆边生，下决心搞掉孔父嘉。

要说孔父嘉也不好对付，他是宋国第五任国君宋闵公的五世孙，不但和华督一样也是公室成员，还手握重兵。华督便打起了舆论战，他派人四处散布谣言，说孔父嘉是个好战分子，私心很重，只有除掉他国家才能安宁。一切准备就绪，华督就动手杀了孔父嘉，夺了他的妻子。

华督不按常理出牌是因为他内心龌龊。

---

①宋戴公（？—前766）：子姓，宋氏，名白，宋哀公之子，周朝时期诸侯国宋国第十一任国君，公元前799—前766年在位。

不要刻意活在别人的评价里

一

评价难免会带有一定的主观性。

庄子和惠子曾经有一过段精彩的对话。

庄子曰："儵鱼出游从容，是鱼之乐也。"惠子曰："子非鱼，安知鱼之乐?"庄子曰："子非我，安知我不知鱼之乐?"

因而，许多大人物并不怎么看重别人的评价。

二

骠骑将军霍去病是一个很率性的人。

霍去病是西汉名将，属于军事家级别的人物。霍去病这个人很有特点。他寡言少语，做事不露声色，有胆有识，打起仗来机动灵活，果敢勇猛，不拘泥古法。

公元前123年，十七岁①的霍去病以剽姚校尉身份跟随大将军卫青出击匈奴，初战即创下了以八百轻骑兵歼灭包括敌相国、当户在内的两千多人，斩杀

①《史记·卫将军骠骑列传》记载为十八岁，应为虚岁。

匈奴单于祖父辈的籍若侯产，活捉单于叔父罗姑比的骄人战绩，以一千六百户封为冠军侯。

公元前 121 年，霍去病又接连两次率兵进击河西，大破匈奴，占领了河西走廊。匈奴悲歌："失我祁连山，使我六畜不蕃息；失我焉支山，使我嫁妇无颜色。"

公元前 119 年，汉朝发动漠北战役，霍去病率军北进两千多里，歼敌七万余人，俘虏匈奴屯头王、韩王等三人，以及将军、相国、当户、都尉等八十三人，封狼居胥，"匈奴远遁，而漠南无王庭。"在打仗这个领域，古今中外，很少有人能望其项背。

霍去病也不像有些大人物，那样让人猜不透。他生性直率，从不藏着掖着。汉武帝曾一度想教给他孙子和吴起的兵法。霍去病回答说："作战全在于随机应变，没必要死学兵书。"

汉武帝为霍去病修建府第，让他前去看看是否满意。霍去病回答说："匈奴尚未消灭，没有心思考虑私家之事。"

但是，霍去病有一个致命的弱点：他从小在宫中当差，不懂民间疾苦，不知体恤士卒。天子对霍去病恩爱有加，每次他率军出征，都会专程派遣太官送给他许多粮草。等到他回来时，经常能看见他的辎重车上随意丢弃着许多剩米和剩肉，可他的士卒还是有吃不饱饭而饿肚子的。霍去病在塞外打仗时，粮草缺乏，有的士兵已经饿得站不起身，可是他仍旧招呼手下人搭建足球场地，踢球玩乐。

单此一条，就让他在人们心目中的形象一落千丈。

三

大将军卫青更是一个不事张扬的人。

卫青在军事领域的地位绝对不逊于战神霍去病，正是他，揭开了汉朝反攻匈奴的序幕。

从奇袭龙城开始，卫青在十年之间，与匈奴有七战而无一败绩，收复河朔、河套地区，大破单于，为汉朝北方边境的安宁立下了汗马功劳。

卫青与霍去病有很大不同。他忠厚善良，谦恭礼让，高风亮节，对将士关爱有加，对同僚彬彬有礼，在上级面前更是俯首听命，从不居功自傲。不但仗打得极好，做人也要做到完美，堪称是大汉朝楷模级的人物。

按说，这样一个人品、才能俱佳的人，在社会上的声望应该很高才是。但是，事实恰恰相反，天下鲜有称赞他的。《史记·卫将军骠骑列传》说："大将军为人仁善退让，以和柔自媚于上，然天下未有称也。"

为什么呢？

因为卫青从不结党营私，豢养门客。

大夫苏建曾经建议他效法古代名将，招贤纳士。但是，被他婉言拒绝了。

卫青回答说："从前魏其侯窦婴和武安侯田蚡厚待宾客，招致天子强烈不满。选贤任能是国君的事，当大臣的只需奉职循理，没有必要瞎掺和。"

然而，那些一心攀附权贵、梦想平步青云的人才不管你是不是洁身自好呢，你卫青坏了他们的好事，他们就给你差评。卫青已然是个老江湖了，但他还是没能看懂江湖。在江湖上，掌握着话语权，有权利给你画"○"的，永远是那么一小撮人。

你看看，以卫青的功绩和名气，也只能在军队系统捞个好口碑。在官僚队伍中，大家对他的评价仍旧很低。倘若要是跟着评价做人，那又该怎么活呀？

四

更何况，评价很难做到众口一词。飞将军李广就是个例子。

李广为官清廉，一生享有二千石俸禄四十年，家中却没有多余的钱财，他也始终不谈及置办家产的事。李广口拙，很少说话，有人来找，他就在地上画兵阵，然后就是比射箭，以此赌酒为乐。

李广爱兵如子，经常和士兵们打成一片，一起吃饭、娱乐，有了赏赐就分给他们。遇到缺水断粮时，找见水，李广总是让士兵们先喝，只要士兵中还有人没有喝上水，他就不到水边去；只要士兵中还有人没有吃上饭，他就不开口吃。李广治军简单实用，不如程不识严厉，士兵们都很喜欢他，甘愿为他效劳，而不大愿意跟随程不识。

他善打硬仗，多次与敌人遭遇，都能够全身而退。但是，李广有个很大的短板：指挥大兵团作战的能力欠佳，且心胸狭窄，好逞匹夫之勇，只可为将不可为帅。尽管李广的战功也不少，但是真正能够让他笑傲江湖的并不多。

而且，李广患有政治幼稚病。他在七国之乱中私受梁王将印，被汉景帝一票否决了。终其一生，李广都没有摆脱这种霉运，不是被俘，就是孤军奋战，或是行军中迷了路，大将军卫青甚至因为他运气背而不敢重用他。

只得到普通官兵的认可，没有得到皇帝和将帅的认可，这应该是李广平生不得志的主要原因。

秦王朝是怎样在专制的道路上愈滑愈远的

一

早在秦国立国之初，就为秦王朝播下了专制的种子。

公元前771年，秦襄公正式被周平王列为诸侯。

公元前766年，秦襄公去世，秦文公即位。秦文公上台后不久，就对秦国进行了大刀阔斧的改造。

公元前762年，秦文公在汧、渭交汇处营造城邑。

公元前756年，建造祭祀天地的鄜畤。

公元前753年，设置史官载言记事。

公元前750年，出兵讨伐西戎。

公元前746年，设立诛灭三族之罪①。造城邑、立社稷、置史官，国家刚有了一点儿起色，秦文公就火急火燎地改革刑罚，硬生生地给秦人的基因中植入了崇尚刑罚的成分。

秦武公是位很有作为的君主，但同时他对专制也是情有独钟。

公元前695年，也就是秦武公在上台后的第三年，他便动手解决了起初废掉自己而拥立年幼的出子，后来又杀死出子而扶立自己的三父等人，夷灭了他

①见《史记·秦本纪》："二十年，法初有三族之罪。"

们三族。

秦武公还开启了秦国的人殉之风，他死时殉葬的有六十六人之多。

人殉在秦穆公手里达到高潮，公元前621年秦穆公死亡。陪葬的人创纪录的达到了一百七十七人，包括秦国良臣奄息、仲行、针虎三人也在陪葬者之列。

秦人对秦穆公这种自私自利的行为很不理解，作《黄鸟》诗以抒发他们的悲痛和感慨。

秦武公与秦穆公叔侄俩似乎极力想证明一个道理：好事不是谁都会做，但坏事谁不会做呀？直至公元前384年，秦国在秦献公手里才废止了残酷的殉葬制度。

公元前356年，秦国在商鞅变法中推出连坐法，轻罪用重刑，将专制统治推向了高潮。

《史记·商君列传》写道："令民为什伍，而相牧司连坐。不告奸者腰斩，告奸者与斩敌首同赏，匿奸者与降敌同罚。"

连坐、监视、检举，都已经伤及无辜了，但是，商鞅还是觉得欠粗暴，他不断追加法令，禁止家人室内同息，使民无得擅徙，废旅店，禁止旅行和游民。

一套组合拳打下来，全体民众均成为捆绑在秦国这台疯狂战车上的棋子。他们没有思想，没有娱乐，没有私生活，只有国家利益，秦国立马脱胎换骨。

商鞅重刑、弱民、抑商和禁旅，深刻改变了乡村的旧有模式，这些做法固然有它积极的一面，但是同时，也给纯朴的民风造成了极大的伤害，彻底颠覆了尧、舜以来的仁德之政，让文明沦为戴着镣铐的舞蹈。

二

秦王朝对底层民众实行思想和肉体全方位的控制，是对人民生活不留缝隙的压榨。

秦国只需要愚民，不需要个性。

在商鞅看来，只有愚民才会安分守己。《史记·商君列传》更是说："智者作法，愚者制焉。"正是基于这种思想认识，商鞅才禁止农民旅行、集会、娱乐，接触知识，开足马力生产只知道耕战的"壹民"。

李斯说得就更为露骨了："今天下已定，法令出一，百姓当家则力农工，士则学习法令辟禁……"你们大家都不要胡思乱想，只管埋头贯彻落实就好了。

秦国只需要盲从，不需要议政。

在秦国，民众不得公开质疑政令，更不得对政府行为品头论足。即便是这指令很荒诞，也只能不折不扣地去执行。在新法公布之前，商鞅就玩了一票"能徙（木）者予五十金"的行为艺术。

新法施行一年后，由于说新法不便的人数以千计，恰巧太子触犯了新法，商鞅遂对太子太傅公子虔执行劓刑，对太子的老师公孙贾处以墨刑，杀鸡给猴看。新法推行十年，取得巨大成效，当初一些说新法不便的人又来拍商鞅的马屁，称赞法令便利，被当作"乱化之民"派去支援边疆建设。

秦国只需要正音，不需要杂音。

李斯认为，天下一统，一切都须听命于皇帝一人。而那些儒人将私学搞成了造谤的基地，站在己方学派的立场上对政令说三道四，带头非议朝政，惑乱民众，对朝廷的统治和君主权威造成了干扰，而且这种行径可能诱发朋党，必须严惩。他建议焚毁《秦记》之外的史书典籍，严格控制人们的言论。

而秦始皇本人则"以为周得火德，秦代周德，从所不胜。……刚毅戾深，事皆决于法，刻削毋仁恩和义，然后合五德之数。于是急法，久者不赦。"有意识地强化专制统治。

三

无情帝秦二世和赵高联手将秦王朝的专制推向了顶点。

秦二世这个人是小炉匠的炉子，开不了大铁。秦二世即位时只有二十岁，大臣们很不服气，官吏强而有力，政治环境对他极为不利。秦二世担心诸皇子与大臣联手对抗自己，争夺皇位，便与赵高狼狈为奸，借出巡之机查办郡县守尉，罗织罪名诛杀大臣和皇子，大肆清洗异己。

就连秦二世的近侍小臣中郎、外郎、散郎也没有一个得以幸免，六个皇子全被杀死在杜县。皇子将闾兄弟三人被囚禁在内宫，直至死，他们也没有弄明白，到底哪个地方触犯了刑律。一时间皇族人人自危，大臣们为保住禄位而曲意逢迎，百姓震惊恐惧。公子高本想出奔，又担心逃亡后族人会被处死，只好牺牲自己，请求为秦始皇殉葬，埋葬在骊山之麓。秦二世非常高兴，赐十万钱予以厚葬。

秦二世自诩为盛世明君，他不但听不得不同意见，还对坏消息过敏。

在他的治下，但凡有臣子进谏，都会被定性为诽谤。即便是报告军情，也不能例外。这年七月，陈胜等在楚地起义，山东各地民众响应陈胜，杀死郡守、郡尉、县令、县丞，谒者出使回来，将山东的情况尽行报告给秦二世。秦二世气不打一处来，下令将谒者交给主管官吏查办。

后边的使者一看形势不好，立马改口说是盗匪，且郡守、郡尉已将他们全部抓获，不用皇帝再操心。秦二世听了，简直高兴坏了。

然而，坏消息毕竟太多了。赵高索性给秦二世出馊主意，劝他保持完人形象，到深宫去隐居。

秦二世乐得落个清静，深居宫中不出。右丞相冯去疾、左丞相李斯、将军冯劫不明就里，请求秦二世暂停修建阿房宫，减少兵役和徭役。秦二世反咬一口，认为盗贼纷起，是因为官员们工作不力，下令将三人交给狱吏追责。

股肱大臣一个接一个地离去，坏小子赵高为了检验专制统治的效果，竟然在朝堂上上演了一出指鹿为马的好戏。

由夷三族到从死，到连坐、禁旅，再到禁谤、禁报告坏消息、禁说真话，秦王朝一条道儿走到黑，终于将专制统治演绎到了极致。

知识分子的消亡之路

一

公元前548年，对中国的知识分子来说，绝对是一个值得纪念的日子。

这一年，在东周的历史上发生了一件轰动性事件——齐国大臣崔抒在家中干掉了前来吃自己老婆豆腐的齐庄公，扶立齐景公上台，与庆封共同掌握了齐国大权。这件事直接成全了数个无名英雄。

话说弑君门事件发生后，齐太史在史册上如实记载道：“崔杼弑庄公！”

崔杼阅后大怒，杀死齐太史，将他写的史书踩了个稀巴烂。

太史的弟弟补了哥哥的缺，再次记载上这句话，崔杼又杀了他。

太史的小弟再接再厉，第三次又记载上那句话。崔杼怕了，问太史小弟：“你难道不怕死吗？”太史小弟正色道：“据事直书是我作为史官的基本职责，与其苟且求生，还不如去死！”崔杼说：“你们家人不怕死，难道其他人就不怕吗？”太史小弟说：“我给你说个故事吧：五十九年前（前607），晋灵公想杀赵盾，赵盾逃出晋都。在逃到边境时，赵盾听说族弟赵穿弑杀了晋灵公，便返回晋国。史官董狐认为赵盾难逃其咎，于是记载道‘赵盾弑其君’！我们史官均以董狐为师，齐国上下像我这样的史官有很多，你杀得完吗？”崔杼无可奈何，只好放过太史小弟。

太史小弟由宫中出来时，看见南史氏一行人执简而来。原来，南史氏这些人以为太史小弟也被杀了，特地由南方赶过来续写这件事。不为荣华富贵所动，前赴后继赴死，似乎在那个年代，随便拉出一个知识分子都是死义之士。

齐太史兄弟、南史氏，他们是中国知识分子的脊梁。

二

时间一晃就是269年。

这一年（前279），秦王与赵王在渑池举行会盟。

酒酣耳热之际，秦王对赵王说："寡人听说赵王喜好音乐，请鼓瑟助下兴吧！"赵王不好推辞，只好接过瑟来弹。

在宴会上即兴弹下琴、唱首歌，本是一件很正常的事情，岂料秦国的史官走上前来铺开竹简便写道："某年某日，秦王与赵王会饮，令赵王鼓瑟。"

蔺相如看不下去了，走上前说："赵王私下常对我们讲，秦王擅长秦地土乐，请为秦王献上盆缶，大家一起娱乐下。"秦王发怒，不答应。

蔺相如索性走到秦王面前跪下，双手呈上瓦缶，请求秦王演奏。秦王不肯击缶，蔺相如说："蔺相如受不了如此羞辱，请求在五步之内引颈自杀！"

秦王的侍从一拥而上想杀蔺相如，蔺相如怒目圆睁，大喝一声，吓得侍从们直往后退。秦王很不情愿地敲了一下缶。蔺相如回过头，也招呼赵国的史官写道："某年月日，秦王为赵王击缶。"

在这里，侥幸取得成功的蔺相如是尽臣子之职，勉强还能说得过去。可是，秦、赵两国的史官跟着瞎起哄，就让知识分子很丢脸了。与秉笔直书的齐太史相比，这些人简直就是被奴化了的犬儒。

大家看，短短三百年时间不到，知识分子已经异化到了何种程度。

三

知识分子沦为阿谀奉承之徒，则要从李斯算起。

秦始皇在世时，李斯尚可以直言劝谏。但是，到了秦二世手里，他已彻底沦为帮凶。秦二世想做"逍遥君主"，李斯因为儿子李由剿贼不力，竟上书曲意迎合秦二世，可谓节操碎了一地。

李斯在奏书中说："所谓的明君，就是能够完满地掌握为君之道，合理行使督责之术的君主。对下严加督责，臣子就不敢不竭尽所能为君主效忠。一旦君臣的名分确定，上下的职责也就分明了，天下之人不论是有才德的人，还是没有才德的人，就都不敢不竭尽才智为君主效命，而君主便能独享天下而不受任何限制，穷尽人间之乐趣。贤明的君主啊，你怎么能看不清楚这一点呢？"

李斯还引用申不害的话说："'拥有天下而不懂得纵情恣欲，这叫作把天下当成自己的枷锁。'不知道学习申不害、韩非的高明法术，推行督责之道，让全天下为自己的快乐服务，而一味地徒劳身心，为百姓牺牲自身，就等于是百姓的奴仆。这样做，还有什么尊贵可言呢？如果因袭世俗去尊重尧和禹的话，那就失去尊贤的良苦用心了。可以说，是荒谬到了极点！商鞅曾经在新法中规定，在道路上撒灰的人就要判刑。撒灰于道是轻罪，而加之以刑是重罚。只有贤明的君主，才能严厉地督责轻微的过失。轻罪尚且严厉督责，何况是犯有重罪呢？所以，百姓不敢犯法。"

李斯又进一步说："圣主之所以能久居尊位，并不在于他们有什么特别的方法，而在于能够独揽大权，精于督责。但凡明君都是能够特立独行、恣意放纵、为所欲为，而没有人敢反抗的君王。我还没有听说过，法制完善，天下还有大乱的。"

秦二世正昏昏欲睡，李斯适时地送上来枕头，他焉能不高兴？只说秦二世看完上书，心中激动万分，于是施行更加严厉的督责。凡是那些能够征收更多税赋的官吏都被认为是明吏。路上的行人，有一半是押解各处的犯人。街市上到处都堆积着刚杀死的人的尸体。杀人越多的官吏越被认为是忠臣。

从渑池之会上跟班记事的秦、赵两国史官到战国时代活跃在诸侯各国的策士，再到主动为专制君主寻找理论依据的李斯，一代知识分子用生命苦苦坚守的阵地，至此终于宣告完全沦陷！

怎样给员工开薪水

一

怎样给员工开薪水？这其中大有学问。

薪水开得太低，影响员工的情绪和干劲；薪水开得太高，不但会对社会资源造成浪费，还有可能因为能力与贡献不对称，引发矛盾。

《史记》中记载有不少国君给员工确定工资标准的案例。

下面，就让我们一起走进春秋战国，看看这些国君是怎样给员工们发薪水的。

二

卫灵公在给员工开薪水方面，就很有水准。

卫灵公①是卫国的第二十八任国君，他六岁即位，四十七岁驾崩，治下国强民富，连孔圣人都对他很仰慕，感叹说：“丘未之见也，抑有卫灵公乎？”

如果卫灵公真的如传说中所言是昏君，为什么孔子还要三番五次来卫国呢？显然不是这么回事情。可惜，世人只记住了孔子其后发牢骚的那句话。

说孔子当初来到卫国时，工作还没有安排妥当，寄住在弟子子路的妻兄颜

①卫灵公：生于公元前540年，卒于公元前493年，公元前534—前493年在位。

浊邹家中。

卫灵公问他："你在鲁国时的俸禄是多少？"

孔子回答说："俸米六万斗。"于是卫灵公给孔子开出与鲁国相同的薪水。

这里的斗应是小斗，较之大斗要差很多，但是，六万斗俸米计算下来，与汉代一个二千石级别官员一年的薪水相比，只多不少。卫灵公给孔子开出的薪水不是太多，亦不是太少，应该说，这个薪水开得很合适。

那时候，孔子刚从鲁国出来，人气爆棚，信心满满，期望值应该不会太低。薪水开得低了，未必能够留得住。留不住人，卫灵公爱贤之名就会大打折扣。而如果薪水开得太高的话，不但卫国方面会觉得不划算，友邦鲁国也未必会高兴。毕竟孔子曾经是鲁国的高级干部，毕竟他还处在考察期，未正式进入卫国政府工作。只付薪酬，不委任官职，于公于私都好交代。

可惜，孔子在卫国没待多长时间就走了，如果孔夫子再多点儿耐心，或许能够成就一段佳话。

三

燕昭王对薪酬体制的改革很成功。

燕昭王是燕国的第三十九任国君，他的父亲燕王哙因为禅位国相子之，致使燕国发生内讧。邻国齐国又落井下石，乘机发兵攻打燕国。

燕昭王在内忧外患中即位，他深知人才对国家的重要性，对大臣郭隗说："齐国趁内乱之机攻破我们燕国，燕国弱小，拿齐国没有办法。我渴望得到贤能之士的辅佐，振兴燕国，以洗雪先王之耻。先生如果发现有合适人选，一定推荐给我。"

郭隗坏笑着说："哪里用得着这样麻烦啊！假如大王真的想招揽天下贤士的话，就请先从郭隗开始吧。想必大王听说过'千金买骨'的故事吧。现在，郭隗就好比是那块骨头，那些比我更贤能的人就好比是千里马，一旦他们看到大王的诚意，还不争先恐后从千里之外赶来投奔大王吗？"

燕昭王觉得郭隗说得在理，便在易水东南筑了个黄金台——高新技术创业园高干家属楼，尊郭隗为师，让他先搬进去居住。燕昭王和郭隗这把秀得很成功，乐毅、邹衍、剧辛等一批拔尖人才争相归附燕国。

公元前284年，如日中天的燕国由上将军乐毅统率秦、楚、赵、魏、韩五国联军，攻打齐国。乐毅连克齐国七十余城，齐滑王仓皇出逃，齐国只剩下聊、莒和即墨三处孤城，差点儿就此灭亡。

四

齐僖公治下的齐国，工资体制明显出了问题。

原本，周王朝是有一套完备的干部职称评定办法的。

可是，齐僖公因为偏爱弟弟夷仲年，给了他的侄子公孙无知与太子诸儿同样级别的秩服奉养。齐僖公本是一片好意，结果却弄巧成拙。

太子诸儿人品本来就不咋的，对此非常不满。而公孙无知也不是省油的灯，二人暗中较上了劲儿。

太子诸儿上台后，立马降低了公孙无知的礼秩服饰等级。齐襄公诸儿五毒俱全，除了不做好事，啥坏事都有他的份儿。他私通亲妹妹，捉弄臣子，打骂侍从，搞得天怒人怨，民众离心离德。

公元前686年，政敌公孙无知勾结齐连称、管至父发动叛乱，杀了齐襄公。

也许会有人说，即便没有公孙无知的这档子事，齐襄公的国君位置也未必能够坐牢靠。

理是这么个理，但是，齐僖公乱开薪水，无疑起到了推波助澜的作用。而齐僖公心理学明显没有学好，要不然，他怎么会将五个子女中的三个（诸儿、宣姜和文姜）都培养成了活宝？又怎么会在确定薪酬待遇时出此下策？

可见，薪水也不见得是开得越高越好！

楚国的称王之路

一

一直以来，楚人都很励志。

在春秋几个重要的诸侯国中，楚国的起点是相对比较低的。

楚人的先祖在受封时是子爵，传到第九任国君熊渠这一代时，时间过去了将近一百六十年[①]，仍旧是子爵。

熊渠是一位很有想法的君主。他很想晋升职级，哪怕是伯爵也行。职务低不光待遇差，话语权也差。不单是熊渠，但凡是个正常人都会这么想。在公元前506年的邵陵会盟中，蔡昭侯和卫灵侯就因为座次问题争得面红耳赤[②]，最后因为卫国找到的理由高大上，卫侯这才排在蔡侯的前面。开个座谈会都恨不得抢座位，如果换成是晋升职级，那还不打得血里捞人？

可是，爵位这东西，周王朝有规定，不是想晋升就能晋升的。

在楚子熊渠生活的那个时代，晋职的途径不外乎以下几种。

一是靠政绩。比如，楚人的祖先火神重黎在担任帝喾高辛氏的火正期间，以火施化天下，工作非常出色，被帝喾赐予“祝融”的称号。

---

①大约公元前1042年，熊绎被周成王分封在楚地。大约公元前886年，熊渠继位。

②见《史记·管蔡世家》：“十三年（506）春，与卫灵公会邵陵。蔡侯私于周苌弘以求长于卫；卫使史鰌言康叔之功德，乃长卫。”

二是靠军功。比如，卫国的第十一任国君卫武公在公元前770年发生的犬戎之乱中率兵勤王，协助周平王平息叛乱，因战功卓著，由侯爵晋升为公爵。

三是靠恩典。比如，楚国的第一任国君熊绎，他能当上国君，是因为祖坟上冒青烟。周成王在位时，感念文王和武王时期大臣们辅佐朝政的功绩，封赏他们的后代，将鬻熊的曾孙熊绎封在南方蛮荒之地，赐给子爵爵位，建立楚国。

如果还有第四条途径的话，那么，只能是贿赂。比如，卫国的第八任国君卫顷侯，用重金向周夷王行贿，由伯爵晋升为侯爵。

圈子这东西是很致命的。熊渠是蛮夷国家的君主，他的地位就相当尴尬：向下看，追随者黑压压一大片，堪称江南诸国的领袖；向上看，楚国连中原各国的“末班车”都够不着，他平时想跟中原诸国的国君握个手，估计都困难。不要说是恩典，就是行贿，只怕周王都不愿意接受他的贿赂。

二

但熊渠是谁？头脑灵活、思维敏捷、作风剽悍的熊渠以实际行动告诉我们：只要坚守理想不放弃，办法总比困难多。除了上述这些办法之外，晋职级还有另外一种方式，这就是自封。我们楚人不光会励志，还会弯道超车。

那时，王室统治衰微，许多诸侯国君已经不上京城朝觐周天子了。诸侯国之间常常为了芝麻粒大点儿的事情打得不可开交。

既然大家都各忙各的，没有人关注楚国，熊渠也就闷声发大财，趁机出兵庸国、杨粤，一直打到鄂地，将楚国的地盘扩展到了江汉平原一带。把楚国带上了强盛之路的熊渠干了一件石破天惊的大事，这就是称王。他封长子熊康为句亶王，次子熊红为鄂王，小儿子熊执疵（熊延）为越章王。

熊渠公然向外界发布公告说：“我们楚国是蛮夷之邦，不再使用中原国家的名称和谥号。”熊渠这句话表面上看似很强硬，但是细细琢磨，纯属自己给自己壮胆。所以等到周厉王即位后，熊渠担心周政府找楚国麻烦，就主动撤去了王号。

熊渠的担心不无道理。虽然大家都心照不宣，不把周王放在眼里，但是，周王还真把自己当根葱！在周昭王手里，周政府就曾两次挥师南下讨伐不怎么听话的楚国。楚国在这方面是有过惨痛教训的。

三

王号虽然撤除了，可是，楚人称王的雄心壮志并未就此消失。公元前741年，蚡冒去世。蚡冒的弟弟楚熊通杀死蚡冒的儿子，登上国君之位。这位雄心勃勃的国君就是楚武王。

楚武王是一位非常强势的君主。他在即位的第三年便挥师渡过汉江，进攻周室的汉北重镇，向周政府叫板。周王朝虽然腐朽，但是楚国想撼动其根基显然不可能。于是楚武王掉转方向，进入江汉平原西部，灭掉了权国。权国在今湖北当阳一带，国土面积虽然不大，但是，国力却不容小觑。楚国从熊渠至霄敖，历经多次努力，都未能将它灭掉。楚武王一出手就完成了几代君王的夙愿。

公元前706年，日益强大的楚国开始讨伐位于汉东地区的一个重要姬姓古国——随国。随君觉得很委屈，说："我没有什么罪过呀!"

谁知，楚武王回答得更绝："我乃蛮夷之国，如今中原诸国都背叛了周天子，互相攻杀，我也有一支不像样的军队，想凭此参与中原的政事。你和周王室是同宗，能说得上话，就请上书提高我的尊号。"

楚武王这是不讲理了，想提高尊号，你自己去对周王讲嘛，干吗欺侮别人？可是，借给随侯一百个胆子，他也不敢跟楚武王这么讲。你还别说，这一招还真管用。随侯畏惧楚国的兵威，就屁颠屁颠地派遣使者向周天子进言，请求赐给楚国尊号。楚国这样目无领导，周天子自然不会答应。

楚熊通大怒，说："我的祖先鬻熊是周文王的老师。他积劳成疾，英年早逝。周成王封赏我的先公，赐予子爵爵位，把他分封在楚地。如今蛮夷部族均已降服，楚国早就不是当初的弹丸小国了，周王却仍旧不肯提高楚国的爵位，既然如此，我只有自己提高尊号了!"于是自立为王，称楚武王，与随国订立盟约后撤军。这时是公元前704年。楚国的王号一直保持到了公元前223年楚国灭亡。

四

为什么楚人要一而再，再而三地称王呢？原因大致有三。

一是觉得没面子。楚子熊绎虽然和鲁公伯禽、卫康叔子牟、晋侯燮、齐太公的儿子吕伋同朝为臣，可是，其他几位非公即侯，而熊绎却只享有第四等的子爵爵位。子爵爵位的封国很小，地位低下，根本没有资格参加诸侯的正式会议。每逢举行祭祀活动时，楚国只能与鲜卑等民族混杂在一起，看守燎祭的火堆。这让楚人觉得很没有面子。因而多少代以来，忍辱负重的楚人心中一直憋着一股不平之气。

二是一直“不服周”。楚国自商朝时起，就是南方大国，向来不把其他诸侯国放在眼里。在周伐商之初，楚与周尚是盟友。眼见周国强大，楚国又渐渐中立，甚至掉过头来支援商政府。周政府建立后，将楚人封在楚蛮之地。而楚国对周王朝始终若即若离，一直不服周，想脱离其单干。至今，在湖北方言中仍有“不服周”这种说法。

三是情不得已。在开国之初，楚人还过着“筚路蓝缕，以处草莽”的古朴生活，国君坐的是简陋的柴车，穿的是破旧的衣裳。这个似乎跟其他的诸侯国没有什么差别。但是，经过多少代人的追赶超越，楚国已开始变得强大起来，面积也早就超过了子男国的标准。强大的楚国急需要一个与之相匹配的尊号，可是，周王竟然不理不睬，不肯加封。楚国在找不到其他办法的情况下，索性自己提高尊号。

楚人的这几条理由，乍听起来头头是道，但是，没有一条能够摆到桌面子上。更何况，这些理由在周王那里根本就站不住脚。楚国是强大，可是，你的土地又是从哪里来的？分明是抢来的嘛！单是这一条，已经够得上欺罔之罪了。

估计楚人的报告是打了不少，但周王的批复却只有一条：你招呼不打一个，就兼并了好几家上市公司，周政府没有讨伐楚国就已经很不错了，你却还不停地要官要爵。想晋职，拿军功和政绩说话。不在朝廷做事，哪儿来的政绩？不为国打仗，哪儿来的军功？楚武王气不打一处出，一挥手道：“你不是不给晋升职级吗？我自己给自己晋升得了，我也是王，和周王平级！”

楚国人称王，明显有与周王对着干的味道。

五

楚国在称王后并未就此停止前进的步伐。

公元前690年，周王召见随侯，责备他擅自与楚结盟，尊楚为王。随侯畏惧，有意疏远楚国。楚武王对随侯这种墙头草的做派很不满，发兵攻打随国。可惜天妒英才，两军还未开打，楚武王就病死在军中。

公元前688年，楚文王攻伐申国。四年后（前684），又讨伐蔡国，俘虏了蔡哀侯。强大起来的楚国不断欺凌长江、汉水一带的小国。这些昔日的难兄难弟一提起楚国就胆战心惊，惊悚不已。

公元前678年，楚国灭了邓国。公元前672年，熊恽联手随人袭杀哥哥熊庄敖即位，他就是楚成王。楚成王广施恩德，修好诸侯，派人向周天子进献贡品。好长时间没有品尝到楚国进贡滋味的周天子不由得飘飘然，赏赐给他胙肉。虽然只有祭肉，比起周襄王赏赐给齐桓公的福肉、彩饰的弓箭和龙辇少了两样，但是，这已经很没有原则了。

这还不消说，周王临末了还卑躬屈膝地补了一句：“镇守好你的南方，平定夷越的动乱，不要再来侵犯中原。”

难得周王这样为楚国着想，楚国要是不再攻打南方别的诸侯国，连自己都觉着不好意思了。楚成王奉诏而行，疆土纵横千里。此后，楚国又先后讨伐许国、黄国，灭掉江国、六国、蓼国、庸国等国，一统江南，威震八方。

公元前606年，楚庄王领兵攻伐陆浑戎，路过洛邑，在周天子眼皮子底下阅兵示威，问鼎中原。连周王都敢吓唬，楚国还有啥事情不敢做呢？

楚庄王之所以没有动手灭掉周室，实在是因为时机不成熟。楚国在楚庄王的手里达到了鼎盛。

在楚国的带动下，吴、越等国也开始称王。

以至于进入战国之后，凡是有点儿能耐的诸侯国君都称了王，王不再成为周天子的专利。诸侯各国之间的竞争由此进入高潮，兼并战争趋于白热化。

第四辑
DISIJI

别有洞天

同一道难题的不同解法

一

在诸侯国的相互攻伐中，消灭不消灭战败国，一直是个考验智慧的大问题。

有道是“礼乐征伐自天子出”，诸侯国受封于中央政府，具有合法的政治地位，任何诸侯国都不能私自制定礼乐，亦不能随便征伐别的诸侯国。

在周初，自有中央政府主持公道，这个问题想都不用想。春秋肇始，礼崩乐坏，灭国开始成为可能，几乎每个大国都有灭他人国家的记录，比如：齐国灭了郯、郕、纪、遂等国；晋国吞并了耿、虢、霍等国；楚国干掉了息、江、六、邓、陈等国；就连小不点儿卫国，也灭掉了邢国。

但是，这并不等于说，谁都可以灭国。虽然春秋战国是一个人人都可以放火的年代，但是火若是放的不是时候，也可能引火烧身。

攻打主权国家已经僭越礼制，灭人国家、毁人社稷就更加出格了，弄不好会招来诸侯国的群殴。因而，聪明的国君总是相机行事。

在这一方面，楚庄王可以算作是比较有心得的一位了。

楚庄王芈姓，熊氏，名侣。熊侣是楚国最为杰出的君主。在他的苦心经营下，楚国终于如愿以偿，由蛮夷之国挤进了中原文化圈子。楚庄王一生没少干过灭人国家的事情。但是，同时他也很讲策略，只是问鼎中原，向周天子表明自己有能力取其而代之。

而且，在他生命的最后十年，曾经有三次放过了灭人国家的机会。

一次是公元前 598 年，攻破陈国，随后又让陈国复国。一次是公元前 597 年春，攻破郑国，随后又与郑国讲和。还有一次是公元前 594 年，围困宋都达五个月之久，商丘城内粮食殆尽，人们易子而食，勉强用人骨头烧火做饭吃；在生死关头，宋国大夫华元出城夜见楚将子反，以实情相告，楚庄王为华元所感动，当即撤军离去。

常言道："风水轮流转！"谁也无法保证自己的国家就永远强盛。

在将近九十年后的公元前 505 年，吴国攻破楚国。楚昭王在秦国的帮助下，也躲过了一次灭国之灾。

这或许可以看作是对楚庄王恩德的回报吧。

二

对于灭人国家这个问题，楚庄王至少为我们提供了三种解法。

一是择机而灭。楚庄王秉持的是灭小不灭大，灭弱不灭强，灭近不灭远，灭的全是靠近楚国的庸与舒之类的小国。

二是另立新君。在灭国时机不太成熟时，则选择扶立新君。如公元前 598 年，楚国攻破陈国，杀死夏徵舒，从晋国接回陈灵公的太子妫午并立其为陈君。

三是攻而不灭。对那些有点儿影响的国家，只泄愤、削弱，不灭国。如公元前 597 年，楚国攻破郑国，郑伯乞求不要断绝他们国家的祭祀，楚庄王认为郑伯很谦卑，答应其复国。

但是，严格点儿讲，这些做法也是暗藏风险的，因为它们都僭越了礼仪。在周王朝，不讲礼的后果有时也会很严重。

至于怎么个严重法，则不能一概而论。

一种情况是，你不讲礼，被你黑过的人会比你更不讲理。比如，曹平公的弟弟曹隐公通杀了侄子声公自立为君。可是，仅仅过了四年，他就被声公的弟弟靖公露给干掉了。

另一种情况是，你不想讲礼，却偏偏有人跟你讲礼。比如，陈国的夏徵舒，因为不堪屈辱，射杀了与母亲通奸的陈灵公，自立为陈侯。但是，楚庄王却偏偏因为这个原因，前来兴师问罪，诛杀了他。

这也就是说，在春秋时代，如果你不讲礼，除了需要警惕仇敌和那些时不时蹦出来的大国国君，你还需要过周王和诸侯长这一关。

一般情况下，周王都会保持沉默，不大好对付的是诸侯长与大国国君。这些春秋大佬们对那些打抱不平，说长论短的事总是乐此不疲。

在公元前651年的葵丘之会上，中原的首位霸主齐桓公就搞了这样一个盟约："诛不孝，无易树子，无以妾为妻，无专杀大夫，无曲防，无遏籴。"

翻译过来就是，所有的国君都要带头尊老敬老，不得随意更换太子、以妾为妻、诛杀大臣，不得遍设堤防，禁止购买谷米。尤其是在大灾之年，要相互救助，互通有无，共渡难关。所以，一旦你考虑不周被人家瞄上了，就只能听天由命，任人"修礼（理）"。

就拿夏徵舒弑君这件事情来说吧，纵使他有天大的委屈，有一千个理由，可是，楚庄王硬是不给他辩白的机会。

此时此刻，楚庄王的心里正郁闷着呢！"蠢东西，光你觉得憋屈啊，本宝宝也有一肚子的话要讲呢！"

可是，楚庄王讲了也白讲，因为申公巫臣说了，夏姬这个女人他不能要。楚庄王打着正义的旗帜前去征讨夏徵舒，弄到最后，总不能因为一个女人将旗子丢到臭水沟里去。

晚四五十年出生的孔子在读到这段故事时，对楚庄王不灭陈国的义举赞不绝口说："贤哉楚庄王，轻千乘之国而重一言！"

三

当然了，任何事情都有例外。

在某些特定情况下，也会遇到这样的情形，这就是，虽然你不讲礼，但是，所有的人却都只表示沉默。齐桓公在登上国君宝座后的第二年（前684），就兴兵灭掉了在流亡时对他表现出不敬的郯国。礼还是那个礼，事还是那个事。可是，当时大至周天子，小至诸侯国，竟然没有一个人站出来给他差评。

没有人品头论足已经很不错了，可是，诸君且慢些喝彩，因为这还不是最牛的。最牛的一种情形是，你不讲礼，还有人给你发奖状。楚成王有幸成了这个世界上最牛的那个人。他在即位后不久，派人向周天子进献。刺儿头服软，周天子心里甭提有多乐了，出于安定团结考虑，不但默许了楚国的扩张行径，还给了楚成王许多赏赐。

写到这里，我们是不是可以得出这样的结论：春秋诸侯国之间的争端均是看人下菜。有没有人跟你讲礼，其实并不在于是否僭越了礼制，而在于你有无僭越礼制的资本。想要篡位，或是灭人国家，尚需三思。

在郑太子忽与突争夺君位的拉锯战中，诸侯国截然不同的态度就很能说明问题。

四

我们还是接着来说楚成王吧。

只说楚国搞出这么大的动静，让诸侯长齐桓公脸上有些挂不住。

公元前656年春天，为了阻止楚国进一步北进，齐桓公率领诸侯联军远征汉水。楚成王揣着明白装糊涂问齐桓公道：“为什么侵犯我们楚国?”

齐桓公回答说：“昔日召康公授给我国征伐五侯九伯，辅佐周室的权力。楚国不按时进贡包茅①，影响了周王的祭祀；从前周昭王南征，死因不明，故而前来问责。”

这个理由很扯淡。在楚国人眼里，一两车包茅算不了什么。

周昭王的事情也已经过去好几百年了，即便是秋后算账，也有点儿太晚了。但是，在这个看似很扯的理由背后，突显的是一代霸主无与伦比的精明。

楚成王当然也不是傻子，不软不硬地回答道：“贡品未进是我的过错，今

①包茅：古代祭祀时用来滤酒的一种香草。

后一定按时进贡。至于周昭王的事，你去问汉水岸边的那些国家好了。重要的事情说三遍：我们楚国是礼仪之邦！我们楚国是礼仪之邦！我们楚国是礼仪之邦！包茅会按时进献的，周昭王的事则与我们无关。”楚成王说完，头也不回地走了。

如果只听前半句，楚成王好像是在示弱，可是，他的后半句话分明又是在挑衅。“去问汉水岸边的国家！”这是什么话？齐桓公碰了这么个软钉子，心里能不添堵？诸侯长哪儿有这么好打发的！齐桓公一声令下，联军浩浩荡荡地开进楚国陉地（今河南郾城）。诸侯联军一直待到夏天，也没有要走的意思。楚成王只好又派屈完过来。屈完一到，联军就又退到了召陵。很显然，齐桓公并不想跟楚国死磕。楚国人也很给面子，与齐桓公订立盟约，声明不再北进。齐桓公这才很满意地率领诸侯联军走了。

原来，齐桓公兴师动众，是专门来批评楚成王的。

五

原本，吴王夫差是有机会成为楚成王那样的大牛人的。

一来，吴国与楚国一样，也是蛮夷国家，只信奉实力。

二来，吴王夫差参与了中原争霸，他所领导下的吴国像楚国一样强大。可是最终，他却与牛人失之交臂。为啥？因为吴王夫差听谗言，选择了最为脑残的一种解法：让越国称臣。

公元前494年，吴王夫差调集全国精锐部队征讨越国，在夫椒大败越军。越王勾践率领仅剩的五千甲兵退守会稽山（今浙江绍兴南）。吴军乘胜追击，占领越都稽城（今浙江绍兴），包围会稽山。勾践采纳大夫范蠡、文种的建议，向吴国称臣，并派他的妻子去做吴王的侍妾。

吴王夫差在征服越国后，又将目标瞄准了齐国，先后多次伐齐。

公元前482年，吴王北上，在黄池与诸侯会盟，一心想称霸中原。岂料越军乘虚而入，俘获了吴国太子友。最终，吴王争霸失败，在会盟后与越国媾和。

吴王不甘心失败，连年与齐、晋作战。

公元前 478 年和公元前 476 年，越国抓住时机，两次讨伐吴国。

公元前 475 年，越军大破吴军，吴王被围困在姑苏山上达三年之久。

公元前 473 年，吴王派大夫公孙雄，像当初文种求他时一样，低声下气地乞求越王赦免他。

越王当然不能答应，他派人对吴王说："我把你发配到甬东去做个百户侯吧。"

吴王夫差在绝望中自杀，时年五十五岁。吴国就此灭亡。

其实，让越国称臣也未尝不可。可问题是，吴王夫差想法太多，将几种不妥当的做法叠加在了一起。

一是误判形势。无视越国这个心头大患，急切发兵北上讨伐齐国，争霸中原。在艾陵大战大破齐军后，也没有见好就收。

二是撞了南墙不回头。二次伐齐失败后还不收敛，不合时宜地搞会盟。

三是孤注一掷。为了争当盟主，接连对齐、晋用兵，结果损兵折将，精锐尽失，将吴国推向了万劫不复的深渊。

吴王夫差之所以一条道儿走到了黑，子贡功不可没。

《史记·仲尼弟子列传》曰："故子贡一出，存鲁，乱齐，破吴，强晋而霸越。子贡一使，使势相破，十年之中，五国各有变。"可见，吴工大差被他忽悠得不浅。

楚庄王的解法加上吴王夫差的这种解法，一共是四种：灭、破而不灭、另立新君和建立傀儡政权。

四种解法各有千秋。能够运用自如的，都是像齐桓公、楚庄王这样的世间高人。

历史告诉你怎样移民

一

大月氏国是很成功的一个移民搬迁范例。

一个偶然的机会，汉武帝从投降的匈奴人口中得知，匈奴人干掉了月氏王，还用其头骨做酒具，西迁的月氏人恨死匈奴人了，一直在寻找帮手对付匈奴。汉武帝一听太好了，当即决定派人联络大月氏，夹击匈奴。

公元前139年，以张骞为首的西汉政府访问团在翻译兼向导堂邑氏的家奴甘夫的引导下，由陇西出境前往西域。这一行人在经过河西走廊时，被匈奴人逮了个正着。匈奴人给张骞安排了个妻子，想用感情软化他，张骞也有了孩子。可是，张骞始终没有忘记使命。在被扣留了十多年后，他趁匈奴人看管松懈的机会逃到大宛。大宛人把他送到康居，康居人又把他转送到大月氏。

古时候，在华夏族周围居住的民族都很能打。虽然月氏人在北亚打不过匈奴，但西迁至中亚后却开始称王称霸。这时，大月氏已经征服了大夏，并在这里定居下来。这个地方土地肥美，物产富饶，而且很少有敌人侵犯。

大月氏人活得很开心，早把报仇这茬事给忘了。新大月氏王对张骞说：“形势这么好，我们离大汉国又那么遥远，还折腾个啥呀？”

“丧尽礼，祭尽诚……你这小伙儿太不孝啦！”张骞说。

张骞说死说活，大月氏王只当没有听见，拉住他一个劲儿地喝酒吃肉，气得张骞直想把酒桌子给掀了。张骞在大月氏国待了一年多，始终没能说服他们，只好打道回府。

这一次他改走南路，想从羌人居住地回国，但是，还是没能逃脱被匈奴人活捉的命运。又被扣留了一年多，张骞与他的胡人妻子及甘夫才逃回长安。

是什么原因让大月氏王连杀父之仇也不想报了呢？当然是安逸啦！

因而说，移民搬迁点一定要选择在自然条件便利、物产丰富，利于生产发展且没有外部干扰，能够让人安居乐业、乐不思蜀的地方。

二

匈奴人无愧于移民搬迁高手的称号。

匈奴人是夏后氏的苗裔，他们居住在北方蛮荒之地，以游牧为生。他们的牲畜以常见的马、牛、羊居多。此外，还有骆驼、驴、骡，以及其他比较稀有的駃騠、騊駼、驒騱①几类马。他们没有城郭，逐水草而居，居无定所，也不从事农业生产，没有文字，很少读书，仅靠简单的口令互为约束。匈奴男子无论大小，全都有两下子。

自西周起，戎狄开始威胁中原王朝。周幽王时代，犬戎攻陷镐京，迫使周平王将国都东迁。春秋战国时期，山戎先后进攻齐国、燕国，均被齐人赶跑。后来，戎狄来到洛邑，扶立王子带，被晋文公发兵驱逐。再后来，戎狄遭到秦国的蚕食和赵国的打击。秦始皇统一六国后，派蒙恬抗击匈奴，匈奴人向北迁徙。蒙恬死后，中原混乱，谪守边疆的人员也都离去，匈奴趁机渡过黄河。汉朝建立后，匈奴人仍然不断南下侵袭。在汉军的强大打击下，匈奴分化：北匈奴远遁，南匈奴臣服。但是，在其后的历史进程中，南匈奴仍然给中原王朝制造了很大麻烦。

从北向南侵袭，又由南向北退缩。匈奴人之所以能不断地迁徙，这其中除了游牧的需要外，还有一条不容忽视的原因就是他们没有城郭，搬迁起来很方便。对匈奴人来说，这二者是相辅相成的。因为不断搬迁，住房才简易；因为

---

①駃騠，音 jué tí；騊駼，音 táo tú；驒騱，音 tuó xí。

住房简易，才能够不断地移民。因而说，移民搬迁一定要选择那些自然条件恶劣，居住条件简陋的住户进行。

三

周人在移民搬迁方面积累了丰富的经验。

周人的祖先早先生活在邰地（今陕西武功），后稷死后，夏后氏废弃农师，后稷的儿子不窋流落到了戎狄地区。到了不窋的孙辈公刘手里，重拾老祖宗的手艺，巡行考察土地情况，教民稼穑，并从漆沮之地渡过渭水，伐取木材。民众开始有了积蓄，过上了好日子，从其他地方迁移过来归附他的人很多，周部族由此走向兴盛。公刘死后，他的儿子庆节在豳地（今陕西旬邑县西南）建立了国都。

又传了八世，继位的古公亶父因为不堪戎狄獯鬻族的侵扰，带领家人离开豳地，渡过漆水、沮水，翻过梁山，来到岐山脚下定居。豳邑的人也都扶老携幼跟着他来到岐山。以至其他邻国的人听说古公这么仁爱，也都来投靠他。古公于是因势利导，废除戎狄风俗，营造城郭，建筑房舍，划定辖邑，设立官职，把部族治理得井井有条。民众很感念他，作歌歌颂他的功德。

周部族的两次迁移无不打着深厚的经济、文化烙印。因而说，移民搬迁不但要选准搬迁对象、选对搬迁地点，还要充分考虑生产发展，安排好群众的教育、医疗和就业问题，让人民安居乐业。

打不打队旗很重要

一

公元前651年，在东周的历史上发生了一件震动天下的大事。六十五岁高龄的齐桓公召集鲁、宋、卫、郑、许、曹等国的国君在葵丘举行会盟。

从太子时期就得到齐国支持的周襄王，也派出代表参加，赐给齐桓公祭祀武王时供奉的福肉、彩饰的弓箭和专供天子乘用的车辇。并特地声明，齐桓公在接受赏赐时可以不行跪拜礼。齐桓公的霸业达到顶峰，史称葵丘会盟。

除过葵丘会盟，这一年还有许多的重要事件发生。

一是齐桓公在这次会盟之后还搞了一次会盟。

二是死了两个国君——晋献公和宋桓公。而这两个死了国君的诸侯国也是冰火两重天：一个发生了内乱，一个却学习季札想要以国相让。

三是雄心勃勃的秦穆公发兵护送晋夷吾回国即位。

东周的历史可谓是相当不平静。

有一个刚刚登上国君之位不久、不知天高地厚的毛头小子在目睹了葵丘会盟的盛况后，对齐桓公的丰功伟业艳羡至极，暗中给自己打气说：“我也要成为齐桓公那样的霸主！”这个人，就是宋国的第十九任国君宋襄公兹甫。

一代霸主齐桓公对这个小年轻也很看好，特意把自己的太子昭托付给他，这无疑等于给这个叫兹甫的年轻人打了鸡血。

回国后，宋襄公埋葬了父亲，任用庶兄目夷为相，修明国政，励精图治，暗中为称霸做着准备。

二

八年后，在漫长等待中的宋襄公，总算看到了一丝曙光。

公元前 643 年，诸侯长齐桓公去世，齐国发生内乱，齐太子昭逃亡到宋国，寻求政治庇护。

既然老天如此眷顾，宋襄公又焉能放过如此良机呢?

公元前 642 年三月，宋襄公联合卫国、曹国、邾国，发兵讨伐齐国。

齐军无心恋战，四国人马很快就打到了齐国都城临淄。齐人害怕，杀死无诡，答应立太子昭为国君，联军撤退。

然而，当四国军队撤走后，齐国四公子的追随者又来攻打太子昭，昭再次逃回宋国。宋襄公断然发兵，与四公子的军队交战。

五月，齐、宋两军决战于甗（yǎn，今济南市西南）。宋军一举击破齐国军队，攻入临淄，扶立太子昭为君，此即齐孝公。

宋襄公以弱胜强，声名大噪，急欲召集诸侯会盟。无奈宋国的实力实在是不怎么样。宋襄公思来想去，决定借助楚国的力量。

可是，宋襄公忽视了一个严重的现实：当年葵丘会盟时，楚成王因为刚刚占有了荆蛮之地，惧怕齐桓公兴师问罪，还比较的安分守己。但是现在，楚国已经独霸江南，其实力今非昔比，就是晚年的齐桓公也奈何他们不得。楚人早就想扔掉蛮夷之邦的帽子，来中原分一杯羹了。

公元前 639 年春，蓄谋已久的宋襄公与齐、楚在鹿上会盟，请求楚国出面，邀请更多的诸侯国君参加，楚成王欣然应允。

公子目夷进谏说："小国与大国争当盟主，无异于以卵击石，自取灭亡。"

目夷的意思再明确不过了，宋军虽然打败了貌似强大的齐军，但是这并非两国真实军力的体现，宋国国小力弱的状况并未从根本上发生改变，靠要小聪明而借助他国之力，怎么能够做得了霸主?

可是，头脑发热的宋襄公哪里能够听得进去。在他看来，戡夷了盟主国的内乱，理所当然就是霸主了。

可惜的是，其他的诸侯国并不都这么认为。他们才不相信什么大道理，他们信奉的是实力。宋襄公大概忘了，诸侯国要是真讲道理的话，既然有周王在，又何须多此一举，弄个诸侯长出来呢？

三

这年秋天，诸侯各国与宋国在盂地会盟，宋襄公以盟主之位自居。

目夷进谏说："灾祸已经来到眼前了，君王的欲望太过分了，如日中天的楚国怎么能够容忍你这么去做呢？"

宋襄公不以为然。后来的事情正如目夷所料，楚成王在会盟时拘捕了宋襄公，发兵讨伐宋国。

直到冬天，诸侯各国再次在亳地相会，这才释放了宋襄公。

宋襄公回国后，听说郑国支持楚成王做霸主，便决定攻打郑国。

目夷再次劝阻，宋襄公不听。

目夷说："宋国的灾祸还远未结束！"

公元前638年夏，宋国出兵讨伐郑国。

目夷说："宋国的灾祸就要降临了！"

秋天，楚国出兵，伐宋救郑。宋襄公准备与楚军开战。

目夷[①]进谏说："上天抛弃商已经很久了，绝不可以出战！"宋襄公不听。

十一月，宋襄公领军在泓水与楚军交战。

楚军尚在渡河。目夷说："敌众我寡，趁他们还没有完全渡过河，赶快发起攻击吧。"宋襄公不听。

楚军已经渡过河，还未列好战阵。目夷又说："可以攻击了！"

不料宋襄公却说："等他们排列好阵形再打也不迟。"

---

① 目夷：子姓，名目夷，字子鱼，宋桓公庶长子，春秋时期宋国大臣。《史记·宋微子世家》在这一处和上面两处均记为子鱼，为了便于理解和统一，故这里用目夷。

楚军列阵完毕，宋军这才发起攻击，结果大败。宋襄公的腿也在战斗中被打残了。

公元前637年夏，宋襄公因腿疾发作离世。一代野心家终于走完了他令人啼笑皆非的称霸历程。

四

然而，妄自尊大的宋襄公，最终还是在春秋五霸中占据了一席之地。

而所有这一切，全是因为宋襄公重视打仁义牌。

宋襄公打出的第一手仁义牌是让国。

公元前652年，宋桓公病重，宋襄公向父亲推荐庶兄目夷，想让他继承君位。宋桓公虽然认为儿子的想法合乎道义，但是没有同意，而目夷也躲避到了卫国。

次年春，宋桓公去世，宋襄公即位。宋襄公任命目夷担任丞相。宋桓公还未安葬，齐桓公就在葵丘会见各国诸侯，宋襄公前去赴会。

可是，在今天看来，宋襄公的这次让国，多少有些做作。试想，宋襄公若是真想让国的话，完全可以效法吴太伯与延陵季子，一声不吭地逃出宋国，而不是耍嘴皮子功夫，让目夷去出逃。宋襄公内心到底是怎么想的，只有天知道。

宋襄公打出的第二手仁义牌是扶立齐君。

前有齐桓公的托付，后有齐太子昭的求救，宋襄公此举确属仁义之举。可是，你能说宋襄公伐齐就没有一点儿私心吗？宋襄公要称霸，总得要有一点儿威名吧，而盟主国齐国大乱，诸子争位，军队无心恋战，这实在是千载难逢的大好机会呀。

宋襄公打出的第三手仁义牌是为自己开脱。

泓水战败后，宋国人都怨恨宋襄公不听目夷的劝告，宋襄公却为自己辩解说：“君子不乘人之危，故不攻打尚未列好战阵的军队。”

目夷说：“用兵打仗以取胜为要义，何必讲这些陈词滥调！一定要如国君所说，那就去当楚国的奴隶好了，又何必打仗呢?”

宋襄公说的不无道理，因为那时候的人都还讲道义，但是，宋襄公讲仁义的后果却很严重，而且是相当严重。

五

在齐桓公与宋襄公之前，还有一位牛人，这个人就是郑庄公。

郑庄公有多牛气呢？他在位期间，郑军先后击败过周、虢、卫、蔡、陈联军，以及宋、陈、蔡、卫、鲁等国联军，攻必克，战必胜，国力空前强盛，就连当时的大国齐国也跟着郑国东征西讨，而郑庄公本人则被称为春秋小霸。

可是，连周王都不敢惹的郑庄公，却被儒家学派排除在春秋五霸之外，没有得到像齐桓公那样的盛名。

这是为什么呢?

因为郑庄公只为本国的利益着想，公然与周室交恶，挑战皇权，没有打仁义道德这面大旗。

宋襄公有名无实，郑庄公有实无名，其中滋味耐人寻味。

你瞧，打队旗有多么重要！

迟到的后果会很严重

一

俗话说：“没有规矩，不成方圆。”

良好的纪律是干好工作的根本保证。因而，从古到今，对迟到问题都抓得很紧。古时候，迟到的后果会很严重。

今天，就让我们走进《史记》，看一看古人是怎么惩处迟到者的。

二

在打仗时迟到，是会掉脑袋的。

公元前121年，郎中令李广与博望侯张骞兵分两路，由右北平出塞攻打匈奴。出塞几百里后，李广率领的四千骑兵军就被匈奴左贤王率领的十倍于自己的敌人包围。一天作战下来，汉兵损失了一多半。

第二天开战后，博望侯率领的一万骑兵总算赶到了。匈奴军队看到汉军主力来了，不再恋战，主动解围而去。但是，博望侯的军队已是疲惫不堪，不能追击，李广的军马又几近覆没，只能眼睁睁地看着匈奴军队扬长而去。

也许你会在心里犯嘀咕：博望侯的主业是外交呀！

不错，博望侯是搞外交出身，没有带过兵打过仗，又是高级干部，但即使这样，打仗迟到了，照样要接受处罚。博望侯因为延误战机，被判处死刑，靠花钱赎罪，侥幸保住了性命，最后被削为平民。

那么，行伍出身的李广会迟到吗？

答：也会的。

公元前 119 年，李广随大将军卫青出征匈奴。出塞后，卫青捉到俘虏，摸清了单于的去向，遂亲率精兵追击，并命前将军李广与右将军赵食其合兵一处，由东路实施迂回包围。李广虽然不大情愿，但是也只得照办。由于缺少向导，东路军一度中途迷路，没能按时赶到，单于得以逃脱，汉军无功而返。

大将军卫青向南行穿过沙漠，才遇到了前将军与右将军。大将军派长史带着干粮和酒以慰劳为由，询问李广、赵食其迷路的情况，准备向天子汇报。

李广因为对大将军故意调开他有意见，没有作答。大将军派长史责令李广左右的人员立即前去受审。

李广说："别绕那么多弯子了。校尉们没有罪，我这就去接受审讯。"

到了大将军那里，李广说："我这辈子与匈奴打了大小七十余仗。这次跟随大将军出征，好不容易有次同匈奴单于一见高下的机会，可是大将军却调我去迂回包抄，偏偏路上又迷失了方向，这难道不是天意吗？况且，我已经六十多岁了，怎么能忍受那些刀笔之吏的侮辱！"李广说罢，拔刀自刎。

右将军赵食其单独受审，被判处死刑，用钱赎罪，后被削为平民。

三

不管是博望侯也好，还是李广、赵食其也好，都是方面军的领导。讲到这儿，大家是不是特别想知道，主要领导可不可以迟到。

答曰：照样不可以！

话说齐景公时，晋国和燕国同时进犯齐国。齐国招架不住，司马穰苴临危受命，率领大军前去抗击。司马穰苴与监军庄贾约定，次日正午在营门会齐。

第二天，司马穰苴早早来到军门等候。但是，庄贾却好像并不着急。他自认为是国君宠臣，又是监军，司马穰苴不敢拿他怎么样。亲戚朋友听说大军要出征，摆了好几桌酒席为他饯行，庄贾也就兴致勃勃地喝起了酒。

到了约定时间，庄贾还是没有到。司马穰苴也不等他，推倒木表，摔破漏壶，直接进入军营，整饬军队，宣布军规军纪。

等到司马穰苴安排部署完毕，已经是日暮时分，庄贾这才不慌不忙地赶到。

司马穰苴质问庄贾："为什么约定了时间又不遵守？"

庄贾说："抱歉得很，亲戚朋友们为我送行，我喝多了，所以耽搁了。"

司马穰苴说："作为将领，从接受命令的那刻起就应当忘掉自己的家庭；身为监军，肩负约束军队之职，理应忘掉私人交情；穿上军装，擂鼓进军，必须舍弃身家性命，向前冲锋。眼下敌兵压境，国家危在旦夕，将士们在前线风餐露宿，国君睡不稳、吃不香，全国百姓的性命都系在你我的身上。当此危难之际，还有什么心情儿女情长，搞什么迎来送往！"

说罢，他叫来军法官问道："依照军法，不按时归队应当如何处置？"

军法官回答："应当斩首。"

庄贾很害怕，派人飞马报告齐景公。不待报信的人返回，司马穰苴就下令将庄贾斩首，告示三军。三军为之震动。

又过了一会儿，只见使者飞马直入营中来传齐景公令，赦免庄贾。司马穰苴说："将在军，君令有所不受。"

他又问军法官："驾驶车马在军营奔驰，应当如何处置？"军法官说："应当斩首。"使者异常恐惧。

司马穰苴说："国君的使者不能斩首。"就斩了使者的仆从，砍断了车厢左外侧的立木，杀死了三匹驾车马中左边的那匹马，告示三军。

一切处置停当，司马穰苴这才让使者回去向齐景公复命，下令大军开拔。

监军是什么？是国君专门派来督察主帅的，结果反被主帅给斩了。所以说，任何人在迟到面前都没有特权。

四

前面说的这几位，好歹还是朝廷公职人员。与他们比起来，后面的这位就要冤屈多了。这位爷刚收到入伍通知书，甚至连军装长啥样都没有看清楚，就被正法了。

这位倒霉蛋就是彭越的同乡。彭越在发迹前，在巨野湖泽一带以捕鱼为生，经常干一些聚众偷盗的事。陈胜、项梁起军时，当地有的年轻人对彭越说："各地豪杰竞相自立为王，反叛秦朝，你也可以效仿他们，拉起一支人马。"

彭越回答说："方今两龙相斗正酣，还是等一等再说吧。"

过了有一年多，泽中的青年自发聚集起来一百多人，前去追随彭越，说："请你做我们的首领吧！"

彭越谢绝说："打仗可不是闹着玩儿的，你们这些人平时懒散惯了，受不了约束，我不想和诸位一起干。"青年们执意请求，彭越这才勉强答应了。彭越与他们约定第二天天亮后会合，迟到者斩首。

可是到了第二天，仍然有十多个人在太阳出来后才急匆匆赶到，等最后一个人到来时已是中午时分。彭越抱歉地说："我老了，本来不想抛头露面，是你们执意要请我来当这个首领。既然干就要有干的模样，今天到了约定的时间还有很多人迟到。我知道你们家穷，买不起闹钟，所以不能把迟到的全杀了，就杀最后到的一个人吧！"

大家都笑着说："何必非要这样呢？今后不再迟到就是了！"彭越没有理会大家，从队列中拉出最后到的那个人，将他杀了，并用他的头颅来祭旗。众人差点儿吓尿了，没有一个人敢抬头去看他。彭越就带领着这群乌合之众出发去夺取土地，收集诸侯散卒，得到了一千多人。

彭越后来投靠刘邦，在汉朝建立过程中立下了汗马功劳，拜建成侯。

屈原：我可能降生在了假楚国

一

屈原姓芈，氏屈，名平，字原。

原本，屈原不该叫屈原的，但是，由于他的祖上熊瑕被楚武王封在了屈邑，其后人遂以屈为氏。

熊瑕是楚武王的儿子，芈姓，熊氏，因为曾经担任过楚国的最高官职莫敖，人称楚莫敖。楚莫敖不能算是个好领导，但是，他却有个好下属。

公元前701年，楚武王派遣楚莫敖代表楚国与贰、轸两国会盟。这对汉水一带的小国来说，绝对不是一个好消息，它表明楚国终于要对自己下手了。

郧国闻讯，策动随、绞、州、蓼四国截击楚军。可是，随国已经被楚国打怕了，不敢做出任何反应。绞、州、蓼三国虽然表示响应，却又按兵不动。郧国没有办法，只好勉强于郧效蒲骚布防。面对如此有利的形势，楚莫敖竟然一筹莫展。他的副帅斗廉建议屯兵郊郢（今湖北钟祥市郢中镇），奇袭郧师。楚莫敖举棋不定，打算用占卜来决定。斗廉再三做楚莫敖的工作，说服他带领精兵夜袭蒲骚，一举击溃了郧军。郧军一败，其他几国军队立即偃旗息鼓，楚国与贰、轸两国如期结盟。

次年，楚国兴兵向绞国问罪。这一次，州、蓼这帮小兄弟连样子也不敢做了，绞国被迫与楚国订立城下之盟。这次战役规模很小，小到了《史记·楚世家》都不肯记载。但是，作为征服绞国的楚军主帅，楚莫敖仍然得意扬扬，逢人就念叨。

出来混总归是要还的。公元前699年，楚莫敖率兵征讨罗国，在渡过鄢水后，遭到了卢、罗两国军队的前后夹击。楚军溃不成军，楚莫敖冲出重围后一路狂奔，逃至荒谷（今湖北江陵）一带。前两次是英雄，这一次却成了逃兵，这个落差实在是太大了，楚莫敖接受不了这个刺激，最后以死谢罪。

屈原的命运，比他的先祖楚莫敖还要悲惨。

二

屈原遭遇了假同事。

屈原是楚国王族，担任左徒。

左徒，这到底是个什么职务呢？

有人说是外交官，有人说是行人，有人说是太仆，还有人说是巫官。

我比较倾向于左徒是一个仅次于宰相的职务的说话。要不然，他怎么可能在内和楚怀王一起讨论国家大事、制订政令，在外代表楚怀王接待各国使节，处理与诸侯国之间的各种事务呢？

屈原博闻强记，深谙治国之道，他提倡美政，主张选贤任能，修明法度，联齐抗秦。在他的辅佐下，楚国人才济济，国势蒸蒸日上，北败魏国，西伐强秦，一跃成为战国时期的头号强国。

上官大夫和屈原职位相当，他眼睁睁地看着屈原一路蹿红，自己却无计可施，心里很不是滋味。

有一次，楚怀王指派屈原制订法令，草稿刚刚打好，还没有来得及修订。上官大夫见了便想据为己有，说：“屈原已经功成名就了，干脆把这个送给我，让我也在怀王面前表现一下吧。”

任凭上官大夫好说歹说，屈原就是不给。上官大夫气坏了，一转身就跑到楚怀王那里去打小报告。

你猜上官大夫是怎么说的？他说：“大王啊，跟没有文化的人打交道可一定得要小心啊！这个屈原，靠着记忆力好，侥幸干对了几件事就飘飘然了。大王委派屈原制订法令，举国上下没有人不知道。但是，每颁布一项法令，屈原却只字不提大王，只一味夸耀自己的功劳，说什么‘除过我之外，朝野没有人能够胜任这件差事！’这是什么屁话？他有大王读的书多吗？有大王的能力强吗？没有大王的鼎力支持和英明领导，他屈原能有今天吗？这个人功利心太强，不可不防呀！”

你瞧瞧，这个上官大夫可真敢说，他就不怕屈原反问他一句：“你说我文凭低，读书少，没文化。我且问你，你能写出《离骚》《天问》和《九歌》吗？”

有些人就是这样，胆大不知羞，啥话都能说得出口。可问题是，这些作品当时尚未问世，屈原不可能这么问，他也只有生闷气的份儿。

楚怀王是学者型领导，对做事不谦虚的人向来没有好感，经上官大夫这么一搅和，对屈原的态度立马来了个一百八十度大转弯，连法令也不要他制订了，把他晾到了一边。

不让工作事小，要命的是，自己深爱着的祖国也被这帮人弄得江河日下。屈原的内心郁闷到了极点，他痛惜楚怀王让谗言蒙蔽了双眼，写了许多诗歌作品来发泄内心的苦闷和不满。

三

坏消息一个接着一个。

先是楚怀王轻信张仪的话，撕毁齐楚联盟条约与秦结盟，结果惨遭秦国戏弄。后是楚国上门去寻仇，被秦国打得满地找牙，彻底沦为秦国的跟班。接着是被派到秦国做人质的太子横杀死秦大夫逃回楚国，招致秦国的频繁报复。

眼瞧着楚国国土一再沦丧，国际声望直线下降，楚怀王心里那个急呀。就在这个时候，秦国故伎重演，向楚国抛出了橄榄枝，想与楚怀王缔结婚约。

楚怀王想前去赴约。屈原劝谏说：“秦国乃虎狼之国，不能轻信，还是不去为好。”

可是楚怀王的小儿子子兰却劝他不要拂了秦昭王的美意。联姻好歹也是个机会呀！楚怀王为了缓解困境，不顾个人安危前往秦国与秦昭王会晤。没承想一进入武关就被秦军伏兵断了后路。秦国扣留了楚怀王，向他索要土地，楚怀王不肯答应，逃到了赵国。赵国畏惧于秦国的神威，不肯接纳楚怀王，楚怀王不得已又返回秦国，最终客死他乡。

楚怀王死后，他的大儿子楚顷襄王继位，任命子兰为令尹。而屈原则被免去三闾大夫之职，放逐江南。一路行来，家国越来越远，屈原的思乡之情反而越来越强烈。

公元前293年，秦国在伊阙大胜韩国。秦王给楚王写信说："楚国背叛了秦国，秦国将率领诸侯军攻打楚国，一决雌雄。希望你重整军队，痛痛快快地打一仗吧。"楚顷襄王很担心，打算再度跟秦国讲和。

屈原早就憋不住了，接连发表时评文章予以抨击，他在其中一篇作品中写道："人君无愚智贤不肖，莫不欲求忠以自为，举贤以自佐，然亡国破家相随属，而圣君治国累世而不见者，其所谓忠者不忠，而所谓贤者不贤也。"

楚怀王踌躇满志，但是，由于识人不准，内为郑袖迷惑，外被张仪欺骗，疏远屈原而信任上官大夫和令尹子兰，结果国土一再被侵占，连他自己也流落他乡，客死秦国，为天下人所耻笑。这些事情人所共知。可是，真话讲出来未必所有的人都爱听，尤其是对楚怀王之死负有重要责任的令尹子兰。

"'其所谓忠者不忠，而所谓贤者不贤！'这算什么话？大王去秦国是他自己的主意，跟我们有什么关系？有些人总是喜欢品头论足！"子兰恼羞成怒，指使上官大夫在楚顷襄王面前煽风点火，说屈原的坏话。进谗言是上官大夫的拿手戏，楚顷襄王很快就上了套，一气之下，把屈原放逐得更远了。

就这样，屈原又被假上级坑了一把。

四

其实，遭遇了假同事与假上级倒也没有什么。要命的是，屈原同时遭遇了假渔夫。

子兰与楚顷襄王可以赶走屈原，但是，他们在秦军面前却束手无策。公元前280年，司马错率军由陇西南下，经过蜀地东进，攻取楚国黔中郡，楚国割让上庸、汉北地。公元前279至前278年，大将白起接连攻占楚国鄢城、邓城和都城郢，烧毁夷陵。楚顷襄王带着一帮难兄难弟退守东北，在陈地建都。

听到秦军攻破郢都的消息，屈原彻底崩溃了。他披头散发来到江边，在荒泽上一边失魂落魄地行走，一边悲愤长吟。他容貌憔悴，形体枯槁，一位渔翁看见了，问道："您不就是三闾大夫吗？为什么会到这里来呢？"屈原回答说："世道污浊不堪，而只有我是干净的；大家都昏沉如醉，而唯独我是清醒的。所以，我才被流放了。"

我一直没想明白，渔翁是怎么认出三闾大夫的？难不成这是个读了许多书、看过不少报纸的假渔夫！"假渔夫"说："我听说人生在世，必须审时度势。有圣德的人不拘泥于事物，而能顺应世道。世人都污浊，你为什么不随波逐流？大家都昏醉，你为什么不跟着分几杯残羹剩酒？为什么非得要保持美玉一般的品德，最后还落得个被流放的下场呢？"

屈原回答说："盛世顺势而为，乱世彰显个性！我听说刚洗过头的人，一定要弹去帽子上的灰尘；刚洗过身躯的人，一定会把衣服上的尘土抖干净。有谁愿意让清白之身去接受污垢的沾染呢？我宁愿投身于江水河流，葬身鱼腹之中，也不让自己的高洁的品德蒙受世俗的污染！"

于是，屈原写下《怀沙》赋。"重重忧伤长感慨啊，永世长叹无尽哀。世道混浊知音少啊，人心叵测不可猜。人生在世终须死兮，对生命何必太怜惜？光明磊落的君子啊，我将以你为榜样！"

一阕吟罢，屈原怀抱石头，投入汨罗江自杀而死。

古人也喜欢很酷的节日

中国古代的节日远比现在还要多。

你看，除了人们熟知的春节、上元节、寒食节、清明节、端午节、乞巧节、重阳节、腊八节等这些重要的节日之外，还有人胜节、天穿节、春龙节、上巳节、中元节、浴佛节、晒衣节、祭祖节、祭灶节……简直可以用不胜枚举来形容。而且，过什么样的节就有什么样的讲究，绝不可以胡乱应付。比如，寒食节要禁火、冷食，中元节要祭祀鬼神，上巳节要结伴到水边沐浴等。

看到这里，你是不是有些头大？呵呵，且慢些皱眉，因为除过这些节日外，古人也喜欢临时动议，搞些这节那节的。我粗略统计了一下，仅《史记》中记载的就有国际捕猎节、国际饮酒节、国际焚书节等五六个之多。

什么？没有“国际”二字，不能算是国际节！我且问你，那时候，还有比中国更牛的国家吗？中国人举办的节日要不是国际节，还有哪个能够算得上是国际节？

再说了，名字不过是一种符号。叫啥并不打紧，纵使人家不愿意叫国际节，也绝对不可以小瞧。

下面开讲。

一、 国际捕猎节

商朝的创始人成汤是个大知识分子，经常在报纸杂志上发表时评文章。他的《帝诰》《汤征》《汤诰》等作品写得大气磅礴，豪放雄浑，文采飞扬，无不让人折服。

成汤这个人还很有群众观点，他常说："人视水见形，视民知治不。"意思是说，人站立到水边，就能看清楚自己的形貌；察看下民的生活，就可以知道国家治理得好不好。

一日，成汤外出视察，正赶上手下一个部落在郊野大张旗鼓地举办捕猎节。只见四面张着无数张罗网，猎人们齐刷刷地跪在地上祈祷说："愿天上飞的、地上跑的，从四面八方来，一个不剩都进入到我们的网中来！"

成汤听了直摇头："太残忍了，这还不把鸟儿都赶尽杀绝了吗？你们能不能少捕一点儿，够吃就行了！"说着下令撤掉三面的罗网，只留下其中的一面，并让猎人们学着他的样子祈祷说："鸟儿啊，你们想向左飞就向左飞，想向右逃就向右逃。不听从命令，活得不耐烦了，就钻到我们的罗网里面来吧。"

诸侯长成汤参加捕猎节的消息不胫而走，不出意外地上了次日《大夏早报》头条，各诸侯国日报争相转载。《大夏日报》还专门配发了一篇评论员文章赞扬成汤说："成汤真乃大仁大爱之人，他的恩德都已经惠及飞禽走兽了。"

二、 国际饮酒节

中国历史上第一届有详细记载的国际饮酒节应该是夏朝的末代君主夏桀举办的。但是，真正将这个节日发扬光大的还是商纣王。

为了将饮酒节办出特色，商纣王花费七年的时间，仿照传说中神仙居住的宫室，专门修建了瑶宫和瑶台，还特地找来成百上千的乐伎助兴，并让朝臣和宫女们脱光衣服，在盛满酒水的池子与悬挂得密密麻麻的肉林中追逐嬉戏，通宵达旦饮酒寻欢。

费了这么大周折，只搞一两届自然不过瘾。

于是乎，在商纣王的大力倡导下，饮酒节成了大商朝的常设特别节目。商纣王的饮酒节，奇兽异鸟，管弦丝竹，无奇不有，每次都要持续七天七夜以上，以致大家都忘记了今夕何夕。

为了防止大臣们审美疲劳，商纣王还发明了一种叫作炮烙的酷刑，让人犯在涂满油的铜柱子上往上爬，下面点燃熊熊炭火，受刑者每每掉落在火中被活活烧死。那场景……

不仅如此，饮酒节上还供应人肉酱、人肉干，表演挖心节目。商纣王以身作则，拿他的妃子和大臣开刀，吓得他的叔父、商末“三仁”之一的箕子装疯卖傻，几个乐官则带着乐器远遁入周。

商纣王的饮酒节较之夏桀的饮酒节更胜一筹。

三、 国际焚书节

焚书节源于一起偶然事件。

这一日，秦始皇兴之所至，在咸阳宫设宴请博士们小聚。

仆射周青臣拍马屁说：“陛下圣明，以千里之地平定天下，设立郡县，从此四方臣服，人民安乐，可保千秋太平，万代平安。”

博士淳于越反唇相讥说：“殷、周两代之所以能够传承千年，是因为有弟子、功臣的辅佐。现在，秦朝不分封诸侯，一旦有田常与晋国六卿那样的逆臣出现，将靠谁来援救呢？我还没听说过不效法古制能够长久的，周青臣阿谀奉承，欺上罔下，不能算作是忠臣。”

秦始皇让群臣各自发表看法。

丞相李斯说：“五帝的制度各有千秋，夏、商、周三代也不因袭前朝，即便古制，也非一成不变。他们也不是有意要这样，而是时势发生了变化。陛下开创的万世大业不是迂腐的读书人所能理解的。现在，天下形势一片大好，大家都致力于农工生产。作为士人，理应学习刑罚禁令，为国家发展贡献一己之力。但是，这些读书人却一味法古，非议朝政，惑乱民心，对君主的权威构成了极大威胁。”

李斯建议把史官收藏的除医药、卜筮、种植以外的非秦国的典籍全部焚毁。不是博士官职务，不准收藏《诗》《书》与诸子百家著作，凡收藏的都交由郡守、郡尉统一焚毁。有敢聚集在一起谈论《诗》《书》的，一律按弃市论处。以古非今的灭族。官吏知情不报的，同罪。命令下达三十天内仍不烧的，处以黥刑，发配到边疆去修筑长城。至于法令学习，则由官府统一组织。

秦始皇深表赞同。焚书令一经下达，全国文化市场便只剩下了科技类读物、官家史书与秦国典籍，从此再无杂音。

焚书节的压轴戏是坑儒。秦始皇下令将妖言惑众的四百六十名方士全部活埋在咸阳城外。

虽然这些人大多是江湖术士，并非真正的儒生，干的也尽是些偷鸡摸狗之事，虽然秦始皇的本意是禁私学、复官学，但是由于大秦王朝的宣传工作做得不到位，加上许多人肆意对他进行抹黑，他遂被儒生们记恨了几千年。他们对他的仇恨远远超过了后世那些大搞文字狱的帝王们。

四、国际“创卫”节

秦始皇曾经想扩建自己的苑囿，向东扩展至函谷关，向西一直扩展到雍县、陈仓一带。

优旃说：“这个主意很好！狩猎场如此建设，定会大大提高我国的森林覆盖率，敌人也许会在森林里走迷了路。如果再多养些禽兽，将来敌人从东面进犯，就让麋鹿用角去抵他们。”

秦始皇听后停止扩建猎场。

热爱隐身之术的秦二世也很有想法，他想油漆城墙。

优旃说："非常好，即使皇上不说，我也要请求这么去做。油漆城墙虽然会给老百姓带来一点儿负担，但却是件大好事！你想，都城的城墙漆得油光铿亮，不仅非常好看，就是敌人来了，想爬也爬不上来。不过，要想做成这件事有点儿困难，油漆的活容易做，难办的是找不到一所能够将油漆好的城墙放置进去阴干的大房子。"

秦二世听后哈哈大笑，遂取消了这个计划。

不久，秦朝灭亡，秦二世被杀，中国历史上最早的"创卫"计划就此泡汤。

为啥秦始皇父子都热衷于"创卫"事业呢？这是因为"创卫"在秦国有着光荣传统。商鞅就曾在新法中规定，在道路上撒灰的人要判刑治罪。

苏学士和他的《山东六国分析评价报告》

一

苏秦是东周洛阳人。他高中毕业后，听说有一位名叫王诩、外号鬼谷子的中科院退休院士在风景秀丽的云梦山开办了一所全国当时最为著名的综合类大学——鬼谷子阴阳学院，就报名到这所院校去学习。

王校长是世所公认的古今首屈一指的大牛人，他师从大名鼎鼎的道家学派创始人老子，上知天文，下知地理，通天彻地，无所不能。

鬼谷子阴阳学院有数学、兵学、言学和出世学四个分院，开设有工、农、兵、商、学、政等多个专业。其中，兵学专业最为热门，招录的学生也一个比一个优秀。主要学生代表有司马穰苴、孙膑、庞涓、白起、李牧、王翦、甘茂、乐毅、司马错、公孙衍、赵奢、田单等，光是说出他们的名字，就够吓人的了。

鬼谷子阴阳学院的设置很特别，教师编制总共只有一人，由王校长亲自兼任授课教师，其他的均是后勤服务人员。

也许你会问，师资力量如此薄弱，这个学校还怎么开办得下去呀？

事实恰恰相反，鬼谷子阴阳学院不仅办得很火，而且学生的成才率也出奇的高，这些学生在进山时大都默默无闻，一出山便迅速蹿红，成为各行业的杰出代表。

苏秦和张仪同在行政学院学习，他们主修的是纵横学。这个专业比较冷门，虽说专业前景不错，但是不好就业。所以，在猗顿、范蠡、文种、白圭、李悝、孙膑、商鞅等这些人混得风生水起时，苏秦和张仪还在过着北漂生活。

苏秦在外游历多年，出门时靠双腿，回来时靠的还是双腿。就连他的兄嫂、弟妹、妻妾都嘲笑他舍本逐末，不自量力，企图靠耍嘴皮子出名。

张仪的情况就更糟了。张仪在校时学习成绩比苏秦好，遇到的麻烦自然也更多。他在一次陪楚相喝酒时，因为主人弄丢了一块玉璧，被当成小偷抓起来拷问，挨了许多的板子。

可喜的是，这两位同学的心理素质都非常好。

张仪根本没有把挨打的事情放在心上。苏秦也丝毫没有气馁，相对于伤感来说，他内心更多的是惭愧。苏秦把自己关在家中，大门不出，二门不迈，潜心钻研学业。

苏秦在阅读完自己所有的藏书后忽然顿悟，感叹说："书本里原来藏着这么多的大道理！作为一个读书人，既已从师受教，却又不能凭借所学出人头地，读再多的书，又有什么用呢？"于是他找到了西周大腕姜太公的著作《阴符》，潜心研究。

苏秦前后共计用了一年时间，总算将老师讲的和书上说的全都弄通了。融会贯通了的苏秦立即热蒸现卖，炮制出了一篇价值千金的学术论文，题目就叫作《山东六国分析评价报告》。

二

在完成《山东六国分析评价报告》之后，苏秦便不再是苏秦，而是苏学士了。苏学士毁掉原先的报告，重新制作了一份 PPT，在书房中反复演示、推敲。在确信他的研究成果能打满分之后才关掉电脑，他如释重负地说："凭这些可以游说当代的国君了！"苏学士说罢，就带着新制作的 PPT 上路了。

我们且来看看，苏学士在《山东六国分析评价报告》中都写了些啥？燕国东靠朝鲜、辽东，西接云中、九原，北有林胡、楼烦，南临滹沱、易水，纵横两千里，拥兵数十万，光是装甲车就有六百辆，有战马六千匹，粮食充足，物产富饶，百姓富足，堪称天然府库！

赵国西靠常山，南临漳水，东有清河，北与燕国接壤，纵横两千余里，拥兵数十万，有装甲车千辆，战马万匹，粮草可支用好几年，综合国力在山东六国中首屈一指。全天下，只有赵国不惧怕秦国，而秦国最痛恨的也是赵国。秦国和赵国打了五次仗，秦国只胜了两次，赵国却胜了三次。

韩国北有坚固的巩邑、城皋，西有宜阳、商阪两个要塞，东面是宛、穰、洧水，南面是陉山，纵横九百多里，拥兵数十万。韩国山河险固不说，还是个军工大国，天下的强弓硬弩均是韩国造。韩国武器精良，兵强马壮，根本没有必要向秦国臣服。

魏国南有鸿沟、陈地、汝南、许地、郾地、昆阳、召陵、舞阳、新都、新郪，东有淮河、颍河、煮枣、无胥，西面是长城，北有河外、卷地、衍地、酸枣，纵横千里。狭小归狭小，但魏国人口稠密，车马众多，遍地高楼，非常富庶，国力和楚国不相上下。更何况，魏国拥有主力部队二十万，正规步军二十万，精兵二十万，后勤部队十万，装甲车六百辆，战马五千匹，这样的国家不应该成为秦国的帮凶！

齐国南靠泰山，东依琅琊山，西有清河，北有渤海，四面天险，此所谓四塞之国也。齐地纵横两千里，拥兵数十万，粮食堆积如山，尤其是三军精良，士卒勇猛，进可攻，退可守。自有外战以来，齐国还从未征调过泰山、清河与渤海一带的士兵。光是齐国都城临淄就居住有七万户，不下二十一万人口，稍一发动，便可组成二十万大军。齐国殷实富足，民众志向高远，意气飞扬，不可度量。

楚国是天下强国，西有黔中、巫郡，东有夏州、海阳，南有洞庭、苍梧，北有径塞、郇阳，纵横五千余里，拥兵百万，战车千辆，战马万匹，存粮足够支用十年。俨然有霸相，没有哪个国家能够比得上。

苏学士的《山东六国分析评价报告》当然不只写了这些，他还阐述了各国可能面对的各种情况及其相应对策。总体看来，他的这份报告写得汪洋恣肆，文采飞扬，艺术水准很高。

但是，出于游说的需要，苏学士在文中加入了许多夸诞、粉饰之词，这使他的学术报告看上去更像是劝架书。

三

苏学士毕竟是书生，他对自己的研究成果很满意，便理所当然地认为周显王也应该满意，于是带上 PPT 去求见周显王。周显王周围的人一向很了解苏秦，他们不相信苏秦能鼓捣出啥新鲜玩意儿，懒得听他作报告。

苏学士没有办法，只好西行去了秦国。这时秦惠王刚杀了商鞅，对辩士这个行当的人很烦，不愿意任用苏学士。苏学士碰了一鼻子灰，往东来到了赵国。由于赵相国奉阳君不喜欢苏学士，苏学士只好又离开了赵国。

苏学士在无奈之下来到了燕国。这次，他吸取了前几次找工作失败的教训，采取了死缠烂打、软磨硬泡的办法。苏学士在燕国待了一年多，总算见到了燕文公。燕国是个小国，苏学士吃准了燕君怕挨揍的心理，一上来就告诉他，这些年来燕国之所以平安无事，主要是因为有赵国在前面罩着。为长远着想，燕国必须与赵国搞好关系。班长和副班长掐架，虽说暂时没有燕国什么事，但还是看得燕文公胆战心惊。听苏学士说，可以让赵国继续为燕国挡子弹，燕文公心里甭提有多么高兴了，立即资助苏学士车马金帛，让他前去游说赵国。

苏学士来到赵国，在狠夸了赵国一番之后告诉赵君，强大的赵国要想安稳，必须要择邦而交。而赵国不论是借助秦国攻打齐国，还是借助齐国攻打秦国，或是与秦国和齐国之中的哪一国友好，都对赵国不利。秦国之所以不敢轻易发兵攻打赵国，是害怕韩国和魏国在后边捅刀子。赵国兵强马壮，正是成就霸业的好时机，最好的办法是与韩、魏、齐、楚、燕合纵，共同对付秦国。赵王被苏学士说得心花怒放，立即吩咐人装饰了一百辆豪华轿车送给苏学士，车里还装有黄金一千镒、白璧一百双、绸缎一千匹，以便苏学士游说之用。在接连搞定了燕、赵之后，接下来的事情便变得十分简单，苏学士捧着他的《山东六国分析评价报告》，逐一对韩、魏、齐、楚各国进行国情教育，撮合六国。

苏学士告诉这四个国家，他们的国家都很富有和强大，像现在这样跟在秦国屁股后面当跟班，仰人鼻息，实在是丢人现眼。秦国乃虎狼之国，有吞并天下之心，大家想要过好日子，必须行动起来，绝不可坐以待毙。

在苏学士（还有一种说法是犀首）的威胁、利诱、劝说与哄骗之下，六国合纵成功。苏学士做了纵约长，兼任六国之相，领导合纵工作。苏学士领导的合纵事业取得了巨大成功，致使秦国十五年不敢出函谷关。

被山东六国视若珍宝的苏学士迅速蹿红，连周显王都诚惶诚恐地派人来慰劳他。他的兄弟、妻子、嫂子再也不敢另眼瞧他。六国中的女孩子均以他为偶像，就连燕文公的夫人也跟他暧昧不清。而苏学士也很够朋友，散千金给族人和朋友。

四

苏秦之所以合纵成功，既有其偶然性，也有其必然性。

偶然性是，这个事情让苏学士搞成了，而且是在不出动一兵一卒的情况下，仅靠两片嘴皮子搞成的。

必然性是，山东六国均很害怕挨打，愿意联合，而秦国当时并未真想去攻打他们，合纵很容易成功。

关于这一点，秦惠文王已经对苏学士讲得很清楚了：“鸟在羽翼未丰时不可以高飞，一个国家根基尚不稳固，又怎么去兼并天下呢？”

因而，将秦国十五年不出函谷关完全归功于合纵，未免有些言过其实。

可是，不管怎么说，苏学士毕竟合纵成功了，天下也暂时太平了。

一太平，立马就有人忘记了昨日的痛苦。很快，合纵队伍就出现了裂痕。齐国和魏国听信秦国的忽悠，前来攻打赵国。赵王责备苏学士，苏学士害怕，请求出使燕国。苏学士逃离赵国后，合纵联盟便瓦解了。这之后，苏学士便一直忙着“补皮裤”。

对于苏学士来说，他当然希望合纵成功。但是，在内心深处，他又比谁都清楚，合纵不可能维持太久。苏学士安排同窗张仪去秦国，表面上看，是维护合纵成果。从更深层次来说，却是为了瓦解合纵。再退一步讲，连横破合纵是大势，即使张仪不破合纵，迟早也有人会破了合纵，天下不可能永久分裂。

而合纵与连横就其策略来说，并不见得哪一个比哪一个更高明，其区别仅在于，哪一个更符合天下大势。

就操作来讲，二者实施的难易程度也不尽相同。

合纵之一难在于自保。在某一国有难时，其他五国未必拼死相救。各国均有自己的现实利益，让其放弃眼前利益而为了长远利益去联合，恐怕只有大政治家才有这样的眼光和魄力。要使六国的国君都成为大政治家，难！

合纵之另一难在于战。众所周知，五只羊圈在一起是羊，六只羊圈在一起还是羊，群羊未必能够敌得过独狼。因而，问题不在于苏学士、芈槐谁当这个纵约长，而在于各国除了不切实际的贪婪和幻想之外，在强大的秦军面前，只会面面相觑而别无他法。

但是，连横却没有这样难。更何况，秦国的国君有很多都是一流的政治家。他们能够适时地做出牺牲，让对方国家看到自己的诚意。连横不过是个缓兵之计，可惜只有局外人明白唇亡齿寒的道理，但是，他也只能去做《过秦论》了。

公元前 284 年，时运不济的苏学士在被人刺成重伤的情况下，自请车裂之刑，死在了齐国。

三道选择题，看看你猜对了哪个

一

第一道选择题：老爸和老公到底该要哪一个？

答题人：雍姬。

公元前697年，雍纠的妻子雍姬遇到了一个很棘手的问题。这是一个比世纪之问——“老婆和老妈同时掉进水里，到底应该先救哪一个？”更让人纠结的问题：老爸和老公到底该要哪一个？

是的，你没有听错，就是到底该要哪一个？

话说在郑庄公死后，祭仲依照遗命拥立太子忽为君。宋庄公心里很不美气，诱劫了祭仲，胁迫他拥立宋女生的公子突。

在生死与大义面前，祭仲义无反顾地选择了生，拥立公子突，是为郑厉公。但郑厉公只是个挂名君主，国家大事全由祭仲拍板定案，郑厉公心里很不爽，决心除掉祭仲。可是，郑厉公能够用的人并不多，他选来选去，相中了祭仲的女婿雍纠，暗中指使他谋杀祭仲。雍纠是个没有什么政治头脑的人。他接到任务后就和妻子雍姬商量，准备在郊外宴请岳父祭仲，并趁机杀之。

雍姬毕竟是祭仲的亲生女儿，她内心很矛盾，跑去请教母亲：“老爸与老公哪一个更亲？”

雍姬的母亲毫不犹豫给出了答案："傻女子，老爸只有一个，老公却可以有很多个！"

雍姬心里的结一下子被打开了，就把他们的计划一五一十告诉了老爸。祭仲二话不说杀死雍纠，将他暴尸于市。郑厉公载着雍纠的尸体逃离郑国，感慨地说："机密大事和女人商量，活该被杀！"

据说，雍姬给出的答案得了满分，她也因此荣获孝女称号。

二

第二道选择题：婆家和母家到底该选哪一个？

答题人：朱虚侯妻。

五百多年后，朱虚侯的妻子遇到了和雍姬相似的问题，可是，她浑然不觉，稀里糊涂就给出了答案。

朱虚侯刘章勇武过人，他的弟弟是东牟侯刘兴居，这两个人均是齐哀王刘襄的弟弟，居住在京城长安。时逢吕氏专权，准备作乱，但惧于高帝旧臣周勃与灌婴等人的威慑，一直未敢动手。

朱虚侯的妻子是吕禄的女儿。因此，朱虚侯知道诸吕的阴谋。他是怎么知道的？不用说，是妻子告诉他的。朱虚侯的妻子担心夫君被杀，朱虚侯则从中嗅到了取而代之的绝佳机会，他暗中派人通知哥哥齐王刘襄，让他发兵西进，诛杀诸吕自立为帝，自己则在朝廷中联合大臣做内应。

齐王刘襄诛杀了丞相，又诈夺了琅琊王刘泽的军队，率军西进。消息传到朝廷，相国吕产等人六神无主，指派并不跟他们是一条心的颍阴侯灌婴率军迎击齐王。灌婴到了荥阳，却按兵不动。他派使者通告齐王及各国诸侯，要和他们联合起来，静等吕氏发动变乱，然后协力诛灭他们。刘襄深知自己并不具备自立的实力，只好带兵返回齐国西部边界，等待如约行事。

这边诸吕等不到灌婴他们火拼，迟迟不敢动手，终于坐失良机，被老谋深算的周勃、陈平、灌婴、朱虚侯、齐哀王等人算计。

而朱虚侯因为当初想拥立齐王受到问责，直到一年之后，才与弟弟东牟侯一起被加封领地二千户。

朱虚侯的妻子是个老实人。她没有想到，单选题与多选题都是选择题，就信马由缰开始想答案。审错题是致命的，本该判零分，但是大家都喜欢她思考答案时萌萌的样子，决定给她个高分。

三

第三道选择题：夫君和自己，到底该选谁？

答题人：吕氏女。

与前面两位不同，赵王刘友的王后玩的是宫斗，而且，这名吕氏女子的玩法很独绝。她不是像陈阿娇那样找巫师诅咒受主子宠幸的嫔妃，也不是像骊姬那样设计栽赃陷害，而是跑去向上级部门揭发，直接将夫君送上了不归路。

赵王刘友的王后是吕太后为他选的一名吕氏女子。但是，刘友却不喜爱她，宠爱其他的姬妾。让刘友没有想到的是，这个吕氏女子是千古第一大醋坛子。她妒火中烧，跑到吕太后面前去搬弄是非。

吕氏女子诬告刘友犯有谋反罪，说他曾经私下说过：“吕氏怎么能够封王？太后百年之后，我一定要讨伐他们!”

这分明是想要做寡妇的节奏。果然不出所料，吕太后大怒，因此召见赵王。

公元前181年正月，赵王刘友奉诏进京。赵王到京后，被软禁在府邸中不给饭吃。群臣有偷着送饭给他吃的，统统都被抓起来治罪。偏偏刘友又是个倔脾气，不像齐悼惠王刘肥那样会变通。

刘友不知妥协，吕太后便只好继续将他关着。刘友饿得不行，作歌唱曰：

诸吕朝中掌大权啊，刘氏江山实已危。
以势胁迫诸王侯兮，强行嫁女为我妃。
我妃嫉妒无比兮，竟然谗言诬我罪。
谗女害人又乱国兮，不料皇上也蒙昧。
并非为臣不知忠，如今失国为哪般？
自绝于荒野兮，苍天为我伸冤屈。
唉呀呀我没有什么可后悔的，宁愿及早入黄泉。
为王却将饥饿死啊，无声无息有谁怜？
伤天害理兮吕氏，祈望苍天报仇冤。

公元前 181 年丁丑日，赵王刘友被活活饿死，安葬在长安平民百姓墓地。直至吕太后死后，刘友才被追谥为赵幽王。

吕氏女子题答得利索，可是，她的答案离经叛道，判为零分。

四

读完这三个故事，诸君有何感受？

是诧异？震惊？后怕？还是无所适从？

其实，大可不必。告诉你：你想多了！高人早就有言在先，女人的心思，你别猜！更何况，许多事情原本就没有标准答案。所以说朋友们呐，一定要对女人好，不要老去猜答案，再忙也不要忘记在家里面多放几本《怎样做一个好女人》《一条绳子上的蚂蚱》《离开夫君没人疼》《丈夫就是你的后半生》之类的图书。

还磨叽个啥，快上书店找去吧！

哭鼻子也能解决大问题

一

先回答一个问题：假如让你穿越到春秋战国，到一个不太关注你们的国家去搬救兵，你该怎么办？知道，知道！不就是说服、行贿、激将、哀求和偷窃兵符吗？这些办法谁个不会，太小瞧我们啦！

很得意，是吧？我郑重其事地告诉你，背教材啥用都没有，现在是非正常情况，你说的这些方法，别人可以用，但是你不行！

你以为你是苏秦、张仪、子贡，口若悬河，纵横捭阖，跟谁都能套上近乎？你以为你的国君是秦王、刘邦，动不动会拿出四五万金让你去疏通关系？而人家的臣子又都像是伯嚭、靳尚、郭开那样见钱眼开，胳膊肘往外拐的小人？纵使偷，怕你也不会有某某人的人脉！

但是，天无绝人之路，你其实还有另外一种办法，那就是：哭！

二

哭真的有用吗？

告诉你，太有用了，哭是屡试不爽的独门武器。

知道晋灵公夷皋是怎样登上国君之位的吗？这哥们儿一无才，二无德，他能当上国君，纯粹是靠母亲穆嬴“啼于朝”换来的。赵盾原本要立的是母义子爱的公子雍，而非母淫子辟的姬夷皋。

听完这个故事，诸君是不是有些飘飘然，想当国君了？

低调低调，人家是公子，咱们不要老想着不靠谱的事情，好不好？哭还能干啥？疏通关系！你们权当我现在是蒯成侯周绁，我先来给大家做个示范。

说刘邦想亲率大军前去讨伐陈豨，我——蒯成侯听后趋步上前，扑通一声跪倒在刘邦面前，扯着刘邦的衣袖，一把鼻涕一把泪地哭诉道："皇上啊，从前秦始皇夺取天下后就不再亲征，陛下这么大年龄了，还要经常带兵打仗，难道是手下无人可用吗？臣恨不能替皇上分忧！"

刘邦扶起我，激动得热泪盈眶，说："老周啊，还是你疼我，我准许你以后进宫不必毕恭毕敬地碎步快走，杀了人可以不治罪！"

礼多人不怪，哭多了没人嫌。再不济，哭也可以防止对手洗白。

"哀姜哭市"的故事，想必大家都听说过吧？

话说鲁文公的长妃是齐女，生有公子恶和公子视，次妃敬嬴生有公子倭。因为敬嬴更受鲁文公宠爱，她和大臣们的感情自然也就不一般。由于某种不便公开的原因，公子倭搭上了权臣襄仲。鲁文公死后，襄仲征得齐惠公同意，杀死恶和视，立公子倭为国君。

齐女回国，经过闹市呼天抢地曰："天乎！襄仲为不道，杀嫡立庶！"

街市上的人都被她惹得哭起来，称她为哀姜。尽管东门襄仲在报纸上大肆宣传鲁宣公上台的合法性，反复告诫国人不可传谣、信谣，公子恶与公子视并非死于非命，而是天妒英才，英年早逝，但愣是没有人相信。

三

想当年，申包胥就是靠着能哭搬来了救兵。

公元前506年，孙武、伍子胥率领吴军攻破楚都郢，楚昭王仓皇出逃，几经周折来到随国。亡于山中的申包胥派人劝诫伍子胥见好就收，伍子胥不听。在走投无路之际，申包胥来到秦国求助。

你猜，申包胥带啥绝门武器啦？曰：一大背包手帕！

只带了张楚昭王的任命状，连纪念品也不带，这是出国访问的正道吗？

秦国上下觉得申包胥没有一点儿诚意，不肯答应。申包胥没有办法，就站立在秦国的朝堂上日夜不停地痛哭，一连哭了七天七夜。

知道申包胥都哭了些啥？

“吴军破我都城，昭王不知去向，臣等亡命山中，能够苟且偷生，保全性命已经很不错了，哪有钱买什么纪念品？今伍子胥无道，以下犯上，天命殛之，请秦公看在几千年前是同一个祖宗的份儿上，快快发兵救援楚国吧！”

申包胥哭得一把鼻涕一把泪，流到地上的泪水把秦国朝堂上的浮土都冲了个一干二净。

几个女官走过来劝他：“快别哭了，你再哭下去我们这些清洁工都要失业了！”失业事小，亡国事大，申包胥还是不管不顾地哭。

秦哀公看在眼里，急在心里，派人过来送饭吃，但是，那申包胥是擀面杖灌米汤——滴水不进。

秦哀公深受感动，说：“楚王昏庸无道，但是有这样的臣子，还怕不能保全楚国吗？”遂派遣子满、子虎率战车五百乘前去救援楚国。吴军受到秦国和楚国两面夹击，加之弟弟夫概在国内造反，吴王阖闾只好放弃楚国，楚昭王复国。

但是，诸君切记，哭绝不是万能的，要想活得精彩，尚需练好内功才是关键。

小人的谋略

一

读历史，小人得志是一个绕不开的话题。

明人徐渭诗云：“本是地里一团泥，得意早忘出身地。挺胸凸肚穿红袍，小人得志不稀奇。”

的确，小人得志并不稀奇，奇的是以小人之卑鄙下流却可以屡屡得志。

当初，有人告绛侯周勃谋反，汉文帝将案子交给廷尉处理。廷尉指派长安府查办，长安府逮捕了周勃。

在审讯时，周勃心生害怕，竟不知如何为自己申辩。狱吏失去耐心，对周勃百般欺凌侮辱。

无奈之下，周勃家人用千金贿赂狱吏，狱吏这才在简牍的背面写字提示说：“让你家公主出面为你做证！”狱吏所说的公主就是汉文帝的女儿，周勃长子周胜之的妻子。

周勃一生战功无数，官至右丞相，位极人臣，在遭受审讯时竟然无言以对。可见，英雄是多么的拙于谋身。而一个掌管讼案的小吏竟没有因为审问的是前丞相而诚惶诚恐、手下留情。

在收受千金之贿后，狱吏仍旧是那样的傲慢无礼：“乃书牍背示之。”一句“背示之”道尽了世态炎凉。

难怪绛侯周勃在出狱之后无不感慨地说："我曾经统领百万大军，然而，要不是经历此次牢狱之灾，怎能知道狱吏的尊贵呢？"

由周勃受审之事不难看出，小人能够得志，那是因为他们胆大包天，纵然你是天王老子，他们也都敢坑。

二

然而，光是胆大妄为倒也没有什么可怕。可怕的是，这些人把做小人当作一门事业，追求炉火纯青。

话说，周亚夫的儿子从工官尚方那里偷偷为父亲买了五百具供殉葬用的甲楯，因为搬运的活很累，又没有得到工钱，雇工们一怒之下向朝廷告发周亚夫的儿子谋反，事情牵连到了周亚夫。

汉景帝看过上书，交给下面的官吏查办。官吏依据文书所列罪状责问周亚夫，周亚夫拒不回答。汉景帝很生气，责骂周亚夫说："我不用你回答了！"随即下令将周亚夫交给廷尉治罪。

汉景帝与雇工没有做人的底线不要紧。要命的是，负责办案的那个廷尉智商超群，皇上要啥结果，他竟能办出啥结果。

廷尉责问周亚夫说："君侯想要谋反吗？"

周亚夫回答说："我买的都是些殉葬品，怎么能说是谋反呢？"

廷尉从容对曰："君侯纵使不在地上谋反，也想日后到地下去谋反吧！"

经廷尉如此一说，周亚夫还有什么可说的。

这场欠薪事件，最终以周亚夫绝食吐血死亡及封国废除而收场。

面对凿凿之言，竟能独辟蹊径，出奇制胜，这廷尉可真是了得。

相比之下，数千年之后的秦桧秦大人则要口拙多了，"莫须有"算是什么罪名呀？哪儿有"欲反地下耳"，来得巧妙与高端大气！

诸君且慢些愤慨，因为廷尉的高明并不仅仅在于"欲反地下耳"，还在于"君侯"二字的巧妙使用。君侯是什么？它是秦汉时代对以列侯身份出任丞相者的敬称。

当初审讯绛侯周勃的狱吏因为只图一时之快，事后才被周勃讥笑为“尊贵”。最令人啼笑皆非的是，周勃的儿子周亚夫竟然咸鱼翻身，又当上了丞相。只怕到这时，狱吏的肠子都要悔青了。

后来，审讯周亚夫的廷尉吸取了前辈的教训，虽然他将周亚夫打也打了，黑也黑了，但表面上却仍旧不敢有丝毫马虎，仍旧毕恭毕敬地称周亚夫为君侯。那意思再明显不过了：君侯，您可别怪罪我，这全是皇帝老儿教我黑你的，我也是公事公办，没有办法呀！

到什么时候都不忘给自己留条后路，将坏事做得天衣无缝、滴水不漏，这才是做小人的最高境界。

三

反观周亚夫，非但没有从父亲的案子中受到启发，反而更加锋芒毕露。

周亚夫的父亲绛侯周勃因为经历了韩信被杀，陈豨、彭越、黥布叛乱，以及萧何入狱、樊哙被捕等一系列事件，早就成了惊弓之鸟。

周勃在被免去丞相职务回到封地后，每逢河东郡守和郡尉巡视到绛县，都害怕自己被杀，经常身披铠甲，命令家人手持武器会见郡守、郡尉。

而周亚夫比他的父亲还倔，他似乎一直在“抗命”。汉文帝到细柳劳军，他不但不出营迎接，还不准汉文帝的随从在军营中驱马奔驰，更不行跪拜之礼，只以军礼相见。

在平定七国之乱时，梁国危急，向汉景帝求援，汉景帝派使者诏令周亚夫救梁，周亚夫坚守不出，拒不接受汉景帝的命令。

汉景帝想要废黜栗太子，周亚夫极力为太子争辩。汉景帝想封皇后的哥哥王信为侯，周亚夫也是极力反对。汉景帝想封投降汉朝的匈奴王唯徐卢等人为侯，周亚夫还是反对。

周亚夫这种只以国事为重丝毫不给上司留情面的做法让汉景帝极为恼火，以至于汉景帝在以周亚夫生病为由，免去周亚夫的相位后，仍不解恨。

汉景帝在宫中召见周亚夫，赐给他一大块肉，既不往碎切，也不给筷子。

周亚夫心中愤愤不平，直接回过头叫尚席拿筷子。

汉景帝望着周亚夫假惺惺地笑着说：“这些难道还不够你享用吗?”周亚夫这才脱帽谢罪。汉景帝起身，周亚夫也不告辞，就此退出门外。

与汉文帝相比，周亚夫的确太过刚直。想当初，劳军的汉文帝可以屈尊降贵，让使者手持符节通报周亚夫，作为臣子的周亚夫为何就不能请求汉景帝赐给他一双筷子呢？在谋身方面，周亚夫和大将白起一样，情商为零。

难怪汉景帝在目送周亚夫出去之后会摇着头说：“这个倔脾气的人，不能担任少主的大臣啊!”

小人工于心计，不露声色，而忠臣常常不顾个人安危，直抒己见。这才是为什么小人屡屡得志，而忠臣屡遭陷害的真正原因所在。

司马迁迫不得已做了段子手

本文只是想表达一下笔者对《史记》遭遇删节和续补的哀伤，并无贬损司马迁之意。请原谅我把账都记在了司马迁名下。

——题记

一

当司马迁从昏迷中苏醒过来时已经是晚上。那时候，月光刚好透过窗棂打在他的身上，他整个人都像是躺在了水中。身子是软的，月光是软的，连同墙角那盏油灯也都是软的。没有坚硬，大汉朝的一切都像是这夜晚一样。一阵疼痛袭来，司马迁下意识地望了眼下身，他的目光立即触电似的移向了油灯。司马迁的心情坏到了极点，确切地说，这些日子以来，他的心情从来就没有好过。

强权是压不垮司马迁的，能够压垮他的是耻辱。虽然此前早就做好了心理准备，可是，当真正接受宫刑后，他还是感到了前所未有的耻辱。“宦官——！我成了宦官啊！”他被头脑里蹦出来的这个声音惊呆了。他不知道，从今往后该如何去面对同事、亲人和朋友，也无颜再见列祖列宗。

“天哪，这是为什么呢？……”司马迁大叫一声，又昏厥过去了。他觉得一切都应该在这个夜晚结束。

可悲的是，司马迁没有死，他又苏醒过来了，而且必须要面对这一切。司马迁有些神情恍惚，他知道，《太史公书》还没有眉目，他必须活下来，他现在去死，那才真是轻如鸿毛了。

让司马迁心情持续坏下去的，还有历史。他知道，李陵事件只是个小插曲，喜欢玩射覆游戏的汉武帝习惯了将谜底隐藏在暗处，他是在向自己示威。为了《太史公书》，他必须要做一次选择。

黑暗像一只夜鹰猛烈地扑下来，遮住了整个房间，月光被黑暗吞没了。

灯呢？灯早就熄灭了。夜，伸手不见五指。

司马迁陷入了沉思。

二

没有人知道，司马迁在蚕室里面都想了些什么。他在《太史公自序》里面写的是我们现在所能知道的全部。但是，有一点是肯定的，从此司马迁的生活中没有了朋友，他生怕有谁会将他的玻璃心碰碎，就是做了中书令，他也觉得无颜去推贤进士。他在蚕室中做了一副茧，将自己深深地包裹了起来。

所幸他还有历史，尽管这历史也已不完全由他掌控，但是，他没得选择。有谁能够选择生活呢？霍去病，李陵，还是汉武帝？

在命运之神面前，他们不都一样束手无策。想到这里，司马迁下意识地抹了把额头的冷汗。良久，他从地上捡起汉武帝前两天派人送过来的《大汉朝廷官员思想政治工作手册》细细翻阅。

许多天以后，一份由司马迁起草的《西汉政府关于若干历史问题的决议草案》放到了汉武帝刘彻的案头。

司马迁在文章中说：

上古时代，人们非常善良纯朴，作为领袖的五帝也都很有仁德。然而，自从有了国家以后，人们的关系不再那么和谐，尤其是那些末代君主，不再有人君的样子。他们荒淫残暴，视百姓如草芥。夏桀很好色，他的爱妃施妹喜喜欢穿男人衣服，夏桀就让她穿着朝服，假扮成官员在朝堂上嬉戏。施妹喜喜爱听绸缎撕裂的声音，夏桀就命人将国库中的绸缎搬出来让宫女们一匹接一匹撕给她听。施妹喜喜爱盛大的宴会，夏桀就命人在宫中建造了酒池肉林，昼夜行乐。商纣王喜欢淫乐与狗马奇物，他步夏桀之后尘，建造了酒池肉林，让男男女女赤身裸体在其间追逐嬉戏，通宵达旦饮酒寻欢。高兴时，商纣王也喜欢做些人肉干和人肉酱吃。他还突发奇想，发明了一种叫作炮烙的酷刑，欣赏火烧活人的表演。至于周幽王，玩得就更嗨了。周幽王的爱妃褒姒是大周朝有名的控笑达人。为了能够博冷美人一笑，周幽王抓破了脑袋都没能想出个好办法。还是虢石父聪明，他建议周幽王点燃骊山周围的烽火。周幽王立即照办，于是乎，镐京附近经常上演烽火戏诸侯的节目……

一向心高气傲的汉武帝阅罢奏章，不由得拍案叫绝，很孩子气地在上面接连朱批了六个大字："好！很好！非常好！写完这几个字，汉武帝的心情特别好，他特意焚香沐浴，铺开锦帛挥毫道：

浚稽山的噩耗，
像利斧一样，
离间了帝国的和谐。
既然上天和朕开了一个玩笑，
那么，就让朕还你一个玩笑。
…………

汉武帝一挥而就，写完之后，他仍旧意犹未尽，不由得双手捧着帛书，一遍又一遍地诵读。忽然，他有一股想将书信寄给司马迁的冲动。但是很快，汉武帝就平静下来，他苦笑了一声，将帛书收起来扔进火盆中。火苗忽闪忽闪地跳跃着，汉武帝心头一痛，眼中不由得掉下两行泪来。

"朕非暴君，臣非弄臣！"汉武帝狂怒地喊道。

截至现在，汉武帝依然相信，司马迁与他的心灵是相通的。只不过，这两颗心已经无法像先前那样贴近了。

三

整个晚上，汉武帝都处在似梦似醒之间。冥冥中，他感觉到司马迁一直坐在龙榻前同他攀谈，甚至他醒来后，头脑里闪过的第一个念头就是传唤司马迁。可是当真的要去传唤时，却忽然间没有了心情。

他悻悻地起了床，读了大约五分钟的书，就去用早膳。早膳是一如既往的单调乏味，就连宫女们细碎的脚步声、站立的姿势、头顶的笄钗，乃至一呼一吸都让他心烦。忽然，他的头脑里冒出来一个念头：他是在影射朕吗？汉武帝有些拿不定主意。他的脑海中只是跳跃着夏桀、商纣、周幽王这几个名字，这个念头搞得汉武帝很痛苦。

又拖了五天，汉武帝下诏说：史料不够翔实，请再议！但是在心里，他觉得已经够好了，可是，谁叫他是汉武帝呢？是汉武帝就永远不会满足。所以，当草案再次送回到司马迁手里时，批示也雪片似的一个接一个地来了。

司马迁也早有准备，他知道只有上面那些东西是远远不够的。"要乱就再乱些吧！"司马迁心说。网上的猛料很多，司马迁信手拈来几条敷衍了上去。他根本不用担心汉武帝是否会喜欢，这些消息多半出自朝廷豢养的那些网监之手，他们绝不是吃素的。

我们且看司马迁都抄录了些什么。

秦始皇是大商人吕不韦的儿子。吕不韦在邯郸做生意时，结识了秦太子安国君的一个儿子子楚，觉得他奇货可居。于是，下决心做一笔风险投资。吕不韦花费重金对子楚进行了全方位包装，并帮他西去秦国游说。为了讨子楚欢心，吕不韦还忍痛割爱将自己怀有身孕的爱妾赵姬献给了他。

赵姬十月怀胎生下了赵政，子楚立她为夫人。再后来，他们一起逃回秦国。六年后（前251），秦昭王死了，安国君继位。正常情况下，应该没有赵政什么事。可是，赵政的命实在是太好了，仅仅过了一年，安国君又死了。又过了三年，秦庄襄王子楚也死了，赵政顺理成章地成为秦王。

老项家母国楚国的倒数第三任国王也像秦王政一样来历不明。楚考烈王没有儿子，宰相春申君为此操碎了心。可是，选拔再多的生育能手给楚考烈王都是白搭。恰好赵国的李园领着妹妹来到楚国。他听说，楚考烈王不生育，感觉直接将妹妹进献上去不靠谱，就改变主意把妹妹献给春申君。等到妹妹怀孕后，李园又说服春申君，将她进献给楚考烈王。

盼儿子盼疯了的楚考烈王立即临幸了李园的妹妹，并且还真的生下个龙种。楚考烈王大喜过望，立这个孩子为太子。公元前 238 年，楚考烈王驾崩，他们的儿子继位，这就是楚幽王。

事情还真是巧到家了，就在楚幽王即位的这一年，嫪毐与秦太后东窗事发，借腹生子的始作俑者吕不韦受到牵连被废黜。

然而，当决议发下来时，又多出了下面这些内容：公元前 597 年，大夫屠岸贾诛杀了赵氏家族。赵朔的妻子是晋景公的姨母。当时有孕在身，她躲进宫中，在生下孩子之后也死了。义士程婴接走了这个孩子，他在赵家门客公孙杵臼用生命掩护下，救走了赵氏孤儿赵武。

十五年后，赵武和程婴诛杀了屠岸贾和他的家族，为赵家报了仇。故事扑朔迷离，当事人也只剩下程婴一人，你还会相信，活下来的是赵氏家的赵武吗？他就不会是秦王政第三吗？

也许你会说，赵氏与老项家八竿子打不着呀！然而，真的就没有一点儿瓜葛吗？那个赵王歇不是老跟着陈馀跑吗？赵王张敖不也一度纵容臣子谋反吗？依此类推，姓赵的赵王，连同姓张的赵王，应该都不是什么好鸟！

看完决议，司马迁简直不敢相信自己的眼睛，以汉武帝的智商，断然不会做出如此荒唐的决定。但是，他身边的那些人呢？司马迁不敢造次，他依葫芦画瓢将这些都照搬了进去，并顺手加上了好些关于梦卜的记述。不自己动手编，难道还等着他们这些人一节节地删改吗？

但是，司马迁还是留了一手，他在《史记·晋世家》中写道：公元前 583

年，晋国杀死赵同、赵括，灭了他们的家族。在三朝元老韩厥的据理力争之下，晋景公让赵氏庶子赵武接续了他们的祭祀。

公元前597年至公元前583年，中间相隔了整整十四年，可不是一日两日，司马迁相信总有人能察微见真。当然了，梦卜是演义、寡妇庄姬与赵朔的本家叔叔赵婴暧昧不清、晋景公不信任赵同和赵括等，这些他打死也不敢写。司马迁深深地受着“为尊者讳、为贤者讳、为亲者讳”与史实的双重煎熬。

尽管有这么多的“改”与“被改”，但《史记》仍旧不失为一部前无古人的佳作，即便是司马迁有意无意地做了段子手，又如何？